W0401333

Le Secret de la société

PERSPECTIVES CRITIQUES
Collection fondée par Roland Jaccard
et dirigée par Laurent de Sutter

Pacôme Thiellement

LE SECRET DE LA SOCIÉTÉ

puf

ISBN 978-2-13-084238-5
Dépôt légal — 1re édition : 2024, mars
© Presses Universitaires de France / Humensis, 2024
170 bis, boulevard du Montparnasse, 75014 Paris

Post-scriptum au complot

(De l'abbé Barruel au Chat de Chester)

Depuis deux fois dix ans, deux partis s'affrontent, dans un débat sans fin. D'un côté, le parti des « complotistes », ou *terroristes du complot*, qui estiment que les gouvernements et les médias leur mentent, que ce soit sur les commanditaires des attentats du 11 septembre 2001, la létalité du coronavirus ou les trafics d'enfants sacrifiés en catimini par les membres de la jet-set. De l'autre, le parti des « anti-complotistes », ou *théoriciens du complotisme*, qui estiment que ceux qui n'acceptent pas les « versions officielles » sont, au choix, des manipulés, des réactionnaires ou des paumés. Terroristes du complot et théoriciens du complotisme alertent continuellement l'opinion et préviennent la société d'une menace d'autant plus grande que leurs invectives et prédications la nourrissent et justifient, par l'outrance avec laquelle ils les dénoncent, leurs adversaires dans leurs combats.

Depuis deux fois dix ans, voire depuis deux siècles. On considère généralement que la « toute première grande théorie du complot » est l'œuvre d'un prêtre jésuite en exil, l'abbé Augustin Barruel. L'auteur des *Mémoires pour servir à l'histoire du Jacobinisme*, écrites entre 1797 et 1799, présente la Révolution française comme le fruit de l'action concertée et secrète de la franc-maçonnerie associée aux groupes antichrétiens, programmée en amont par les philosophes des Lumières et exécutée en aval par les Jacobins. Le tout sous la houlette des Illuminés de Bavière.

« *Tout jusqu'à ses forfaits les plus épouvantables* », écrit le malheureux Barruel, « *tout a été prévu, médité, combiné, résolu, statué, préparé, amené par des hommes qui avaient seuls le fil des conspirations longtemps ourdies dans des sociétés secrètes, et qui ont su choisir et hâter les moments propices aux complots. Dans ces événements du jour, s'il existe quelques circonstances qui semblent moins l'effet des conspirations, il n'en était pas moins une cause et des agents secrets qui appelaient ces événements, qui savaient profiter de ces circonstances ou bien les faire naître, et qui les dirigeaient toutes vers l'objet principal. C'est par les mouvements, l'impulsion, l'influence et l'action de cette secte, que se sont commises toutes ces grandes atrocités qui ont inondé un vaste empire du sang de ses pontifes, de ses prêtres, de ses nobles, de ses riches.* »

Il a dit « *du sang de ses riches* » ? Il a dit « *du sang de ses riches* ».

Il n'y a évidemment pas que du faux dans l'hypothèse du pauvre abbé. Les *Constitutions d'Anderson*, texte fondateur de la franc-maçonnerie, ont bien servi à rendre plus familières certaines des idées qui donneront naissance à la Révolution. Les philosophes des Lumières ont été, pour une bonne part d'entre eux, peu enclins à la ferveur religieuse, voire, soyons clairs, en guerre contre le christianisme. Mais ce ne sont que deux facteurs parmi d'autres, du reste très peu secrets, de la Révolution française – comme la détestation du peuple français pour Marie-Antoinette, l'« Autrichienne » (facteur « dramatique »), la nullité notoire de Louis XVI (facteur « comique ») ou encore la constitution d'une nouvelle richesse mobilière, la bourgeoisie, s'opposant à la richesse immobilière de l'aristocratie (facteur « marxiste »). La limite principale de l'hypothèse du terroriste du complot semble une conséquence de son statut initial de théologien : à savoir la réduction de cette multiplicité de facteurs à une cause unique fonctionnant comme un alpha et oméga argumentatif. Le travail du terroriste du complot tient moins de l'histoire que de l'édification, moins de la reconstitution que du prêche.

À partir d'Augustin Barruel comme de son contemporain écossais, le professeur de physique John Robison, les Illuminés de Bavière deviennent les principaux suspects des terroristes du complot, soupçonnés d'être une force agissant dans l'ombre dont on pourrait lire la signature sanglante sur la plupart des événements historiques. Les Illuminés de Bavière étaient une petite société secrète allemande fondée en 1776 par un certain Adam Weishaupt et dissoute peu après son interdiction en 1785. Ils avaient pour projet de fonctionner comme un groupe d'influence, à l'instar de la franc-maçonnerie – franc-maçonnerie à laquelle Weishaupt était, par ailleurs, fortement opposé – pour propager des idées inspirées par la philosophie des Lumières. Et ils furent, pour cela, accusés de complot contre l'État. Les Illuminés de Bavière ne survécurent pas à leur interdiction dans le monde réel mais ressuscitèrent presque aussitôt dans les romans feuilletons des terroristes du complot. Dans son exagération de leurs prodiges, le professeur Robison s'avère peut-être encore plus imaginatif que l'abbé Barruel. Pour l'auteur des *Preuves de conspirations contre toutes les religions et tous les gouvernements de l'Europe ourdies dans les assemblées secrètes des Illuminés, des Francs-Maçons et des sociétés de lecture*, non seulement tous les meneurs de la Révolution française auraient été sélectionnés parmi les disciples d'Adam Weishaupt, mais ceux-ci auraient fabriqué un thé provoquant des avortements, une substance secrète capable d'aveugler ou de tuer les victimes qui la reçoivent en pleine figure, enfin un appareil semblable à une bombe puante : « *un procédé permettant de remplir une chambre à coucher de vapeurs pestilentielles.* »

Il faut passer cinq cents pages des *Mémoires pour servir à l'histoire du Jacobinisme* pour que l'abbé Barruel, par généalogies successives, remonte progressivement à l'initiateur de sa vaste « conspiration antichrétienne » qui lie les philosophes des Lumières, les francs-maçons et les Illuminés de Bavière. Qui donc notre détective découvre-t-il à la fin de sa copieuse enquête ? Mani.

Oui, Mani : « *prêchant la liberté, parce qu'il était né dans l'esclavage ; prêchant l'égalité, parce qu'il était né au dernier rang de l'espèce humaine. Le premier Jacobin franc-maçon fut un esclave.* » Wow.

Né au IIIe siècle dans l'actuel Irak, Mani était un « elkasaïte », soit le membre d'une communauté judéo-chrétienne mésopotamienne fondée par un certain Elkasaï. Mani avait quitté celle-ci pour se consacrer à ce qu'il considérait être l'authentique combat spirituel de tout être humain, en dehors de toute religion et de toute église : le combat de la Lumière et des Ténèbres, dans le monde comme en lui-même. Un germe de lumière étant présent dans chaque homme, l'essentiel était pour Mani la recherche de la divinité intérieure, vers laquelle nul n'est guidé que par lui-même, ainsi que la présence d'éclats de lumière dans chaque communauté, chaque civilisation, chaque spiritualité. Les « manichéens » considéraient que la Lumière et les Ténèbres étaient des principes qui étaient séparés dans le moment initial et se sépareraient à nouveau au moment final mais que le moment médian était toujours le lieu de leur « mélange » : qu'il y avait donc de la lumière et de l'obscurité dans chaque homme, dans chaque doctrine, dans chaque tradition, ce qui explique leur non-violence et leur « œcuménisme ». Et ce sont les successeurs persécutés de Mani qui seront stigmatisés par l'abbé Barruel comme les instigateurs d'un grand complot dont les révolutionnaires furent les lointains successeurs. Un complot qui passe, évidemment, par les

« cathares » exterminés du midi de la France. « *Nous savons ce que furent ces sectaires du Midi, nous connaissons leur père. Toute l'histoire a parlé clairement : le vrai père des Albigeois, des Cathares, c'est l'esclave plus connu sous le nom de Mani. La haine d'un esclave pour ses fers, lui fait trouver ces mots, égalité et liberté ; le ressentiment de son premier état lui fait croire que le démon seul a pu être l'auteur de ces empires, où l'on trouve des maîtres et des serviteurs, des rois et des sujets, des magistrats et des citoyens. Il fait de ces empires l'ouvrage du démon, et laisse à ses disciples le serment de les détruire. Cet homme voulait avoir pour lui les hommes de toutes les sectes, il promettait de les accueillir toutes avec la même affection. Pour empêcher qu'il n'y eût des princes et des rois, des supérieurs et des inférieurs, l'hérésiarque disait à ses adeptes : Que toute loi, toute magistrature, est l'ouvrage du mauvais principe. Pour empêcher qu'il y eût des pauvres et des riches, il disait que tout appartient à tous, que personne n'a droit de s'approprier un champ, une maison.* »

Le pauvre Barruel s'emporte et se fait du mal inutilement lorsqu'il imagine une société organisée depuis Mani jusqu'aux Jacobins, en passant par les différentes branches de la franc-maçonnerie, pour imposer les principes « désorganisateurs » de la liberté et de l'égalité. Il a néanmoins raison d'un point de vue symbolique lorsqu'il met en lumière la continuité secrète – mais *secrète jusqu'à eux-mêmes* – entre ceux que les chrétiens appelèrent les « gnostiques », leurs successeurs « manichéens » et « cathares », et les révolutionnaires qui prirent la Bastille en 1789.

Dans les textes retrouvés en 1945 à Nag Hammadi, Jésus s'adresse à ceux qui suivent son enseignement en les appelant non pas des « gnostiques » mais des « Sans Roi ». Ce sont des Sans Roi parce qu'ils voient Jésus, non comme un seigneur ayant autorité sur eux, mais comme un soutien, permettant le réveil de leur divinité intérieure : source de justice, de bonté, d'égalité et de joie. « *Je ne suis pas venu en seigneur mais en soutien* », dit Jésus dans le Discours du Sauveur, « *je suis votre frère secret.* » Les Sans Roi ne furent jamais « organisés » comme une Église dissidente ou opposée aux chrétiens : c'est même un des reproches récurrents de leurs adversaires. Ils se sont propagés librement, avec des modes de vie tout à fait distincts. Certains Sans Roi étaient libertins ou de mœurs dissolues, d'autres parfaitement ascétiques ; certains étaient des égalitaristes convaincus, d'autres avaient une conception élitiste du savoir : aucun n'en a fait une règle qui devait être imposée uniformément aux autres. Quant à Mani, il n'a jamais essayé de convaincre qui que ce soit de quitter sa religion initiale, que celle-ci soit le judaïsme, le christianisme, le zoroastrisme ou le bouddhisme. Ce qu'il a sans cesse montré, c'est que, dans ce qu'elles pouvaient avoir de lumineux, toutes les religions étaient analogues et n'avaient pas besoin de se faire la guerre. C'est dans leur caractère ténébreux qu'elles venaient à se distinguer et s'opposer : ce qu'elles n'ont, hélas, que trop bien démontré durant notre Histoire. Il est exact qu'une dimension politique et sociale forte imprégnait ceux que l'Église a appelé « cathares » (mais qui se disaient, eux, « Bons Hommes ») : ils estimaient que la terre devait appartenir à ceux qui la cultivaient, et la liberté totale de culte était une de leurs règles. Des Sans Roi aux sans-culottes, des Bons Hommes aux Citoyens, il n'y a pas un long chemin à faire, mais celui-ci s'est fait sans avoir besoin d'un relais organisé. C'est bien plutôt la permanence de l'autorité religieuse et politique et, par conséquent, celle de son caractère répressif, qui a entraîné la résurgence de communes rébellions tant spirituelles que politiques. Les Bons Hommes n'eurent pas accès aux textes Sans Roi, depuis longtemps détruits par l'Église : ils arrivèrent néanmoins à des constatations similaires sur l'incompatibilité de la parole de Jésus et celle de l'Église. Les sans-culottes étaient parfaitement ignorants de l'existence d'évangiles apocryphes, mais leur Jésus révolutionnaire avait le même ton que celui des Sans Roi.

En 1806, c'est un certain Jean-Baptiste Simonini qui, dans une lettre envoyée à l'abbé Barruel, associe au complot maçonnique les Juifs qui étaient encore épargnés par les *Mémoires*, pourtant déjà bien longues, de l'abbé : « *Oh ! comme vous avez bien démasqué ces cercles infâmes qui préparent la voie à l'Antéchrist et sont les ennemis implacables non seulement de la religion chrétienne, mais de tout culte, de toute société, de tout ordre !* », écrit Simonini, dans un style étrangement aussi lyrique et tarabiscoté que celui du petit prêtre auquel il s'adresse. « *Il y en a cependant une que vous n'avez touché que légèrement. Mais, selon moi, c'est aujourd'hui la puissance la plus formidable, si l'on considère ses grandes richesses et la protection dont elle jouit dans presque tous les États d'Europe. Vous comprenez bien, Monsieur, que je parle de la secte judaïque. Elle paraît en tout séparée des autres sectes, mais réellement elle ne l'est pas. En effet, il suffit qu'une de celles-ci se montre ennemi du monde chrétien, pour qu'elle la favorise, la soudoie et la paie.* » Et Simonini de dire qu'il tient de juifs du Piémont que, non seulement la franc-maçonnerie et les Illuminés de Bavière ont été secrètement fondés par des juifs, mais que Mani lui-même était juif. Quelle découverte : en effet, il était elkasaïte. Mais alors, que dire de Jésus lui-même si ce n'est que, par ses origines familiales, on devrait légitimement le suspecter d'avoir fomenté le complot dont son Église serait la victime ? Barruel avait recyclé à bas coût la chasse aux hérétiques, Simonini modernise l'antijudaïsme chrétien millénaire et ses assassinats d'enfants, ses profanations d'hostie ou ses puits empoisonnés.

En 1868, l'écrivain allemand Hermann Goedsche met en scène une réunion secrète de conspirateurs juifs dans son roman *Biarritz*. Lors de celle-ci, organisée dans un cimetière de Prague, les conjurés se rendent mutuellement compte de leurs récentes avancées : par des manœuvres boursières, ils sont devenus les créanciers de tous les gouvernements d'Europe ; stimulant la libre pensée, le scepticisme et l'anticléricalisme, ils ont quasiment détruit l'Église chrétienne ; enfin, ils ont réduit les artisans indépendants à celles de travailleurs d'usine alors que, simultanément, ils entretiennent leur colère et leur révolte, comme l'exprime un des conjurés : « *Dix-huit siècles ont appartenu à nos ennemis, le siècle actuel et les siècles futurs doivent nous appartenir à nous, peuple d'Israël, et nous appartiendront sûrement. Chaque guerre, chaque révolution, chaque ébranlement politique ou religieux rapproche le moment où nous atteindrons le but suprême vers lequel nous tendons. Il faut, autant que possible, entretenir le prolétariat, le soumettre à ceux qui ont le maniement de l'argent. Par ce moyen, nous soulèverons les masses quand nous le voudrons. Nous les pousserons aux bouleversements, aux révolutions, et chacune de ces catastrophes avance d'un grand pas nos intérêts intimes et nous rapproche rapidement de notre but unique, celui de régner sur la terre.* »

Renommé « Discours du Rabbin », le contenu de ces différents monologues finira par être reproduit, comme s'il s'agissait d'un véritable document, dans d'innombrables publications en Russie, en Tchécoslovaquie ou en France. Il y croisera un courant anti occultiste et anti magique, mêlant cette fois juifs, francs-maçons et « gnostiques » dans une même volonté de domination satanique, comme chez Henri-Roger Gougenot des Mousseaux : « *Ces sociétés de l'occultisme n'ont en définitive d'autres but sérieux que celui des associations judaïques dont elles ne sont que des variations à physionomie quasi-chrétienne. Cette idée fut le rêve des sectes dissidentes de gnostiques ou d'illuminés qui prétendaient rattacher leur foi à la tradition primitive du christianisme de Saint Jean (nom de passe qui désigne le catholicisme de la révolte et de la magie). Le but unique de leurs efforts est la réalisation du triomphe des idées judaïques.* »

L'idée d'une action concertée des financiers juifs et des communistes pour la mise en esclavage des peuples trouvera une forme achevée en 1886 dans *La France juive* d'Édouard Drumont : « *Les Juifs d'en bas sont appuyés par ceux d'en haut et les Juifs d'en haut sont garantis contre la Révolution, puisque ce sont les leurs qui conduisent les insurrections.* » Et tous ces courants antimaçonniques, antisémites, anti occultistes et anti égalitaires formeront le corps de doctrine implicite du livre le plus populaire de l'histoire du complot : les *Protocoles des Sages de Sion*, un ouvrage publié pour la première fois en Russie en 1903 et diffusé par la police secrète du Tsar pour encourager les pogroms. Dans celui-ci, un « Sage de Sion » rappelle à ses coreligionnaires leur bon travail commun de destruction des régimes dynastiques et l'instauration de la démocratie, tremplin de leur futur empire : « *Notre appel "Liberté Égalité Fraternité" amena dans nos rangs des légions entières qui portèrent nos bannières avec extase. Elle nous donna la possibilité de jouer notre as d'atout : l'abolition des privilèges, en d'autres termes, l'existence de l'aristocratie des Gentils, seule protection qu'avaient contre nous les nations et les pays.* » Il leur attribue également la diffusion des idées modernes : « *Considérez le succès de Darwin, Marx et Nietzsche, préparé par nous. L'effet démoralisant des tendances de ces doctrines sur l'esprit des Gentils ne devrait certes pas nous échapper.* » Les Sages de Sion se présentent comme étant simultanément à la tête du monde économique et des forces subversives cherchant à l'abolir : « *Nous créerons une crise économique universelle par tous les moyens détournés possibles et à l'aide de l'or qui est entièrement entre nos mains. Simultanément, nous jetterons à la rue dans toute l'Europe des foules énormes d'ouvriers. Nous protégerons toujours ces derniers, feignant de les aider par principe de fraternité et d'intérêt général pour l'humanité, évoqué par notre Maçonnerie socialiste.* »

Puis le conférencier, prenant ses amis pour des idiots ou des amnésiques, leur rappelle la façon dont ils ont procédé : « *Race disséminée, nous ne pouvions atteindre notre objet par des moyens directs, mais seulement par des moyens détournés : Telle fut la cause réelle de notre organisation de la Maçonnerie, dont ces pourceaux de Gentils n'ont pas approfondi le sens, ni même soupçonné le but.* » Oui : on se frotte les yeux, tellement l'ouvrage est grossier. Parmi leurs objectifs à court terme, le Sage de Sion évoque l'impôt sur les grandes fortunes, histoire de s'en prendre encore un peu plus aux riches : « *Ainsi les impôts seront couverts sans opprimer ni ruiner leur peuple, et la charge qui incombera sera proportionnée à ce qu'il possédera. Il faudra que les riches comprennent qu'il est de leur devoir de céder au gouvernement une part du surplus de leurs richesses, puisque le gouvernement leur garantit la possession paisible de leurs biens.* » Pas mal, ces Sages de Sion : comment on fait pour voter pour eux ?

Il reste beaucoup d'incertitude concernant le ou les auteurs de ce livre dont de nombreux passages sont directement plagiés sur un pamphlet de Maurice Joly contre Napoléon III. Ce qui saute aux yeux à la simple lecture, c'est que ces « protocoles » n'ont évidemment jamais été prononcés lors d'une réunion secrète mais sont simplement une mise à jour des accusations de Gougenot et de Drumont : l'idée d'une continuité entre judaïsme et philosophie émancipatrice, comme celle d'une alliance entre capitalisme et socialisme, deux schèmes qui feront fortune tant dans la Russie du Tsar – où il s'agissait de trouver un bouc émissaire à la misère du peuple qui soit en mesure d'épargner les riches propriétaires terriens – que dans l'Allemagne nazie. Adolf Hitler, premier terroriste du complot ayant accédé au statut de chef d'État, se référera explicitement aux *Protocoles des Sages de Sion* dans *Mein Kampf* : « *La mesure dans laquelle toute l'existence du peuple juif est fondée sur un mensonge permanent ressort d'une façon aveuglante des Protocoles des Sages de Sion.* » L'édition allemande de 1933 était formelle : « *Le devoir de chaque Allemand est d'étudier les terribles aveux des Sages de Sion et de les comparer avec l'effroyable misère de notre peuple ; de tirer ensuite les conclusions qui s'imposent et de veiller à ce que ce livre soit mis entre les mains de tous les Allemands.* »

Les Sans Roi n'apparaissent pas dans les *Protocoles des Sages de Sion*, mais un des principaux propagateurs du pamphlet en Europe occidentale, le docteur Herman de Vries de Heekelinken, ne manquera pas de les citer dès les premières lignes de sa préface de 1938 : « *Dès sa naissance, le christianisme a trouvé devant lui la force des ténèbres. Dans le cours des âges on rencontre partout cette force organisée de l'Anti-Église. On la voit faire des efforts désespérés pour détruire le christianisme par lui-même en suscitant le gnosticisme, l'arianisme, le manichéisme et autres sectes. Elle suscite des révolutions, elle s'identifie au marxisme et au bolchévisme.* »

Après-guerre, les terroristes du complot se réinventent aux États-Unis sous l'influence du sénateur Joseph McCarthy, persuadé qu'un gigantesque complot communiste contre l'Amérique, présent jusque dans les plus hautes sphères de l'État, est en cours : « *Nous avons probablement affaire ici à une conspiration d'une telle envergure que toutes les entreprises similaires menées au cours de l'histoire humaine paraissent bien ridicules en comparaison* », écrit-il en 1951. « *Cette conspiration est d'une infamie si ignominieuse que, lorsqu'elle sera mise au jour, ses principaux protagonistes seront à jamais voués aux gémonies par les honnêtes gens.* »

Le New Deal de Roosevelt est alors perçu comme l'apogée d'une conspiration dont le but est de saper les fondements du capitalisme pour placer l'économie sous le contrôle de l'État fédéral, et ainsi laisser le champ libre au communisme. Le secrétaire d'État George Marshall est la cible principale de Joseph McCarthy, qui voit en lui la figure centrale d'une trahison dirigée contre les intérêts américains. Le but de toutes ses manœuvres serait « *d'exciter notre frustration pour en définitive nous abandonner aux machinations soviétiques sur notre propre sol et aux attaques militaires à l'extérieur [...] Ses décisions, soutenues par le plus grand entêtement et la plus grande habileté, ont toutes, sans exception, servi les intérêts de la politique mondiale du Kremlin* ». Curieusement, alors que celui que Churchill avait désigné comme « l'organisateur de la victoire » des Alliés lors de la Seconde Guerre mondiale est désigné par Joseph McCarthy comme le responsable de tous les échecs et toutes les défaites des États-Unis, il devient à la même époque, chez le penseur marxiste français Michel Clouscard, l'auteur d'un projet de domination psychique des masses européennes à travers l'arrivée de produits manufacturés, des *blue jeans* aux films hollywoodiens, en passant par les disques de *rock'n'roll* et le *flipper*.

La Russie soviétique n'est pas en reste, puisque le NKVD, l'organisme d'État chargé de « *combattre le crime et de maintenir l'ordre public* », invente à la même époque un complot tout aussi imaginaire et terrifiant que celui qui avait présidé aux *Protocoles des Sages de Sion* : celui des « blouses blanches », des médecins juifs accusés d'avoir empoisonné deux dirigeants soviétiques et prévoyant d'en assassiner d'autres. Le 13 janvier 1953, la *Pravda* dénonce ce « *complot de bourgeois sionistes* » travaillant pour le compte du Congrès juif mondial et financé par la CIA. Staline lui-même déclare au Politburo : « *Tout sioniste est l'agent du service de renseignement américain. Or, parmi mes médecins, il y a beaucoup de sionistes.* » Le Parti Communiste français applaudit « *de toutes ses forces* » l'arrestation de ces « *médecins assassins* » par la voix d'Augustin Lecœur. Il faut attendre la mort de Staline pour que le président du Soviet suprême admette, le 3 avril 1953, que ce complot n'a, en réalité, jamais existé.

Parallèlement apparaît un terrorisme du complot d'un style très différent, qui consiste alors non pas à alerter l'opinion d'une domination à venir mais à remettre en cause un fait historique passé. En France, il est incarné tout d'abord par Maurice Bardèche en 1948, puis par Paul Rassinier en 1950 et principalement par Robert Faurisson à partir de 1978. Faurisson est formel : « *L'existence des "chambres à gaz" est radicalement impossible.* » Chez notre savant improvisé, une argumentation d'apparence technique – la difficulté de ventiler un local de vapeurs de Zyclon B – est avancée, mais celle-ci prend appui sur les méthodes de désinfection d'un appartement par les courants d'air naturels, où le gaz peut également se loger dans les tissus ou dans les poutres en bois, pour contredire les capacités d'un appareil à ventilation à l'intérieur d'un local de béton vide. La thèse principale des négationnistes étant la non-existence des chambres à gaz, l'opération consiste également à tenir pour nuls les indénombrables témoignages concernant leur existence. Ceux des déportés sont considérés comme nuls car intéressés par le paiement des indemnités. Ceux des anciens nazis sont considérés comme nuls car prétendument obtenus sous la contrainte, même s'agissant de dépositions dans le cadre de procès publics retentissants comme les procès de Nuremberg. L'extermination des juifs d'Europe ayant toujours été exprimée dans les documents officiels du IIIe Reich sous forme d'euphémismes – « solution totale », « solution finale », « traitements spéciaux », « actions spéciales » – et le document principal sur lequel se base Faurisson étant le journal intime du Dr Kremer, chargé d'intervenir en cas de malaise d'un SS, Faurisson en déduit que les « actions spéciales » renvoient au traitement d'une épidémie de typhus. Ce qui semble totalement absurde dès la première mention de la « solution finale » dans la lettre de Göring de 1941, où celui-ci l'évoque après avoir éliminé le plan consistant en une émigration du peuple juif, et devient carrément aberrant lorsque Himmler, en octobre 1943, s'adressant aux *Gruppenfürher* de la SS, parle de « *l'élimination des juifs* » comme de la « *page glorieuse* » de leur histoire que les nazis réaliseront mais qu'ils n'écriront pas.

Avant de s'illustrer dans cette étrange affaire, le professeur Faurisson avait tenté de s'imposer dans la démystification des textes littéraires, notamment en niant la dimension alchimique des poèmes d'Arthur Rimbaud, en 1961, prétendant que ceux-ci étaient des blagues sexuelles et déclarant que la Bibliothèque municipale de Charleville ne contenait pas d'ouvrages alchimiques. Le pauvre Faurisson était déjà un piètre enquêteur. Sur ce point, c'est Eugène Canseliet, le disciple de Fulcanelli, qui lui répondit en 1963 : « *Ces livres, nous les avons retrouvés sans peine, qui sont toujours logés, parmi tant d'autres, dans l'ancien lycée, place de l'Agriculture, et strictement relevés sur le nouveau catalogue, d'après l'ancien répertoire lui-même établi pendant le second quart du* XIXe *siècle.* »

Les terroristes « scientifiques » du complot reviennent en force après les attentats du 11 septembre 2001 à travers les « ré-ouvreurs », défenseurs de la thèse selon laquelle les services secrets américains seraient les authentiques commanditaires des attentats et ajoutant qu'aucun avion n'avait percuté le Pentagone. Le plus célèbre en France est Thierry Meyssan avec son livre *L'Effroyable imposture* publié en 2002. Ici, comme chez Robert Faurisson, pas de prêche, pas d'exhortation ni de « lyrisme ». L'auteur compile documents et déclarations, et les fait suivre de petits commentaires et de questions. Par exemple, après plusieurs pages purement factuelles concernant le Patriot Act signé le 26 octobre 2001 : « *Si les ennemis sont des misérables cachés dans des grottes en Afghanistan, pourquoi suspendre le fonctionnement normal des institutions et priver les parlementaires, même à huis clos, des informations indispensables à la vie démocratique ?* » Concernant la vidéo rendue publique le 13 décembre 2001 où Ben Laden commente la prouesse technique des attentats du 11 septembre : « *La culpabilité du récidiviste Oussama Ben Laden dans les attentats du 11 septembre ne ferait donc pas de doute puisqu'il aurait avoué même des actions qui n'ont pas existé. Mais Ben Laden a-t-il vraiment coupé avec la CIA et est-il devenu un ennemi de l'Amérique ?*» Enfin, après avoir égrené un certain nombre de témoignages de militaires présents lors de l'écrasement de l'avion sur le Pentagone : « *Nonobstant le respect que l'on doit à la haute qualité des témoins oculaires, officiers et parlementaires, il est impossible d'avaler de telles balivernes. Loin de créditer leurs dépositions, la qualité de ces témoins ne fait que souligner l'importance des moyens déployés par l'armée des États-Unis pour travestir la vérité.* », Meyssan ne désigne pas un ennemi, il le suggère : « *Comme dans toutes les affaires criminelles, la première question à se poser est : À qui profite le crime ?* »

Mais justement : un bon criminel, à moins d'être fou, s'en tient à une narration dont l'économie conserve une certaine logique, même relative, et les mensonges grossiers du gouvernement américain concernant les liens hypothétiques entre Saddam Hussein et Al-Qaïda, la responsabilité de l'Irak dans les attentats du 11 septembre et ses fameuses « armes de destruction massive » rendent ce « questionnement » non pas plus légitime, mais beaucoup moins. C'est Noam Chomsky qui le dira avec le plus de simplicité : « *Supposons que le gouvernement Bush ait "effectué" le 11 septembre, est-ce qu'ils auraient incriminé un Saoudien ? Non, à moins qu'ils ne soient complètement fous. S'ils avaient effectué ce crime sans être fous, ils auraient incriminé les Irakiens et ils auraient été soutenus dans leur invasion de l'Irak avec une résolution des Nations unies et ils n'auraient pas eu besoin d'inventer je ne sais quelle théorie sur les armes de destruction massive et la relation entre Saddam Hussein et Al-Qaïda qui risquait de les discréditer. Ce n'est pas logique.* »

Ce n'est pas logique. Et pourtant cette hypothèse est rapidement reprise à son compte par Alain Soral et ses disciples, et intégrée à un ensemble mêlant antisémitisme « social » à la Drumont (les « sionistes de droite » et les « sionistes de gauche » se substituant aux « Juifs d'en haut » et « Juifs d'en bas »), virilisme (obsession de la « féminisation » de la société) et négationnisme. Ainsi, la république parlementaire devient « la domination des réseaux sionistes et maçonniques », les négationnistes sont les « prisonniers politiques de l'Occident contemporain », le mariage pour tous une machination « maçonnique, satanique, antichrétienne » et le féminisme une invention du « lobby talmudo-sioniste » pour « déviriliser le peuple ».

Cette nouvelle synthèse, qui s'exalte essentiellement sur Internet et les réseaux sociaux, est contemporaine d'une autre théorie : celle d'un complot visant à faire de l'Europe une colonie, non juive cette fois, mais islamique. Cette thèse est exposée pour la première fois dans l'ouvrage *Eurabia : L'Axe euro-arabe*, un gros livre publié en 2005 par la terroriste du complot Bat Ye'or. Même si la tendance « journalistique » à accumuler les petits documents est extrêmement présente chez Ye'or comme chez Meyssan, les amateurs de lyrisme à la Barruel retrouveront ici un style plus familier lorsque le projet de soumission de l'Europe par le monde arabo-musulman est décrit de façon particulièrement tapageuse dès l'introduction : « *Depuis plus d'un millénaire, l'Europe avait résisté aux armées djihadistes lancées des territoires islamisés à l'assaut de ses îles et de ses côtes. Mais à partir de 1968, sous la pression du terrorisme palestinien, de l'attrait de l'or noir et de l'antisémitisme rampant, la Commission Européenne choisit une direction radicalement différente. Elle opta délibérément pour une politique d'intégration avec le monde arabe selon une doctrine qui envisageait la fusion des deux rives de la Méditerranée. Les trois symptômes les plus apparents de cette politique s'exprimèrent par l'anti-américanisme, l'antisémitisme/antisionisme et le culte palestinien, trois politiques imposées et diffusées du sommet de l'Union Européenne dans chaque État membre, du haut en bas de l'échelle sociale, par un appareil de relais organisés.* »

Eurabia connaît une « version française » en 2010 par la plume de Renaud Camus, sous le nom de « grand remplacement ». Cette expression reviendra, encore et encore, dans la bouche de très nombreux éditorialistes télévisés, et même de plusieurs terroristes du complot ayant brigué la place de président lors des dernières élections françaises en 2022. À celle-ci s'ajouteront des fadaises concernant l'islamo-gauchisme, voire la « menace *woke* » supposée atteindre les universités pour y attaquer, par un patchwork de féminisme et d'antiracisme, un ennemi commun : l'homme blanc.

On fait en général crédit au philosophe des sciences Karl Popper d'avoir été le premier théoricien du complotisme, en dénonçant en 1945 dans *La Société ouverte et ses ennemis* les propagateurs de la « thèse » selon laquelle les événements politiques seraient causés, non par le déterminisme historique ou le hasard, mais par l'action concertée et secrète d'un groupe de personnes y ayant un intérêt : « *Il existe une thèse que j'appellerai la thèse du complot, selon laquelle il suffirait pour expliquer un phénomène social, de découvrir ceux qui ont intérêt à ce qu'il se produise. Elle part de l'idée erronée que tout ce qui se passe dans une société, guerre, chômage, pénurie, pauvreté, etc. – résulte directement des desseins d'individus ou de groupes puissants. Idée très répandue et fort ancienne : c'est, sous sa forme moderne, la sécularisation de superstitions religieuses.* »

Mais ce qu'on relève moins souvent, c'est que ce court paragraphe, à partir duquel découlera la presque-totalité des argumentations des théoriciens du complotisme qui suivront, s'insère au sein d'un livre facilement aussi paranoïaque, rabâcheur et décourageant que les *Mémoires* de l'abbé Barruel. En effet, pour Popper, ce qu'il appelle la « société ouverte » (et que nous nommons, nous, plus conventionnellement, la démocratie libérale) aurait pu exister dès l'époque de Périclès si celle-ci n'avait pas été de tout temps en proie à des ennemis fort dangereux et fort puissants, architectes des totalitarismes, et qui cachèrent à chaque fois très bien leur jeu : les philosophes.

La conjuration commence avec Platon, dont le programme politique est, pour Popper, fondamentalement identique au totalitarisme, mais d'une façon habilement masquée : « *Adversaire acharné de l'égalitarisme, qu'il jugeait mauvais et dangereux, il a cherché à le détruire mais sans oser l'attaquer ouvertement en usant de procédés déloyaux.* » Popper n'oppose pas, comme c'est souvent le cas, Platon et Aristote, mais fait du deuxième un continuateur plus épais du premier, « *confiné dans une systématisation aride* ». Lorsqu'il arrive à Hegel, Popper est sans nuance : non seulement le philosophe allemand se « *moque délibérément de ses lecteurs* », mais c'est carrément un « *agent à la solde du gouvernement prussien.* » Sa philosophie, ou plutôt son « *fatras nauséabond* », est un « *dédale où les ombres des philosophies d'Héraclite, de Platon et d'Aristote, celles aussi de Rousseau et de Kant, dansent une sorte de sabbat pour mieux ensorceler le spectateur non averti.* » Mais, ajoute notre nouveau Barruel, « *ce délire n'a rien de gratuit ; il sert à la perfection l'absolutisme du roi de Prusse.* » Évidemment cette longue traversée historique a pour fin de s'attaquer frontalement au marxisme, principal ennemi idéologique des libéraux, qu'il s'agit d'associer au nazisme par une confusion au forceps entre théorie des races et lutte des classes.

Le problème principal concernant les théoriciens du complotisme, est, à l'instar de leurs cibles de prédilection, leurs grossières visées politiques, d'où découle ce manque de sérieux qui saute aux yeux lors de la lecture de leurs interminables pensums. Les théoriciens du complotisme sont, pour la plus grande part, des libéraux. Ils accordent dès lors eux aussi une confiance sans borne à une « sécularisation de superstitions religieuses » : la main invisible et l'autorégulation des marchés. En 1947, deux ans seulement après la publication de son pénible ouvrage, Karl Popper participe à la fondation de la « Société du Mont-Pèlerin » avec Friedrich Hayek et Milton Friedman : un groupe de réflexion, matrice des *think-tanks* à venir, souhaitant promouvoir l'économie de marché contre le protectionnisme. De la foi personnelle des théoriciens du complotisme naît sans doute ce manque d'à-propos qui les poussent à inclure Robespierre, Karl Marx ou plus récemment les Gilets jaunes dans leur liste de suspects, souvent aussi psychédélique et copieuse que celles dressées par ses adversaires.

Ainsi François Furet par exemple, attribuant le « complotisme » aux révolutionnaires eux-mêmes en tant que « moyen de conquérir et de conserver le pouvoir réel » : « *Si l'idée de complot est taillée dans la même étoffe que la conscience révolutionnaire, c'est qu'elle est une partie essentielle de ce qui est le fond même de cette conscience : un discours imaginaire sur le pouvoir. C'est en fonction de son obstination à dénoncer le complot des aristocrates que le pouvoir peut gouverner légitimement : la surenchère idéologique est la règle du jeu du nouveau système.* »

Ainsi Emmanuel Kreis ouvrant ses *Puissances de l'ombre*, anthologie des terroristes du complot, par un texte, non de l'abbé Barruel ou de John Robison, mais de Saint-Just, brocardant les Cordeliers pour leurs projets contraires à l'intérêt général. C'est un peu léger : à ce compte, n'importe quel discours politique incriminant ses opposants pourrait rentrer dans cette catégorie.

Ainsi, enfin, le lamentable Pierre-André Taguieff, dont la moitié du travail aura consisté à faire une pseudo-généalogie du complotisme, qu'il confond parfois avec l'ufologie ou la mystification historique (l'extraterrestre de Roswell et le trésor de Rennes-le-Château prennent plus de place dans ses « travaux » que les Illuminés de Bavière), et l'autre à dénoncer un complot tout aussi imaginaire : l'islamo-gauchisme. Il participera, par ailleurs, au journal de propagande de guerre *Le Meilleur des mondes*, accompagnant les mensonges américains sur l'Irak. Le 15 février 2003, il signera une tribune de soutien aux États-Unis dans *Le Figaro*, dans laquelle on peut lire : « *Nous n'avons aucune confiance dans la parole de Saddam Hussein assurant n'avoir ni armes de destruction massive ni liens avec les terroristes.* »

Dans sa pseudo-généalogie du complotisme, Taguieff a exactement les mêmes ennemis historiques que Barruel. Un partisan de l'hypothèse de la métempsychose pourrait supposer qu'il en est la réincarnation : « *Les récits complotistes sont manichéens, écrit le politiste, ils mettent en scène une lutte entre le Bien et le Mal, un grand affrontement des forces lumineuses et des forces ténébreuses ;*

ce qui les rapprochent des textes occultistes. » Et l'abbé Taguieff de reproduire quasiment à l'identique la généalogie barruellienne, allant de Mani à Robespierre, pour aboutir, non au complot antichrétien, mais au complotisme : « *Nombre de discours de Robespierre ou de Saint-Just sont structurés par l'opposition manichéenne entre les "corrompus" et les "incorrompus", les "traîtres" et les "vertueux". Marat voit des "traîtres" et des conspirateurs partout. Robespierre se fait le dénonciateur de la conspiration permanente contre la "liberté".* »

Dans l'émission de télévision *C L'Hebdo* du 31 octobre 2021, c'est un certain William Audureau, ancien journaliste écrivant sur les jeux-vidéos et fraîchement bombardé spécialiste du complotisme, qui s'y colle : « [Il y a complotisme] *à partir du moment où on analyse les événements du monde par l'idée qu'une société secrète ou juste des "forces" ourdiraient quelque chose de malveillant contre la population. On peut dire que le marxisme par exemple, qui imagine ou décrit une opposition un peu manichéenne entre le grand capital et le prolétariat, c'est le socle.* » On a même pu lire sous la plume de fervents catholiques traditionalistes que les « *premiers complotistes* [étaient] *les gnostiques* » parce qu'ils voyaient le monde comme la création d'un mauvais démiurge. Il y en a qui ne manquent pas d'air.

Alors ? Saint-Just est-il un comploteur (comme dit Barruel) ou un complotiste (comme le croit Kreis) ? Les communistes sont-ils des complotistes (comme le prétend Audureau) ou des comploteurs (comme on peut le lire dans les *Protocoles des Sages de Sion*) ? La république parlementaire est-elle aux mains des juifs (comme le pense Soral) ou des musulmans qui planifient la domination de l'Europe (comme l'affirme Ye'or) ? Les juifs soutiennent-ils uniformément les Soviétiques (comme le disaient les nazis) ou les Américains (comme le diront Staline et la Pravda) ? George Marshall planifie-t-il la domination soviétique sur les États-Unis (comme le dit McCarthy) ou la domination américaine de l'Europe (comme le pense Clouscard) ? Les gnostiques et les manichéens sont-ils les premiers complotistes (comme le suggèrent Taguieff et les anti-complotistes chrétiens) ou les authentiques fomentateurs du grand complot contre le christianisme (comme le soutiennent Barruel et Gougenot des Mousseaux) ? Si tout événement déplaisant est perçu par le terroriste du complot comme une action de la main invisible de son ennemi idéologique, toute critique de la société qui déplaît au théoricien du complotisme est traitée comme une théorie du complot qui s'avance masquée.

Dans leurs expressions comme dans leurs méthodes, les terroristes du complot et les théoriciens du complotisme se ressemblent plus qu'ils ne s'opposent. Les uns comme les autres se disent chargés d'une mission : la défense de la « vérité » ; vérité qui excuse leur propension à enchaîner les procès d'intention. Mais, dans les deux cas, aucune réflexion poussée sur leurs propres intentions, et un examen remarquablement faible sur les origines de leur vocation à servir cette vérité aussi exclusive, jalouse et belliqueuse que le Dieu des monothéismes. Or, ce qui saute aux yeux, dans le cas des terroristes du complot comme dans celui des théoriciens du complotisme, c'est que leur volonté affichée de vérité débouche infailliblement dans le désir, pour les uns, de conquérir ou de reconquérir le pouvoir, pour les autres, de le garder ou de légitimer ceux qui l'exercent.

S'il y a une séduction opérée sur les masses par l'imaginaire du complot, c'est qu'il y a un sentiment – pas du tout imaginaire, lui – d'*impuissance politique*. Il y a terrorisme du complot parce qu'il y a un accroissement de l'inégalité dans les possibilités de se réaliser au sein de cette société. Et s'il y a un marché médiatique pour la théorie du complotisme, c'est qu'il y a un refus chez ceux qui dominent, économiquement comme politiquement, d'admettre l'existence de cette impuissance individuelle comme de remédier à cette inégalité sociale.

Face à cette situation, le terrorisme du complot n'est pas seulement faux, il est inutile. Il est inutile de savoir si Kennedy a été tué par un fou solitaire ou à la suite d'une décision concertée d'une organisation secrète. Il est inutile de savoir si les attentats du 11 septembre 2001 ont été perpétrés à l'initiative de Ben Laden ou des services secrets américains. Ce qu'il y a à reprocher aux États-Unis dans ce qu'ils assument est largement suffisant pour voir en eux une menace pour le reste du monde. Il n'est pas nécessaire de leur attribuer ce qu'ils nient avoir effectué, et, comme dirait Chomsky, ce n'est pas logique. Mais Chomsky ajoutait, et c'est ça qui est important : « *Si on est vraiment honnête, il faut reconnaître quelque chose. En Amérique latine, on parle du deuxième 11 septembre, parce qu'il y a eu un autre 11 septembre : le 11 septembre 1973 au Chili* [n.d.a. : le coup d'État de Pinochet contre Salvatore Allende, activement soutenu par les États-Unis]. *Et, si on était vraiment sincère, on reconnaîtrait que c'était encore pire. Supposons que lors du 11 septembre américain, Al-Qaïda ait bombardé la Maison Blanche, assassiné le président, imposé une dictature militaire, assassiné des milliers de gens et torturé des dizaines d'autres milliers, enfin ait réussi à mettre sur pied un centre terroriste international qui effectuerait des exactions à travers le monde en installant des dictatures et des gouvernements de pantins, ça aurait été pire. Et c'est ce qui s'est passé le 11 septembre 1973. Mais nous n'arrivons pas à affronter les conséquences de nos propres actions.* »

Face au terrorisme du complot, la théorie du complotisme est également inutile. Parce que, quand bien même les attentats du 11 septembre auraient été commandités par les services secrets américains ou le « wokisme » une menace pesant concrètement sur les universités, les visées déclarées des terroristes du complot suffisent à les discréditer. De l'abbé Barruel à Alain Soral, des *Protocoles des Sages de Sion* à Bat Ye'or, ce qu'ils promeuvent comme idéal de société est largement pire que ce qu'ils attaquent. Le monde qu'ils voudraient voir émerger sur les ruines de celui qu'ils dénoncent est peut-être plus contraire encore à l'intérêt général ou au bien commun.

La seule chose qui compte, le problème réel, c'est notre sentiment d'impuissance politique. C'est lui qui n'est pas imaginaire. C'est à lui qu'il faut s'attaquer.

Or, dans les deux cas, terrorisme du complot, théorie du complotisme, il n'y a pas exagération mais, bien au contraire, minimisation de ce sentiment d'impuissance et ignorance de ses causes comme des moyens de le combattre. En élisant leurs boucs émissaires, théoriciens du complotisme comme terroristes du complot impliquent que la société pourrait être supportable si certaines fractions de la société, identifiées par eux, cessaient d'y mettre leur grain de sel. Or, c'est ce point qui est sans doute le plus contestable parmi tous les points contestables de leurs pénibles prêches.

Comme Antonin Artaud l'avait écrit, et avait prévu de le dire lors d'une conférence au Vieux-Colombier le lundi 13 janvier 1947 : « *Le fameux complot contre la conscience existe mais ce n'est pas un complot mythique qui figura un jour dans la légende d'Hamlet, de Macbeth, du Graal, du roi Arthur ou du roi de Thulé, mais une pièce minutieusement réglée où l'on se passe le mot de maison en maison, de ville en ville, de nation en nation, de continent en continent, comme une immense télégraphie animée.* »

Il ne s'agit pas d'identifier un groupe de personnes isolables et dont on pourrait déterminer l'origine, les intentions ou le projet. Il ne s'agit même pas d'une question de pouvoir exercé en conscience par certains notables sur le reste de la société. Au contraire, et c'est à la fois bien plus insidieux et beaucoup plus grave, c'est une affaire qui a lieu dans le secret de la conscience de tous, et au bénéfice de personne. En d'autres termes, le fameux complot contre la conscience qui nous maintient dans un état d'impuissance politique est bien une *affaire d'envoûtement.* Mais c'est une affaire d'envoûtement dans laquelle, dit Artaud, tout le monde a trempé ne serait-ce que le cil d'une paupière : « *Moi je dis qu'il y a dans presque chaque homme un envoûteur dissimulé et qui le sait. La vie historique moderne est le prix d'un formidable et crapuleux envoûtement. Le monde marche comme une horloge dont personne ici n'a la clef. Tout est écrit dans la matière astrale, et les livres disent : C'était écrit. On envoûte, la masse envoûte, les individus envoûtent. Tout le monde le sait. Personne ne dit mot.* » Tous les événements qui jalonnent l'histoire contemporaine, de la Révolution française à la pandémie de Covid-19, en passant par la Seconde Guerre mondiale, la guerre froide et les attentats du 11 septembre 2001 ne sont, en effet, ni le produit du hasard ni ce qu'ils paraissent, mais il ne s'agit pas de chercher des responsables cachés derrière ces événements. Ce ne serait pas seulement faux et inutile. Ce serait injuste. Car ce qui les a produits, c'est une pression inavouable de la volonté collective, c'est-à-dire la conjugaison des volontés individuelles d'un grand nombre de gens, proches ou non-proches, et qui trouvent leur résolution autour d'un événement que nous devons à la fois considérer comme une réalité et interpréter comme un symbole. Le complot est une réalité parce que nous n'avons pas le loisir de nous y soustraire ; même éloigné, il informe le moindre détail de nos vies et modifiera jusqu'à la façon dont nous accentuons nos paroles. Celui-ci est aussi un symbole parce qu'il indique, toujours, bien davantage que lui-même : une image de l'humanité souffrante, opprimée, hurlant pour sa libération d'une société qui la tient plus enchaînée que jamais. Pris dans la tourmente de l'événement, l'évaluant à ses conséquences immédiates sur nos vies, nous n'y pensons pas, mais les poètes, eux, y pensent continuellement. « *Tout vit, tout agit, tout se correspond* », écrit Gérard de Nerval dans *Aurélia.* « *Les rayons magnétiques émanés de moi-même ou des autres traversent sans obstacle la chaîne infinie des choses créées ; c'est un réseau transparent qui couvre le monde, et dont les fils déliés communiquent de proche en proche aux planètes et aux étoiles. Si l'électricité, qui est le magnétisme des corps physiques, peut subir une direction qui lui impose des lois, à plus forte raison des esprits hostiles et tyranniques peuvent asservir les intelligences et se servir de leurs forces divisées dans un but de domination.* »

Pensée lourde, très lourde. Pensée violente. C'est pourquoi ceux qui l'ont ressentie dans leur chair sans avoir été capables de s'en défendre ou en mesure de l'accepter, ont été considérés comme « fous » et enfermés à la mesure du danger qu'ils représentaient pour la société.

« *Le fameux complot contre la conscience existe* », « *C'est un réseau transparent qui couvre le monde* » : cette affirmation a été celle des poètes. Et si, des Sans Roi aux Bons Hommes, tous les authentiques visionnaires dont la spiritualité n'était pas soluble dans le pouvoir pastoral ont été condamnés, persécutés et exterminés, tous les poètes des temps modernes qui, de Gérard de Nerval à Antonin Artaud, ont mis en accusation la société ont eu à faire avec l'accusation de folie. Ils ont eu à faire avec la misère et le malheur. En contrepartie, leur moindre contribution n'aura pas été de relativiser, aux yeux de la postérité, la distinction que nous faisons habituellement entre folie et vérité. Voire la séparation que nous faisons entre les fous et les autres.

Tous ceux qui lisent et aiment Nerval savent qu'ils partagent un peu de sa folie. Tous ceux qui aiment et lisent Artaud savent que sa folie influence le rapport qu'ils entretiennent avec la vérité.

Dans une interview donnée aux *Cahiers du cinéma* en septembre 1968 pour son troisième film, *L'Amour fou*, Jacques Rivette dit une chose très intéressante : « *Le sentiment principal, c'était une phrase de Pirandello sur laquelle j'étais tombé en bouquinant un peu avant de commencer à écrire quoi que ce soit, et que j'avais d'ailleurs recopiée au début du scénario : "J'y ai réfléchi, nous sommes tous fous." C'est ce qu'on dit couramment, mais le beau, c'est justement de s'appliquer à y réfléchir.* »

C'est parce que nous sommes tous fous, qu'il n'y a que du complotisme, même chez son théoricien, et que du complot, même de la main du terroriste. C'est parce que l'homme voit toujours le monde comme une idée – et c'est le voir doublement abstrait que de s'imaginer que seul le terroriste du complot et le théoricien du complotisme puissent être enfermés dans leur idée du monde. Nous sommes tous enfermés dans notre idée du monde. Nous y avons été envoûtés. Nous sommes tous frappés d'impuissance politique. Nous sommes nés dans un monde qui marche comme une horloge dont personne n'a la clé. Choisir entre une de ces folies est aussi vain que de demander son chemin au Chat de Chester, comme dans *Alice au pays des merveilles* de Lewis Carroll.

« *Dans cette direction-ci habite un Chapelier,* répond le Chat. *Et dans cette direction-là habite un Lièvre de Mars. Tu peux aller rendre visite à l'un ou à l'autre : ils sont fous tous les deux.*

« *Mais je ne veux pas aller parmi les fous !*, dit Alice.

« *Impossible de faire autrement : nous sommes tous fous ici.* »

Impossible de faire autrement. Mais nous pouvons tous réfléchir, c'est-à-dire mettre en danger notre idée du monde par une pensée concrète. Nous pouvons tenter de nous libérer, de nous émanciper, au risque de basculer dans une troisième forme de folie. Nous y basculerons de toute façon. Nous sommes tous fous ici, de toute façon.

Ce qui nous rapproche d'une autre remarque de Rivette, apparaissant dans un de ses textes essentiels, « Revoir Verdoux », publié dans *Les Cahiers du Cinéma* en 1963 : « *Que le monde réel, tel qu'offert sur l'écran, soit aussi une idée du monde. Il faut voir le monde comme une idée, il faut le penser comme concret : deux chemins, avec tous deux leurs risques.* »

Une idée du monde qui semble réapparaître comme un clin d'œil dans la première phrase de l'énigme de son film *Out 1* : *Deux chemins s'ouvrent devant toi.*

Balzac des profondeurs

(De Karl Marx à Simone Weil)

Si un écrivain a été systématiquement associé à la question du complot, c'est bien Balzac.

Le livre de Balzac qui a été régulièrement évoqué comme celui dont le complot serait le sujet central et où il pourrait se lire à nu, c'est *Histoire des Treize*, un recueil comprenant trois récits publiés pour la première fois entre 1833 et 1835 : *Ferragus, chef des Dévorants*, *La Duchesse de Langeais* et *La Fille aux yeux d'or*.

Ils seront recueillis en 1839 en ouverture des « Scènes de la vie parisienne » de *La Comédie humaine*.

La préface de l'*Histoire des Treize* commence par cette (très) longue phrase : « *Il s'est rencontré, sous l'Empire et dans Paris, treize hommes également frappés du même sentiment, tous doués d'une assez grande énergie pour être fidèles à la même pensée, assez probes entre eux pour ne point se trahir, alors même que leurs intérêts se trouvaient opposés, assez profondément politiques pour dissimuler les liens sacrés qui les unissaient, assez forts pour se mettre au-dessus de toutes les lois, assez hardis pour tout entreprendre, et assez heureux pour avoir presque toujours réussi dans leurs desseins ; ayant couru les plus grands dangers, mais taisant leurs défaites ; inaccessibles à la peur, et n'ayant tremblé ni devant le prince, ni devant le bourreau, ni devant l'innocence ; s'étant acceptés tous, tels qu'ils étaient, sans tenir compte des préjugés sociaux ; criminels sans doute, mais certainement remarquables par quelques-unes des qualités qui font les grands hommes, et ne se recrutant que parmi les hommes d'élite.* »

Mais rien n'est clair dans cette affaire.

Situé en 1819, *Ferragus* raconte la passion malsaine d'un jeune homme, Auguste de Maulincour, pour la femme de Jules Desmarets, un agent de change travaillant pour le baron de Nucingen. La femme de l'agent de change, c'est Clémence Desmarets, dite « Madame Jules ». Le sinistre Maulincour espionne Madame Jules. Il voit qu'elle fait tous les jours des visites à un autre homme domicilié dans les mauvais quartiers de la ville. Évidemment, quelle surprise : il la soupçonne d'infidélité. Or Madame Jules ne visite pas un amant mais son père, Gratien Bourignard, un bagnard en cavale que la police recherche sans succès depuis treize ans.

Bourignard est un des Treize. C'est aussi un ancien entrepreneur en bâtiment et, sous le nom de Ferragus XXIII, il a également dirigé les Dévorants, un groupe de Compagnons « *ressortant jadis de la grande association mystique formée entre les ouvriers de la chrétienté pour rebâtir le temple de Jérusalem* » et que Balzac invente de toutes pièces sous nos yeux.

Comme il le fait souvent, l'auteur de la *Comédie humaine* mêle la fiction et la réalité historique, et il écrit que les Dévorants sont « *les rivaux* » des Compagnons du Devoir, les membres d'une branche du compagnonnage qui, eux, existent bel et bien et qui, c'est à noter, peuvent également être appelés « Devoirants ». En transformant l'expression « Devoirants » en « Dévorants » et en en faisant des rivaux obscurs et inquiétants des Compagnons du Devoir, Balzac fait de Ferragus une chimère : un monstre tenant à la fois du haut et du bas de l'échelle sociale, simultanément apparenté à un double ténébreux du monde associatif des Compagnons et au monde aristocratique des Treize.

Ferragus est également une espèce de Fantômas ou de Mabuse avant l'heure. Il déménage sans cesse pour ne pas être attrapé par la police et ne sort jamais sans un déguisement quelconque – qui va de la défroque du mendiant au riche costume de comte portugais portant les insignes de l'ordre de la Toison d'Or. Pendant plus de dix ans, Ferragus n'a cessé de veiller sur sa fille et son mari comme une « *seconde providence* ». Il a même fait la fortune de l'agent de change en tant que bienfaiteur inconnu. Son arme, ce sont les Treize. Ferragus le révèle à sa fille : « *Tu ne sais pas que douze hommes pleins de force et d'intelligence forment un cortège autour de ton amour et de ta vie, prêts à tout pour votre conservation ?* »

À partir du moment où Maulincour a mis un pied dans cette histoire, les Treize vont lui faire la misère. Tout d'abord, une pierre tombe d'un échafaudage, le ratant mais tuant son domestique. Puis l'essieu de son cabriolet se brise et le petit Auguste en conserve une blessure grave sur le côté. À la suite d'une mauvaise blague faite en salon, un des Treize, le marquis de Ronquerolles, le convoque en duel et manque également de le tuer. Maulincour finit par croiser Ferragus dans une soirée mondaine, et ce dernier lui serre les cheveux, distillant dans ceux-ci un poison avant de fuir. Maulincour se lance à sa poursuite, en vain : « *[...] quand il arriva sous le péristyle, il vit, dans un brillant équipage, Ferragus qui ricanait en le regardant.* » Par suite des effets du poison, le jeune homme devient débile et vieillit à toute vitesse. On ne peut plus le reconnaître : c'est une « *chose sans nom en aucun langage* », « *un cadavre à cheveux blancs* ». Mais ni Ferragus ni les Treize ne pourront rien contre la tristesse qui frappe Clémence lorsqu'elle apprend que son mari a découvert l'identité de son père.

C'est que Maulincour a réussi à inquiéter le mari de Clémence, M. Jules, qui, dans son amour absolu pour sa femme, ne peut s'empêcher de vouloir élucider cette énigme. « *Dans quel affreux dédale ai-je mis les pieds ?* », se demande Jules alors qu'il s'apprête à interroger la logeuse secrète de Ferragus, Mme Gruget. Et M. Jules obtient sa révélation : en effet, sa femme fait des visites à un homme en secret, et, en effet, ce n'est pas un amant qu'elle lui cache, mais un père. Et Clémence meurt littéralement de honte parce que son mari a appris qui était son père et d'où venait leur réussite financière.

Des années passent. Depuis une calèche, Jules Desmarets revoit Ferragus jouant aux boules entre les jardins du Luxembourg et de l'Observatoire. Il est inoffensif tant il n'est plus rien. C'est un « *débris humain* » et il est « *horrible à voir* ». Drôle de conclusion pour un premier roman décrivant les Treize : un *flash-forward* pour nous montrer le premier dans sa vieillesse inoffensive et lamentable. Mais rien n'est clair dans cette affaire.

Dans *La Duchesse de Langeais*, se déroulant également en 1819, c'est le marquis Armand de Montriveau qui tombe fou amoureux du personnage qui donne son nom au roman : Antoinette de Navarreins, duchesse de Langeais. Il a beau avoir les mêmes initiales, Armand de Montriveau n'est pas Auguste de Maulincour. C'est un général taciturne, courageux, dont le silence montre une détermination extrême et une sensibilité à fleur de peau. La duchesse de Langeais n'a rien non plus de Madame Jules. Il n'y a pas de mari dans les parages. Le duc et la duchesse de Langeais se détestant, ceux-ci vivent à une très grande distance tant affective que géographique. Pour autant, elle ne compte pas prendre d'amant. Ce serait parfaitement légitime si, en revanche, elle n'encourageait pas le général à lui faire la cour. Et c'est ce qu'il va faire pendant des semaines, pendant des mois, mais elle se refusera toujours à lui. Antoinette va même demander à Montriveau qu'il se voue entièrement à elle sans rien attendre en retour – et, à chaque fois qu'il quémande un petit geste d'amour de sa part, elle le repousse comme inconvenant.

Dégoûté, Montriveau fait appel aux Treize. Un soir, la duchesse de Langeais rentre en calèche chez elle et arrive dans ce qu'elle croit être son hôtel mais est en réalité un *double* de celui-ci grandeur nature : très bizarre. Là, les Treize lui lient les mains et Montriveau menace de la marquer d'un sceau d'infamie : une croix au fer rouge entre les deux yeux, comme les forçats. Contre toute attente, celle-ci accepte, et même supplie de recevoir le châtiment. Montriveau n'avait pas prévu de mettre sa menace à exécution. Il est choqué, lui dit qu'ils ne se reverront jamais. Et c'est Antoinette qui devient malade d'amour. Elle lui écrit des lettres, sollicite des rendez-vous… Jusqu'à un ultimatum, que celui-ci laisse passer. Quand il se réveille de sa bouderie, il est trop tard. La duchesse de Langeais a quitté Paris. Et malgré l'aide des Treize, Montriveau ne réussit pas à retrouver sa trace.

Des années passent. C'est en 1823 que Montriveau la découvre, par hasard, sur une île espagnole de la Méditerranée où celle-ci vit désormais une vie de recluse dans un couvent sous le nom de sœur Thérèse. Montriveau supplie sœur Thérèse de le suivre et celle-ci, offerte à Dieu, se refuse à nouveau. Les Treize apparaissent encore une fois pour aider le général à la kidnapper. Ils gravissent le promontoire élevé au-dessus de la mer et, déguisés en carmélites, ils traversent les couloirs et les galeries jusqu'à la chambre de sœur Thérèse… pour la découvrir morte. Alors qu'ils enlèvent son cadavre, Montriveau le veille quelques instants sur leur bateau avant qu'ils ne le basculent par-dessus bord. « *C'était une femme, maintenant ce n'est rien* », dit Ronquerolles. « *Oui* », répond Montriveau, « *ce n'est plus qu'un poème.* » Très, très bizarre.

On arrive au troisième épisode de l'*Histoire des Treize*, *La Fille aux yeux d'or*, une histoire de la jeunesse d'Henri de Marsay – fils naturel de Lord Dudley et de la marquise de Vordac –, membre des Treize et futur personnage clé de *La Comédie humaine* : amant de Delphine de Nucingen dans *César Birotteau*, guidant Eugène de Rastignac dans ses premiers pas en politique dans *Illusions perdues*, marié dans *Splendeur et misère des courtisanes*, nommé Premier ministre dans une *Autre étude de femme* et mourant dans *Le Député d'Arcis*. Dans *La Fille aux yeux d'or* situé en avril 1815, Henri a 22 ans. Il a l'apparence d'un jeune homme de 17 et le cynisme d'un homme de plus de 40. Il ne croit ni à Dieu ni au diable. « *Pour une femme, le voir, c'était en être folle, vous savez ?* », écrit Balzac, « *concevoir un de ces désirs qui mordent le cœur.* »

La Fille aux yeux d'or conte la passion d'Henri de Marsay pour Paquita Valdès, une femme d'origine créole qu'il croise régulièrement dans les jardins des Tuileries. Cette jeune femme est la maîtresse d'un vieillard goutteux et cacochyme, le marquis de San-Réal, un « *vieux cadavre espagnol de quatre-vingts ans* » et elle est littéralement séquestrée dans un hôtel de la rue Saint-

Lazare. Pour entrer en communication avec elle, Henri de Marsay use d'un ingénieux stratagème. Il découvre qu'elle reçoit quotidiennement des lettres de Londres, alors il détourne une lettre, la décachète, y glisse un billet et la recachète. En retour, Paquita Valdès lui envoie un messager. De Marsay doit se trouver à dix heures et demi sur le boulevard Montmartre : une voiture apparaîtra.

Le soir-même, la voiture conduit le jeune homme dans un hôtel dont l'extérieur a beau être luxueux, l'intérieur est humide, nauséabond, mal meublé et sans lumière. Il y retrouve Paquita, accompagnée de sa vieille mère, une esclave achetée naguère pour sa beauté : « *la seule femme à laquelle je puisse me fier, quoiqu'elle m'ait déjà vendue* », explique Paquita. De Marsay et elle n'auront pas beaucoup de temps. Un élément extérieur les menace. Paquita ne peut pas se donner dès ce soir, elle n'a pas assez drogué sa duègne, mais il peut revenir deux soirs plus tard. Et, deux soirs plus tard, Henri de Marsay revient.

« *Donne-moi une fête, comme en donnent les hommes quand ils aiment, et pendant que je dormirai, tue-moi* », lui dit Paquita. « *Prends-moi comme on goûte en passant le parfum d'une fleur dans le jardin d'un roi.* » Elle le déguise en femme, avec une robe de velours rouge, un bonnet de femme, un châle. Henri de Marsay se rend compte qu'elle est encore vierge. Mais, précise Balzac dans une mystérieuse remarque, « *elle n'était certes pas innocente* ». Une fois qu'ils ont couché ensemble, de Marsay est froid et indifférent et rentre s'occuper de ses petites affaires.

Quelques jours plus tard, le mufle a de nouveau envie. Il retourne baiser la fille aux yeux d'or. Là, Paquita le supplie de l'emmener loin, très loin : « *Emmène-moi, cette nuit même !* » Ça le saoule, mais comme Paquita lui plaît, il propose de la loger ailleurs. « *Tu oublies le pouvoir féminin* », dit-elle. « *Si tu m'abandonnes à la fureur du monstre qui me dévorera, que ta sainte volonté soit faite !* »

La menace sur la vie de Paquita, ce n'est pas le vieillard cacochyme, bien évidemment, mais cette mystérieuse personne derrière les lettres qu'elle reçoit quotidiennement de Londres : « *Des lettres où le jeune homme vit avec surprise des figures bizarres semblables à celles des rébus, tracées avec du sang, et qui exprimaient des phrases pleines de passion [...] Des hiéroglyphes créés par une habile jalousie.* »

Toujours insouciant, de Marsay se casse pendant une semaine. Quand il retourne à l'hôtel San-Réal, il est accompagné de trois membres des Treize. Ils ne serviront pas à grand-chose : Ferragus porte des clés permettant d'ouvrir les portes de l'hôtel San-Réal mais, allez savoir pourquoi, de Marsay n'en a pas besoin et grimpe jusqu'à la fenêtre.

De Marsay entre, mais c'est trop tard. Paquita vient d'être assassinée à coups de couteau et elle expire noyée dans le sang. La description est atroce : « *Son corps, déchiqueté à coups de poignard par son bourreau disait avec quel acharnement elle avait disputé une vie qu'Henri lui rendait si chère. Elle gisait à terre, et avait, en mourant, mordu les muscles du cou-de-pied de madame de San-Réal, qui gardait à la main son poignard trempé de sang.* »

Car, c'est bien ça, le grand secret. Paquita n'était pas la maîtresse du vieillard cacochyme, mais de son épouse, la marquise de San-Réal. Et Henri de Marsay reconnaît ses propres traits dans le visage de celle-ci : c'est Euphémie, la demi-sœur de De Marsay, fruit des amours de Lord Dudley et d'une grande dame espagnole élevée à la Havane. « *Elle était aussi peu coupable qu'il est possible* », dit Euphémie qui regrette son crime. « *Nous nous reverrons* », lui dit-il. « *Non, mon frère* », répond Euphémie, « *je retourne en Espagne pour m'aller mettre au couvent de Los Dolores. Rien ne console d'avoir perdu ce qui nous a paru être l'infini.* » Fin de l'*Histoire des Treize.*

Non, mais vraiment : rien n'est clair dans cette affaire. Si les trois récits n'avaient pas été réunis en un seul volume, on ferait à peine attention à ce groupe dont on ne distingue avec certitude que quatre membres : Ferragus, Ronquerolles, Montriveau et de Marsay. Auxquels on peut ajouter Maxime de Trailles à la suite d'une allusion, dans *Le Député d'Arcis*, à sa participation à une « *association commencée dans un but de plaisir, d'amusement et qui tourna naturellement à la politique cinq ans avant la révolution de Juillet* ».

Qui sont les huit autres ? On ne le sait pas. On ne le saura jamais.

Ce qui donne à l'*Histoire des Treize* une puissance de fascination évidente, c'est cette fameuse préface dans laquelle Balzac prétend avoir eu l'autorisation de raconter l'histoire du groupe après sa rencontre avec un de ses anciens membres. Dans celle-ci, l'auteur annonce d'abord beaucoup (« *des drames dégouttant de sang, des comédies pleines de terreurs, des romans où roulent des têtes secrètement coupées* ») mais il se ravise, prétextant avoir choisi de préférence les « *aventures les plus douces [...] où la femme est radieuse de vertus et de beauté* ». Le préfacier s'enorgueillit de se détourner des attentes possibles de son lecteur qui serait de se laisser promener « *de souterrains en souterrains, pour lui montrer un cadavre tout sec, et lui dire, en forme de conclusion, qu'il lui a constamment fait peur d'une porte cachée dans quelque tapisserie, ou d'un mort laissé par mégarde sous les planchers.* » Tout cela est des plus estimables, mais cela ne l'empêche pas de garder un ton tapageur quand il clame à nouveau : « *Il y eut donc dans Paris treize frères qui s'appartenaient et se méconnaissaient tous dans le monde ; mais qui se retrouvaient réunis, le soir, comme des conspirateurs, ne se cachant aucune pensée, usant tour à tour d'une fortune semblable à celle du Vieux de la Montagne ; ayant les pieds dans tous les salons, les mains dans tous les coffres forts, les coudes dans la rue, leurs têtes sur tous les oreillers, et, sans scrupules, faisant tout servir à leur fantaisie.* »

On dit que, pour sa création des Treize, Balzac a été influencé par la franc-maçonnerie dont faisaient partie son grand-père maternel, expert à la chambre des grades du Grand Orient, et son père, membre de la loge de la Parfaite Union à Tours. C'est possible. Le romancier avait lui-même rêvé de « prendre » le monde littéraire par l'intermédiaire d'une société secrète, Cheval Rouge. Théophile Gautier, qui devait en être, se souvient : « *On devait s'emparer des journaux, envahir les théâtres, s'asseoir dans les fauteuils de l'Académie, se former des brochettes de décorations, et finir modestement pair de France, ministre et millionnaire [...]* » Mais, après seulement une poignée de réunions, Balzac a laissé tomber Cheval Rouge. « *Chacun se replongea donc seul dans la mêlée de la vie, combattant avec ses propres armes* », conclut Gautier, qui dit encore que cette société devait « *réaliser dans la vie les merveilles de l'association des Treize.* »

Mais les Treize n'ont rien réalisé non plus. Les trois récits de l'*Histoire des Treize* sont trois récits d'échecs. Dans *Ferragus*, les Treize, capables de rendre Maulincour quasi-débile, sont impuissants à empêcher la mort de Mme Jules. Dans *La Duchesse de Langeais*, s'introduisant dans le couvent des Carmélites déchaussées, ils ne réussissent pas à enlever Antoinette vivante, mais doivent se contenter d'un cadavre. Dans *La Fille aux yeux d'or*, ils atteignent le point le plus achevé de l'inutilité parfaite : ils possèdent les clés d'une maison que de Marsay pénètre par la fenêtre pour se confronter, encore une fois, à son amour mort. Disons-le tout simplement, ce que nous raconte l'*Histoire des Treize*, c'est que les Treize sont nuls.

Balzac en était-il conscient ? Ce ne sont pas les Treize qui tiennent Paris, c'est Paris qui tient les Treize.

Paris est le personnage principal de *La Comédie humaine*. Et c'est dans *Histoire des Treize* que Balzac va révéler sa véritable nature. « *Ce n'est pas seulement par plaisanterie que Paris a été nommé un enfer* », écrit-il dans *La Fille aux yeux d'or*. « *Tenez ce mot pour vrai.* » Les premières pages de *La Fille aux yeux d'or* sont les pages les plus étranges et les plus profondes de Balzac sur Paris : « *Qui donc domine en ce pays sans auteurs, sans croyance, sans aucun sentiment : mais d'où partent et où aboutissent tous les sentiments, toutes les croyances et toutes les mœurs ?* », demande Balzac. Et il répond : « *L'or et le plaisir. Prenez ces deux mots comme une lumière et parcourez cette grande cage de plâtre, cette ruche à ruisseaux noirs et suivez-y les serpenteaux de cette pensée qui l'agite, la soulève, la travaille.* »

C'est pourquoi tout terrorisme du complot ou toute théorie du complotisme tombe d'elle-même lorsqu'on se plonge dans la « *ruche à ruisseaux noirs* » de Balzac. Parce qu'il y a en effet des secrets cachés derrière les sentiments, les croyances et les mœurs, et des causes derrière les effets, mais ceux-ci et celles-là correspondent aux « *serpenteaux* » de l'or et du plaisir, soit aux circulations spécifiques de l'argent et du sexe dans cette « *grande cage de plâtre* ». Les antagonismes de classe et les pulsions : deux choses auxquelles l'homme n'aime pas penser, et préfère se dire qu'elles ne sont pour rien dans ses décisions quand elles président à presque toutes.

L'absence totale de jugement de Balzac sur l'avidité humaine a été parfois analysée comme un signe de sa propre obsession de la réussite – mais c'est surtout le constat froid et précis de ce qui motive les hommes dans leur grande majorité. On peut aussi évoquer sa complète absence de morale sexuelle bourgeoise, ayant passé un nombre considérable de romans à montrer aux femmes mariées qu'elles ne pourraient rencontrer l'amour que dans la pratique assumée et consommée de l'adultère.

Bien entendu, Paris est un enfer. Nous tenons ce mot pour vrai. Et ceux qui s'en sortent, comme Eugène de Rastignac ou Henri de Marsay, comme ceux qui ne s'en sortent pas, comme Auguste de Maulincour ou Lucien de Rubempré, ont exactement les mêmes motivations. Ils sont pris à l'intérieur des serpenteaux de l'or et du plaisir. Et, pour des raisons qui tiennent moins à leur personnalité qu'aux conditions objectives de leur existence, ceux-ci ne se retrouvent pas impliqués dans les mêmes couloirs du labyrinthe parisien. Il n'y a pas de récompense pour ceux qui réussissent ou de reproche à l'égard de ceux qui échouent. Comme le résume le titre d'un des plus grands films du monde, il y a simplement une « règle du jeu ». Et les romans de Balzac tentent de l'élucider.

C'est pourquoi Balzac a beau ouvrir la *Comédie humaine* par une déclaration d'allégeance tapageuse à la Religion et à la Monarchie (« *J'écris à la lueur de deux Vérités éternelles : la Religion, la Monarchie, deux néces-*

sités que les événements contemporains proclament, et vers lesquelles tout écrivain de bon sens doit essayer de ramener notre pays »), elle se manifeste fort peu à l'intérieur de ses romans. Tout d'abord, la critique des milieux royalistes est d'une très grande violence d'un bout à l'autre de son œuvre romanesque et trouve une de ses acmés dans *La Duchesse de Langeais*, qui contient un portrait à charge du « *faubourg Saint-Germain* » associé aux salons royalistes, se distinguant du pouvoir bancaire de La Chaussée-d'Antin. Dans *Histoire des Treize* comme dans le reste de *La Comédie humaine*, les royalistes comme Henri de Marsay sont présentés comme des égoïstes incroyants, débauchés et assoiffés de pouvoir, tandis que les représentants du nouveau pouvoir « libéral », comme le baron de Nucingen, sont des monstres froids indifférents aux conséquences de leurs actes. Et l'enfer se situe moins dans un de ces deux lieux de pouvoir que dans la fausse alternative qu'ils prétendent incarner l'un vis-à-vis de l'autre.

Ensuite, les relations humaines sont entièrement décrites à l'aune des intérêts et des déterminations, avec une impitoyable lucidité, quels que soient les idéaux proclamés par les personnages comme par le romancier lui-même. C'est pourquoi Victor Hugo a pu dire que Balzac était un écrivain révolutionnaire, Karl Marx le citer dans *Le Capital*, Friedrich Engels déclarer qu'il a plus appris dans Balzac sur l'économie et la politique qu'en lisant les économistes et les historiens, Georg Lukàcs, enfin, écrire que « *la tragique décomposition des idéaux bourgeois sous la poussée de leur propre base économique, capitaliste* » sont rapportés pour la première fois en totalité dans *Illusions perdues*.

C'est tout à fait vrai. *La Comédie humaine* contient la description la plus rigoureuse du fonctionnement réel du capitalisme, dont la puissance destructive sur l'âme humaine est largement supérieure à tout complot réel ou imaginaire. Ce ne sont pas les décisions individuelles qui ont des répercussions sur les vies des personnages de *La Comédie humaine*, ce sont les mutations de la société elle-même.

À travers *Le Père Goriot, Illusions perdues, Splendeurs et misères des courtisanes* et leur mise en pièces de l'idéalisme romantique des jeunes royalistes, Balzac réalise et rend visible la vérité de l'assertion du *Manifeste du Parti Communiste* de Marx et Engels concernant la domination complète et illimitée de la bourgeoisie : « *Là où elle prit le pouvoir, elle détruisit toutes les relations féodales, patriarcales, idylliques. Tous les liens complexes et variés qui unissaient l'homme féodal à ses supérieurs naturels, elle les a brisés sans pitié pour ne laisser d'autre lien entre l'homme et l'homme que le froid intérêt, les dures exigences du "paiement comptant". Elle a noyé les frissons sacrés de l'extase religieuse, de l'enthousiasme chevaleresque, de la sentimentalité à quatre sous dans les eaux glacées du calcul égoïste. Elle a fait de la dignité personnelle une simple valeur d'échange et, à la place des nombreuses libertés si chèrement acquises, elle a substitué l'unique et impitoyable liberté du commerce. En un mot, à la place de l'exploitation que masquaient les illusions religieuses et politiques, elle a mis une exploitation ouverte, éhontée, directe, avide.* »

Ceux qui trouvent surprenant qu'un écrivain monarchiste et catholique ait été le romancier préféré des marxistes découvrent une lune. On peut leur en offrir une deuxième. Le romancier progressiste et « moderne » par excellence, Stendhal, a été l'écrivain préféré du penseur aristocratique et inégalitaire par excellence : Nietzsche. Nietzsche a trouvé dans les textes de Stendhal des remarques et des arguments qui n'ont pas atténué mais ont, au contraire, nourri son élitisme. Témoin ce passage de *Par-delà le bien et le mal* : « *À supposer, ce qui est essentiel, qu'on ne restreigne pas la notion de "philosophe" au seul philosophe qui écrit des livres, ou surtout à celui qui consigne par écrit sa propre philosophie, Stendhal apporte à l'image du philosophe affranchi un dernier trait que je ne veux pas négliger de souligner pour l'édification du goût allemand et parce qu'il va contre ce goût :* "Pour être philosophe, *dit ce plus récent des grands psychologues,* il faut être clair, sec, sans illusion. Un banquier qui a fait fortune a une partie des caractères requis pour faire des découvertes en philosophie, c'est-à-dire pour voir clair dans ce qui est." »

Nietzsche a trouvé en Stendhal un psychologue capable de lui offrir une image de la lucidité *en acte* tandis que les marxistes purent lire sans masque le fonctionnement de la société dans Balzac. Est-ce si étonnant ? Notre habitude de nous fier au contenu explicite des œuvres d'art nous a fait perdre toute capacité à voir en elles ce qu'elles disaient en propre. Les opinions d'un artiste n'ont qu'une valeur secondaire ; ce sont leurs œuvres qui parlent pour eux. Ce sont les œuvres d'un artiste qui ont quelque chose à nous apprendre, bien plus que ses préfaces ou ses déclarations d'intention. C'est ce qu'elles nous montrent ; pas ce qu'ils en disent.

Et ce qui vaut pour un écrivain vaut également pour un penseur. C'est ce qu'un penseur est capable de nous montrer qui fait sa grandeur, pas ce qu'il croit, encore moins ce qu'il croit croire. Dans sa forme idéaliste, la philosophie avait trouvé son apothéose dans la dialectique hégélienne où l'Esprit du monde écrit l'Histoire à travers les péripéties humaines. Un Esprit qui s'incarne à chaque fois sous la figure d'un grand homme ou d'un grand penseur. Marx ne marche pas à cette chimère. Il reprend à Hegel son outil, la dialectique, et le transforme en son contraire. « *Pour Hegel, le procès de la pensée, dont il va jusqu'à faire sous le nom d'Idée un sujet autonome, est le démiurge du réel* », écrit Marx dans la préface du *Capital*. « *Chez lui la dialectique est sur la tête. Il faut la retourner.* » Dans l'individu, explique Marx, ce n'est pas sa subjectivité qui pense, mais celle-ci ne fait que traduire abstraitement l'inconscient de classe auquel il appartient. La philosophie d'un individu est un reflet de sa construction sociale. La grandeur de Marx est d'avoir rendu au collectif ce que des siècles d'oppression attribuaient avec indigence à l'individu, au « grand homme ». Le « grand homme » n'est que l'écume de son siècle.

Si, à l'instar de *La Comédie humaine*, la lecture du *Capital* décourage tout terrorisme du complot comme toute théorie du complotisme, c'est parce que son auteur nous parle de quelque chose dont l'essence est abstraite mais dont les conséquences sont absolument concrètes, et qui fonctionne indépendamment de toute décision individuelle : la valeur de la marchandise. Ce monde est un enfer parce que le capitalisme fonctionne sur une équivalence entre la valeur de la marchandise et le temps de travail fourni. Et le marché étant soumis à la concurrence, toute production ne peut survivre qu'en fonctionnant sur un régime de croissance, dans lequel l'augmentation du temps de travail fait grandir la valeur de la marchandise afin de permettre l'accumulation du capital. Dans ce monde, non seulement les marchandises produites sont absolument interchangeables, et un profit égal – qu'il soit réalisé sur du blé, un livre ou sur des bombes – est parfaitement indifférent dans le cadre d'une logique de concurrence, mais la logique même de la concurrence pousse chaque acteur de cette comédie trop humaine à utiliser tous les moyens disponibles pour augmenter la valeur obtenue tout en diminuant le temps de travail à fournir pour chaque marchandise. Et cette diminution du temps de travail à fournir implique, non de donner moins de travail à un travailleur en échange d'un salaire égal, mais de diminuer les coûts de production et de vendre les marchandises moins chères pour la survie même de l'entreprise. La conséquence est, imparablement, que chaque produit contient nécessairement moins de valeur et permet donc moins de profit – ce qui condamne le capitalisme à une croissance exponentielle. La chute tendancielle du taux de profit, c'est la *peau de chagrin*, très balzacienne, du monde capitaliste.

Toutefois, de même qu'il faut distinguer le noyau du capitalisme de ses formes de développement et des stratégies à mettre en œuvre pour le combattre, de même il faut distinguer les parties de l'œuvre de Marx dont la puissance est aujourd'hui encore inentamée (elles sont nombreuses) et celles qui sont désormais caduques (elles existent). Ce qui n'avait pas été déduit avant lui et qui n'a jamais été démenti, c'est l'essence du capitalisme : l'équivalence entre la valeur de la marchandise et le temps de travail fourni. Une essence qui n'avait jamais été dépliée avant *Le Capital* et dont les conséquences humaines n'avaient jamais été déployées devant nos yeux avant *La Comédie humaine*. Aujourd'hui encore, le marxisme est le meilleur instrument de compréhension du mécanisme social et des antagonismes de classe, peut-être même le seul. Mais si l'application concrète de la pensée de Marx n'a pas pu permettre de sortir du labyrinthe capitaliste, c'est tout d'abord parce que la lutte des classes s'est portée sur la question de la distribution des richesses et non sur la remise en question de la *nature même* de cette richesse. Or le labyrinthe de la richesse, dont le fonctionnement n'a jamais mieux été décrit que dans l'œuvre de Marx, est littéralement sans issue.

Si l'application concrète de la pensée de Marx n'a pas pu permettre de sortir du labyrinthe capitaliste, c'est que, chevillé à la valeur de la marchandise, le système capitaliste fonctionne à partir de la concurrence. Si nous ne remettons pas en question la nature même de la richesse, à savoir la valeur marchande, il est concrètement impossible de sortir du règne de la concurrence, et donc du capitalisme. Car, pour des raisons qui tiennent à la concurrence mondiale entre les pays, une fois la société communiste décrétée dans un seul d'entre eux, ce dernier retombera automatiquement dans une aliénation sociale analogue liée à l'impératif de la production de marchandises afin de rester compétitif dans l'économie mondiale.

Indifférent à la notion, développée par Marx, de la nécessité d'une révolution communiste mondiale, Lénine s'appuya, pour la Révolution russe de 1921, sur le principe d'un « passage » à une dictature provisoire du prolétariat qui permettrait, dans un second temps, une fois balayés les risques liés à la concurrence économique entre les pays, l'accès à la société communiste. Ce second temps n'arriva évidemment jamais. La lutte des classes se reproduisit dans la différence entre le peuple et les apparatchiks. L'inégalité devint encore plus grande, au point où un ouvrier se mettrait à toucher 75 roubles par mois quand un « fonctionnaire soviétique » recevrait la coquette somme de 1 500 roubles. Ainsi le communisme n'exista jamais que comme « hypothèse ». Dans la réalité, par les nécessités intrinsèques de la concurrence entre pays, il se transforma inéluctablement en capitalisme d'État.

Et que dire du problème contemporain de l'humanité « surnuméraire » ? Soit les couches de la population désormais inutiles en termes capitalistes, puisque leur force de travail peut être remplacée avantageusement par des machines. Depuis cinquante ans, seule une minorité de l'humanité est employée de façon productive, et le capitalisme a seulement pu masquer sa propre faillite par l'augmentation de la sphère financière et du crédit. Le monde contemporain peut se définir par le nombre toujours croissant de ses exclus, condamnés au chômage ou aux *bullshit jobs*, et du problème que représente ceux-ci pour le monde économique comme politique.

Est-ce pour cela que les réinvestissements contemporains dans la pensée de Marx ont été particulièrement discutables, parfois résumables (c'est un comble) en une demande de retour à un État fort, sur le modèle des Trente Glorieuses ? Certes, aujourd'hui le capitalisme est redevenu cette bête déchaînée qui avait été domestiquée pendant quelques décennies après la Seconde Guerre mondiale. Mais, attribuant toute la responsabilité du malheur présent comme la paupérisation des classes moyennes à la finance, l'exaltation de cette phase antérieure du capitalisme face au néolibéralisme oublie à peu de frais que ce dernier n'est pas apparu par hasard, comme un coup de tonnerre dans un ciel serein, mais provient d'une nécessité intrinsèque au fonctionnement du capitalisme lui-même. Le néolibéralisme financier est apparu pour compenser le problème concret que le capitalisme devait affronter, soit le manque de rentabilité causé par le développement de la technique et son corollaire : l'impossibilité d'employer une majorité d'humains de façon productive, impliquant à nouveau la chute tendancielle du taux de profit.

Est-ce par réaction à l'inefficacité politique du marxisme que les plus grands penseurs de gauche de la deuxième moitié du XXe siècle, à commencer par Gilles Deleuze, se sont massivement reportés dans un réinvestissement philosophique du plus grand adversaire de l'égalitarisme du XIXe siècle, à savoir Nietzsche ? C'est-à-dire, en opérant un pas de côté à l'égard de la lutte des classes, par l'exploration d'une politique, non des contradictions dans les rapports de production ou des antagonismes de classe, mais des « devenirs minoritaires » et des multiplicités. Mais cette exaltation de la différence est sans ambiguïté sur son mépris implicite de toute réflexion économique ou sociale. Et l'indifférence de l'auteur du *Gai Savoir* à la lutte des classes, voire sa détestation de la « *populace* », ne laisse aucune place à la question d'une émancipation collective. Depuis le mitan du XXe siècle jusqu'à nos jours, la tentative de penser un dépassement du capitalisme n'a pu aboutir qu'à deux impasses : celle, marxienne, d'une redistribution des richesses indépendante de la question même de la nature de la richesse, et celle, nietzschéenne, de l'exaltation de la singularité individuelle au détriment de l'intérêt général ou du bien commun.

Et c'est ainsi que, depuis deux fois dix ans, deux partis s'affrontent, dans un combat sans fin : les « nietzschéens de gauche » ou *aristocrates exotiques*, et les « marxistes de droite » ou *égalitaristes conservateurs*.

Depuis deux fois dix ans, voire depuis un demi-siècle. Antiracistes, antisexistes, les aristocrates exotiques cherchent l'intensité dans le lointain, ne supportent pas la bêtise – fondamentalement un autre nom pour « la plèbe » – et se donnent une supériorité morale dans l'extra-moralité. Anti-européanistes, protectionnistes, obsédés par la mise en avant de la « décence ordinaire » du peuple, les égalitaristes conservateurs se méfient de toute différence trop criante, au point de taxer de nullité ou de privilège bourgeois toute affirmation d'identité trop singulière. Si les aristocrates exotiques ont une tendance trop poussée à l'individualisme, les égalitaristes conservateurs ont le défaut de niveler la question individuelle au nom de l'intérêt général. Les égalitaristes conservateurs se sont transformés en terroristes du complot en associant la culture pop au plan Marshall, et en la réduisant à un outil de conditionnement des masses les éloignant d'un communisme de bonne compagnie, donnant des gages à l'extrême droite en validant un certain nombre de ses *a priori* culturels et intellectuels. Les aristocrates exotiques se sont fait théoriciens du complotisme en faisant de tous leurs adversaires idéologiques des fascistes en puissance, quitte à en banaliser l'usage jusqu'à le rendre parfaitement inopérant. Et les uns comme les autres, alertant les réseaux sociaux d'un danger d'autant plus grand que leurs *shitstorm* le nourrissent et le justifient, finirent par ressembler à ce qu'on leur reproche.

Faut-il pour cela donner raison aux terroristes du complot qui associèrent capitalisme et communisme dans une même volonté de domination dont seule aurait pu nous épargner le retour à la féodalité ? Évidemment non, puisque *seul le marxisme* a pu, ne serait-ce que momentanément, faire douter la bourgeoisie de la pérennité de sa domination par la révélation de son essence et de l'abîme vers lequel elle nous mène. Et faut-il donner raison à ceux pour qui le recours à l'individualisme nietzschéen marquait une régression et une division de la société incapable de lutter pour un bien commun ? Pas davantage, puisque *seul le nietzschéisme* a permis de rappeler à l'homme qu'il était autre chose qu'un rouage dans une société inhumaine et qu'il avait raison de cultiver sa différence plutôt que de nourrir son antagonisme. Et c'est de cette exaltation des possibilités inscrites dans chacun que se sont opérées les plus généreuses métamorphoses de la société, manifestées par les différentes « parades », courants LGBTQI+, « wokisme » et « intersectionnalités » que seuls de ridicules grincheux peuvent sérieusement vouer aux gémonies. Malgré tout, ni Marx ni Nietzsche ne furent capables d'inspirer une ligne de fuite à la fois collective et individuelle hors de la domination intégrale du capitalisme. Et ni les nietzschéens de gauche ni les marxistes de droite n'ont trouvé la clé pour sortir de son labyrinthe.

Peut-être que celui qui se rapprocha le plus de l'explication de la toute-puissance du capitalisme et de sa domination, tant pratique que métaphysique, est Walter Benjamin dans cet étrange fragment de 1921 où il parle du « *capitalisme comme religion* ». Dans celui-ci, l'essayiste berlinois émet l'hypothèse que le capitalisme puisse constituer en lui-même, non seulement une réalité économique, mais un phénomène religieux. Selon Walter Benjamin, le capitalisme sert à apaiser les inquiétudes auxquelles les religions autrefois apportaient une réponse, et se développe de manière parasitaire à partir du christianisme comme un culte, et même comme le culte le plus extrême de tous. Le capitalisme est un culte consacré, non à l'expiation, mais à la perpétuation de la faute : « *Une conscience monstrueusement coupable qui ne sait pas expier s'empare du culte, non pour y expier cette culpabilité, mais pour la rendre universelle, pour la faire entrer de force dans la conscience et, enfin et surtout, pour impliquer Dieu dans cette culpabilité, pour qu'il ait en fin de compte lui-même intérêt à l'expiation.* » Le capitalisme surplombe si parfaitement son époque que les figures les plus influentes de la modernité sont, malgré elles, complices de son triomphe : Nietzsche, dans la création du Surhomme (« *premier homme qui commence à réaliser la religion capitaliste de manière consciente* »), parce qu'il remplace la conversion et l'expiation par une intensification continue ; Freud, pour l'invention du refoulé : « *capital sur lequel l'enfer de l'inconscient paie ses intérêts* » ; enfin Marx, chez qui le capitalisme qui ne se convertit pas devient le socialisme « *par l'intérêt et l'intérêt composé qui sont fonction de la faute* ».

On croisera ce fragment avec les nombreux textes que Simone Weil a consacré dans les années 1930, non au capitalisme, mais au *marxisme comme religion*. D'après Weil, en renversant la dialectique hégélienne, Marx ne l'a pas seulement remis sur ses pieds. Il a aussi attribué aux forces concrètes de production des intentions ou une finalité que l'auteur de *La Raison dans l'Histoire* associait à l'Esprit du monde : « *Marx a conçu l'histoire, à partir de cette rectification, comme s'il attribuait à la matière ce qui est l'essence même de l'esprit, une perpétuelle aspiration au mieux.* » Ainsi Marx, parti d'une critique de la religion, et même d'une critique de ce qu'il y a de religieux dans l'économie, la philosophie et la politique, a abouti à son tour à une religion : « *Le terme de religion peut surprendre quand il s'agit de Marx ; mais croire que notre volonté converge avec une volonté mystérieuse qui serait à l'œuvre dans le monde et nous aiderait à vaincre, c'est penser religieusement, c'est croire à la Providence.* » « *Marx rend admirablement compte du mécanisme de l'oppression capitaliste* », écrit encore Simone Weil, « *mais il en rend si bien compte qu'on a peine à se représenter comment ce mécanisme pourrait cesser de fonctionner.* »

En dehors des deux apories évoquées plus haut (focalisation sur la redistribution des richesses sans questionnement sur la nature même de celles-ci ; impossibilité d'accomplir la révolution dans un seul pays liée à la concurrence entre pays), c'est Simone Weil qui se rapprocha le plus de l'explication de l'impuissance du communisme à lutter efficacement contre le capitalisme. Explication qu'elle ne cessera d'affiner et de répéter dès sa jeunesse de militante. Même face à Léon Trotski que ses parents et elle logeaient lors de son séjour à Paris en juillet 1933. Explication qui tourna à la dispute, au point de surprendre Nathalie, la femme de celui-ci, qui s'exclamera : « *Cette enfant qui tient tête à Trotski !* » Moins d'un an plus tard, avec *Réflexions sur les causes de la liberté et de l'oppression sociale*, Simone Weil présentera noir sur blanc la lecture critique la plus remarquable de Marx comme de son usage politique dans la lutte contre le fascisme. « *Les communistes accusent les social-démocrates d'être les fourriers du fascisme, et ils ont cent fois raison. Ils se vantent d'être, eux, un parti capable de lutter efficacement contre le fascisme, et ils ont malheureusement tort.* »

Mais son ouvrage n'est pas seulement négatif. Il n'est pas seulement l'expression d'une « *raisonneuse prétentieuse* » comme avait essayé de la résumer Trotski. Une fois balayée l'illusion d'une victoire communiste produite inévitablement par le développement des forces productives, Simone Weil propose une autre raison à l'engagement politique. Elle base celui-ci sur une contradiction inhérente à la condition humaine. La société ayant reproduit dans son fonctionnement même la condition servile dans laquelle l'homme se trouvait quand il était livré faible et nu aux forces aveugles de l'univers, celui-ci se trouve désormais divisé, clivé entre sa soumission aux forces oppressives de la société et son aspiration légitime à la liberté et à la justice.

Cette contradiction universelle est, selon Weil, à la source de tous les combats politiques légitimes. Malheureusement, les hommes, même dans leurs aspirations à davantage de justice, associent à leurs motifs de révolte des attributs qui n'appartiennent qu'à ce qui les opprime et finissent par perdre l'essence de leur conviction ou la raison initiale de leur engagement. Cela peut passer, comme chez Marx, par la victoire du prolétariat, décrétée inéluctable à court ou long terme par les contradictions mêmes du capitalisme. « *C'est cette supposition* », explique Simone Weil, « *qui lui a permis d'établir un accord indispensable à sa tranquillité morale entre ses aspirations idéalistes et sa conception matérialiste de l'histoire.* » Mais ils perdent alors de vue l'essentiel, une chose très simple que philosophes et politiciens ont passé leur temps à compliquer inutilement : ce n'est pas parce qu'un combat est juste qu'il sera victorieux ; ce n'est pas parce qu'une victoire a été obtenue qu'elle l'a été par le combattant le plus juste. Il n'y a pas, il n'y a jamais eu de « justice immanente ».

Une chose très simple, mais qui n'est pas simple à digérer. Parce que cette chose ne permet d'obtenir aucun pouvoir sur autrui et n'entraîne pas facilement l'adhésion. Il est difficile, voire impossible, d'enrôler des hommes sous la bannière d'un combat dont l'échec est quasiment certain. Et pourtant il faut préférer un combat juste mais voué à l'échec à un combat injuste mais susceptible d'obtenir la victoire.

Que nous agissions avec justice ou non, ce sera la force et la nécessité qui décideront du cours des événements. Nous y serons tous soumis, inexorablement. Et, même s'il n'y a pas de justice immanente, toutes et tous seront tôt ou tard balayés par le temps. Même le capitalisme finira par être balayé. Un germe de mort est présent en lui depuis le début : c'est son inconscience des limites. Or la Terre est limitée. Elle est, elle-même, une *peau de chagrin*. Entièrement imputable au capitalisme, la crise écologique est le symptôme de l'absurdité consistant à maintenir, contre vents et marées, le modèle de la croissance. Et l'abandonner est impossible par la nature même de son pouvoir. C'est impossible parce que tout homme, ou toute société, qui possède du pouvoir va au bout de celui-ci. Mais toute société, ou tout homme, qui va au bout de son pouvoir, finit par être dominé par les instruments de sa propre domination.

« *L'histoire humaine* », écrit encore Simone Weil, « *n'est que l'histoire de l'asservissement qui fait des hommes, aussi bien oppresseurs qu'opprimés, le simple jouet des instruments de domination qu'ils ont fabriqués eux-mêmes [...] Toujours les procédés de la course au pouvoir, quels qu'ils soient, se soumettent les hommes par le même vertige et s'imposent à eux à titre de fins absolues. C'est le reflet de ce vertige qui donne une grandeur épique à des œuvres comme la* Comédie humaine. »

Il y a cependant une grande différence entre ceux qui participent de son injustice et les autres. La différence vient de la qualité du regard qui peut encore être porté sur le monde. La différence réside dans la capacité à *voir l'innocence.* Un sentiment du monde qui disparaît de la psyché de celui qui participe de l'injustice. Une qualité de regard qui est refusée à celui qui accepte de prendre du pouvoir sur les autres. Toute capitulation devant les prestiges de la force entraîne, par un mouvement naturel, une disparition de notre innocence qui se paie d'une nostalgie infinie. C'est le reflet de ce vertige qui donne une grandeur épique à des œuvres comme *Citizen Kane* d'Orson Welles.

Que nous gagnions ou non, nous n'avons pas tout perdu si nous n'avons pas perdu notre capacité d'émerveillement. Et nous devons nous battre contre une société oppressive et une bourgeoisie qui, désormais, est arrivée à des niveaux d'impudence et de dangerosité jamais vue auparavant, non parce que notre victoire est inéluctable, mais tout simplement parce que cette situation est à vomir. 1 % de l'humanité capturant les richesses de 99 % : c'est inexcusable. Dans ce monde comme dans les autres.

Ce dont Simone Weil créditera les « cathares », c'est d'une conscience restée toujours vive de la distinction entre la justice et la force. Une distinction devenue lettre morte dans le monde chrétien de leur époque. Décidés à suivre la parole de Jésus, les « Parfaits » s'interdisaient de tuer et de mentir, vivaient pauvrement et n'avaient pas de considération pour le mariage ou pour l'enfantement. Mais personne n'était obligé de les imiter – et toutes les religions pouvaient s'exercer librement dans leurs territoires. En 1208, le pape Innocent III lança une croisade contre les Albigeois. Croisade qui n'avait pas même pour objectif de les convertir, mais tout simplement de les tuer. Les « cathares » refusèrent le combat et furent exterminés. Hommes, femmes, enfants, vieillards : le résultat de cette opération de police chrétienne ne fut rien de moins qu'un million de morts.

Ce que les « cathares » avaient compris, c'est que ce serait la force et la nécessité qui décideraient du cours des événements. Qu'ils y seraient tous soumis. Et toutes et tous seraient tôt ou tard balayés par le temps. Même le christianisme finirait par être balayé. Un germe de mort était présent en lui depuis le début. Mais il y avait une grande différence entre ceux qui participeraient de la violence et les autres. Et la différence venait de la qualité de regard que les « cathares » conservèrent jusqu'au bout et que les chrétiens perdirent à tout jamais.

Ce sont précisément depuis ces critères que nous devrions repartir pour établir de nouvelles lignes, de nouveaux partages dans notre réflexion politique. Parce qu'en réalité, c'est un peu plus simple qu'il n'y paraît. Et ce n'est pas triste.

Simone Weil convoque le conte qui raconte le destin de tout pouvoir : « *En voulant étendre l'exploitation des opprimés au-delà de ce que permettent les ressources objectives, il épuise ces ressources elles-mêmes ; c'est sans doute ce que signifie le conte antique et populaire de la poule aux œufs d'or.* »

C'est une vision qui n'a pas cessé d'obséder la philosophe. Neuf ans plus tard, en 1943 alors qu'elle est à Londres avec la France libre, Simone Weil note à nouveau : « *Ésope en savait beaucoup plus long là-dessus que Marx.* »

On connaît, en effet, une version antique du conte par Ésope, *La Femme et la Poule* : « *Une femme veuve avait une poule qui lui pondait tous les jours un œuf. Elle s'imagina que si elle lui donnait plus d'orge, sa poule pondrait deux fois par jour, et elle augmenta en effet sa ration. Mais la poule devenue grasse ne fut même plus capable de pondre une fois le jour.* »

Dans les contes allemands, c'est une oie. Et, sous le nom du « canard aux œufs d'or », il se trouve dans les *Jataka* bouddhistes, comme dans le folklore russe. Mais sa forme la plus connue n'est pas si antique, puisqu'il s'agit d'une fable de La Fontaine :

L'avarice perd tout en voulant tout gagner.
Je ne veux, pour le témoigner,
Que celui dont la Poule, à ce que dit la Fable,
Pondait tous les jours un œuf d'or.
Il crut que dans son corps elle avait un trésor.
Il la tua, l'ouvrit, et la trouva semblable
À celles dont les œufs ne lui rapportaient rien,

S'étant lui-même ôté le plus beau de son bien.
Belle leçon pour les gens chiches :
Pendant ces derniers temps, combien en a-t-on vus
Qui du soir au matin sont pauvres devenus
Pour vouloir trop tôt être riches ?

Il est impossible que Balzac n'ait pas vu le parallélisme entre le dernier récit de l'*Histoire des Treize*, *La Fille aux yeux d'or*, et le nom du conte décrivant la source de la fin de tout pouvoir. *La Fille aux yeux d'or* raconte la façon dont, dans la recherche du plaisir comme dans celle de l'or, on perd tout en voulant tout gagner. Les limites seront toujours présentes et se retourneront contre ceux qui veulent épuiser les possibles. Ésope en savait beaucoup plus long là-dessus que les Treize.

Et c'est parce que l'*Histoire des Treize* est l'histoire d'une succession d'échecs que le livre peut être considéré comme un récit initiatique, et même peut-être le plus grand récit initiatique des deux derniers siècles. Face aux limites de la réussite individuelle comme à celles d'une pensée purement égoïste, les trois épisodes de l'*Histoire des Treize* forment la triple démonstration de l'impossibilité du bonheur au sein du monde matériel. Ferragus veut faire le bonheur de sa fille en officiant comme une seconde Providence et en permettant l'ascension sociale de son mari, mais la honte produite par les moyens mis en œuvre pour l'obtenir n'aboutit qu'à la mort de celle-ci. Montriveau utilise toutes les ruses et les ressources imaginables pour obtenir l'amour de la duchesse de Langeais, mais, celle-ci ne pouvant le figurer que sous la forme du désir inassouvi, elle opposera toujours un obstacle à son accomplissement, le dernier étant la mort, laissant Montriveau face à un cadavre comme unique butin. Enfin, Henri de Marsay croit pouvoir être indifférent aux conséquences de la passion qu'il suscite sur Paquita Valdès, mais celle-ci aboutit non seulement à sa mort violente, mais aussi à la découverte de son double féminin et à sa désolation définitive.

L'accomplissement individuel ou collectif dans le capitalisme est toujours un aveuglement et une chimère. La recherche du bonheur est aussi vaine que le récit de la poule aux œufs d'or, ou *La Chasse au Snark* de Lewis Carroll.

Ce qui nous amène à la deuxième phrase de l'énigme d'*Out 1*. Les capitalistes, comme les Treize, *chassent le Snark*.

La Recherche de Rivette

(De Jean Renoir à Antonin Artaud)

Si un cinéaste a été systématiquement associé à Balzac et au complot, c'est bien Jacques Rivette.

Dès son premier film : *Paris nous appartient*, en 1961.

Et même deux ans avant sa sortie : en 1959, dans *Les Quatre Cents Coups* de son ami François Truffaut.

Dans une scène fameuse, le petit Antoine Doinel, joué par Jean-Pierre Léaud, dresse un autel à la mémoire d'Honoré de Balzac, son dieu. Il allume un cierge. Ses parents l'appellent pour dîner. Vite, il recouvre l'autel d'un rideau de fortune. Alors que le repas s'éternise dans des discussions inintéressantes sur les collègues du beau-père, une odeur de brûlé se fait sentir. C'est l'autel de Balzac qui prend feu. Le beau-père s'énerve. La mère tente une diversion. Elle propose de partir en famille au cinéma. Un nouveau film se joue au Gaumont Palace : *Paris nous appartient*. « *Si c'est un complot !* » commente le beau-père, et la petite famille est embarquée dans ce qui sera la seule et unique bonne soirée en famille présentée dans le film. Balzac revient également dans l'article que Truffaut écrira pour célébrer la sortie de *Paris nous appartient* en 1961 : « *Il était arrivé de province – encore un point commun avec Balzac.* »

Ce n'est pas vraiment un *scoop* : l'auteur de la *Comédie humaine* est, pour les réalisateurs de la Nouvelle Vague également, un dieu. François Truffaut fait du héros de *La Peau douce* un spécialiste de Balzac ; *La Recherche de l'absolu* apparaît dans *Les Quatre Cents Coups* et *Le Lys dans la vallée* dans *Baisers volés* ; sa statue par Rodin est au centre de deux scènes clés des *Deux anglaises et le continent* et *La Peau de chagrin* hante la conclusion de *La Sirène du Mississipi. Illusions perdues* est lu par le malheureux héros des *Cousins* de Claude Chabrol et l'institutrice jouée par Stéphane Audran fait une dictée de *La Femme de trente ans* dans *Le Boucher*. Il y a beaucoup de livres de Balzac dans la bibliothèque – pourtant pas très grande – de Jean-Luc Godard dans *JLG/JLG* et le titre *Une ténébreuse affaire* apparaît même à l'écran. Éric Rohmer, enfin, l'a élu comme référence principale, même s'il ne le cite dans aucun de ses films. « *Ce qui est grand chez Balzac*, écrit-il en conclusion de sa préface à *La Rabouilleuse* écrite en 1992, *c'est tout simplement qu'il nous ouvre au monde et, du même mouvement, nous ouvre à l'art.* »

Balzac va également hanter le cinéma de Jacques Rivette. Dès *Paris nous appartient*, donc, dont le titre est une variation sur le célèbre « *À nous deux maintenant !* » prononcé par Rastignac à la fin du *Père Goriot*. Et l'image de Rastignac toisant Paris depuis la colline du

Père Lachaise se retrouve dans le film lorsque Gérard Lenz regarde la place du Châtelet depuis le toit du Théâtre de la Ville.

Mais dès le début, ce n'est pas simple. Tout d'abord, le titre *Paris nous appartient* n'a pas été trouvé par Rivette lui-même. Il a été trouvé par une personne dont l'Histoire à ce jour n'a pas révélé le nom.

« *J'avais déjà écrit une grande partie de l'histoire, et on était ensemble en train de discuter* », expliquera Rivette en 1989. « *Il y avait Charles Bitsch et il y avait un comédien qui aurait dû à l'époque jouer le principal rôle masculin. On ne dira pas qui c'était, puisque ce n'est pas lui qui l'a fait. Je disais : Je voudrais un titre qui soit une sorte de* À nous deux Paris, *la fameuse phrase de Rastignac, mais je n'avais pas envie de reprendre* À nous deux Paris. *Et c'est ce comédien qui a dit : Pourquoi pas* Paris nous appartient *? Et j'ai dit : Tiens,* Paris nous appartient, *c'est pas mal. C'est après coup que j'ai compris pourquoi ça m'avait plu. Parce qu'il y a un bouquin de Péguy que j'avais déjà énormément lu quelques années avant et que j'avais d'ailleurs totalement plagié pour écrire mon article, la "Lettre sur Rossellini" qui est entièrement un pastiche de ce livre de Péguy. C'est* Victor Marie Comte Hugo. *Et en reprenant quelques mois plus tard* Victor Marie Comte Hugo, *j'ai vu qu'il y avait tout un paragraphe de Péguy sur : Paris n'appartient pas seulement aux personnes qui se lèvent de bonne heure pour préparer la journée mais Paris appartient également aux personnes qui restent à Paris l'été pour préparer la saison d'hiver. Et ensuite, paragraphe* *suivant :* "Paris n'appartient à personne." *Phrase que j'ai mis en tête, à la fin du générique de* Paris nous appartient. »

Publié par Péguy en octobre 1910, *Victor Marie Comte Hugo* est un livre bizarre. Si celui-ci se présente d'abord comme une lettre ouverte à son ami Daniel Halévy, suite à une brouille entre les deux hommes, alors que Péguy est en train de comparer la différence d'origine sociale entre Halévy et lui, des vers de Victor Hugo s'insèrent dans le texte – et Péguy abandonne le sujet initial du livre pour évoquer une faute typographique dans un livre de Hugo et un mot inventé par celui-ci, « Jérimadeth » : deux choses que Halévy et lui avaient évoqué lors de leur dernière conversation. Fonctionnant, comme toujours chez Péguy, par une suite de parenthèses ouvertes les unes après les autres, *Victor Marie Comte Hugo* se transforme alors en méditation sur Hugo, d'abord, puis sur Corneille et Racine, sans jamais qu'on revienne au sujet précédent, ni même au sujet de départ. Enfin, le livre s'achève par l'annonce de la création de deux partis, le Parti des Hommes de Quarante Ans et le Parti de Ceux qui Restent à Paris en Été.

« *Paris n'appartient pas seulement à ceux qui se lèvent matin* », écrit Péguy. « *(Et qui ainsi préparent, avant qu'on soit levé, la campagne, la bataille, la victoire de la journée, la* journée *même, comme on disait : la* journée *a été bonne, la* journée *a été mauvaise ; la* journée *a été gagnée, la* journée *a été perdue ; heureux temps où les batailles étaient des journées), à ceux qui* montent *la* journée *devant soleil levé. Cela c'est le vieux jeu, toujours bon, le premier jeu, l'ancien, le (vieux) Balzac, (Toujours jeune). Voici le perfectionnement, le deuxième degré, le deuxième jeu. Paris appartient à ceux qui pendant les mois d'été préparent la campagne d'hiver.* »

Rivette dira donc avoir plagié ou pastiché *Victor Marie Comte Hugo* lors de la rédaction de son texte critique principal, son plus long et abouti : « Lettre sur Rossellini », écrit lors d'une convalescence chez ses parents à Rouen entre janvier et mars 1955 et publiée dans les *Cahiers du cinéma* en avril de la même année. La « Lettre sur Rossellini », un texte qui rend compte du choc produit sur Rivette par le film *Voyage en Italie*, s'ouvre et se ferme sur une citation de Péguy et annonce son passage à la réalisation : « *Voilà notre cinéma, à nous qui nous apprêtons à notre tour à faire des films (vous l'ai-je dit, c'est pour bientôt peut-être)* ». C'est d'ailleurs sans doute à cette phrase que pense Rivette lorsqu'il dit avoir plagié ou pastiché *Victor Marie Comte Hugo*, dans lequel Péguy fait également un peu de *teasing* entre parenthèses pour ses œuvres à venir : « *Quand nous ferons notre* Polyeucte *(vous n'avez jamais douté que nous le ferons), ce sera peut-être le temps non point d'essayer de donner une idée de la grandeur de Corneille, mais de se proposer d'entrer un peu dans le détail de l'organisation de cette grandeur.* »

Rivette pense peut-être également à l'analyse et de la comparaison des différences entre les théâtres de Corneille et de Racine qui rythme une grande partie du livre. À son tour, la « Lettre sur Rossellini » oppose deux types de films et donc deux types de cinéastes : les films où le récit est basé sur la résolution de problèmes initiaux à travers un schéma de type début-milieu-fin et ceux où le récit retourne au temps comme les fleuves à la mer.

« *Il y a les films qui commencent et qui finissent,* écrit Rivette *qui ont un commencement et une fin, qui mènent un récit depuis son premier terme jusqu'à ce que tout soit rentré dans l'ordre et l'apaisement, qu'il y ait des morts, un mariage ou une vérité : il y a Hawks, Hitchcock, Murnau, Ray, Griffith. Et il y a les films qui n'ont rien de cela, et retournent au temps comme les fleuves à la mer ; qui ne nous proposent à la fin que les images les plus banales : des fleuves qui coulent, des foules, des armées, des ombres qui passent, des rideaux qui tombent à l'infini, une fille qui danse jusqu'à la fin des temps : il y a Renoir et Rossellini. À nous de prolonger ensuite en silence ce mouvement redevenu secret, cette courbe dissimulée, rentrée sous terre ; nous n'en avons pas fini avec elle.* »

Enfin, l'annonce de la création du Parti de Ceux qui Restent à Paris en Été, conclusion tapageuse et comique du livre *Victor Marie Comte Hugo*, a sans doute exercé une influence proéminente sur la poétique de Rivette, qui aura fait beaucoup de films sur ceux qui restent à Paris en été. Et, pour commencer, *Paris nous appartient.*

Mais dès le début, ce n'est pas simple. Et « *Paris n'appartient à personne* », la citation de Péguy placée en exergue à la fin du générique, vient compliquer cette idée. Elle indique que les films mis en scène par Rivette vont surtout nous parler d'un monde dans lequel on n'entre pas. En 1990, dans *Jacques Rivette le veilleur*, l'épisode de « Cinéastes de notre temps » réalisé par Claire Denis qui lui est consacré, Serge Daney revient sur ce premier titre :

« – *Ton premier film s'appelle* Paris nous appartient, dit Serge Daney à Jacques Rivette. *Et immédiatement il y a une petite phrase qui dit* "Paris n'appartient à personne", *signée Charles Péguy. Qui croire ?*

– *Les deux sont de Péguy,* répond Rivette, *puisque* "Paris nous appartient" *c'est aussi Péguy qui le dit un paragraphe avant en faisant tout un développement sur le fait que Paris n'appartient pas seulement aux personnes qui se lèvent tôt, comme le dit le vieux proverbe mais aussi aux personnes qui restent à Paris pendant l'été et qui, pendant l'été, préparent l'hiver qui va venir. Ça m'avait plu de commencer par cette affirmation-négation qui était un mouvement "dialectique" pour employer un mot prétentieux, qui éventuellement après serait repris par la narration. De toute façon, le cinéma aussi, c'est affirmation-négation. C'est "dialectique" puisque c'est l'image et le noir alternés sur l'écran.*

– *Qu'est-ce qui t'appartient à toi ?*

– *Qu'est-ce qui appartient à qui que ce soit ? Je crois qu'en dehors de sa propre peau... Et même est-ce qu'on est vraiment sûr qu'elle nous appartient, qu'on en est le propriétaire ? C'est un sentiment qu'on n'a pas toujours...*

– Tu as fait des films, on peut dire : Ton œuvre t'appartient. Est-ce que tu le dirais ?

– Non, ça ne m'appartient pas, ça ne m'appartient pas. S'il y a quelque chose dont on est dépossédé, c'est bien les choses qu'on a faites, qu'on croit avoir faites. C'est des choses qui ne nous appartiennent jamais : ni avant, ni pendant, ni après. »

Et c'est bien la contradiction initiale d'une œuvre comme celle de Rivette, qui s'inscrit, par son association affirmée à un groupe comme celui de la Nouvelle Vague, à l'intérieur de ce qu'on a appelé la «*politique des auteurs*» alors même que, dans un mouvement qu'on pourrait dire «*dialectique*» (pour employer ce mot que Rivette dit «*prétentieux*»), sa nature est bien celle d'une œuvre qui n'appartient à son auteur «*ni avant, ni pendant, ni après*».

Alors que la «*politique des auteurs*», axe théorique fondamental des *Cahiers du cinéma* défini pour la première fois par François Truffaut en 1955, donne au réalisateur le statut d'auteur au-dessus de tout intervenant et fait de ses films une œuvre que l'on doit considérer, par l'étude des récurrences et thématiques qui lui sont propres, comme une totalité, le cinéma de Jacques Rivette n'est jamais défini par celui-ci que négativement, comme quelque chose qui le dépasse et dont il est dépossédé.

Ce qui apparaît également dans « Le temps déborde », l'entretien donné aux *Cahiers du cinéma* en 1968, à l'occasion de la sortie de *L'Amour fou* : « *La seule façon de faire un cinéma vraiment révolutionnaire en France* », dira alors Rivette, « *c'est de faire qu'il échappe à tous les clichés de l'esthétique bourgeoise : à l'idée, par exemple, qu'il y a un auteur qui s'exprime. La seule chose qu'on puisse faire, c'est de nier que le cinéma soit une création personnelle.* »

Il n'est pas impossible qu'on puisse y trouver une des clés de cette énigme à laquelle, entre autres, voudrait se consacrer ce livre : le fait que, alors qu'on n'a cessé de dire que la Nouvelle Vague avait absolument triomphé en son temps (ayant même réussi, à sa façon, ce que Balzac aurait aimé voir accompli par le groupe Cheval Rouge), le cinéma de Jacques Rivette soit aujourd'hui encore beaucoup trop méconnu – alors même qu'il contient peut-être les armes pour renverser intégralement ce qui fait le drame de notre condition politique : l'impuissance, ou le sentiment de celle-ci.

Jacques Rivette est né en 1928 à Rouen. Il arrive à Paris fin 1949, ayant déjà réalisé un premier « film d'apprentissage », *Aux quatre coins*. Puis en 1950, il commence à écrire des critiques de cinéma. Dans le *Bulletin du ciné-club du Quartier Latin* d'abord, en mars 1950, avec un article qui est un véritable coup d'envoi pour son œuvre à venir : « Nous ne sommes plus innocents ». Dans celui-ci, Rivette oppose le cinéma des pionniers (Griffith, Murnau) à celui de leurs successeurs, qui transformèrent l'expérience cinématographique initiale en codes et en stéréotypes et perdirent ainsi le sens de l'univers : « *L'objet est tout dans son acte d'apparaître : préméditation et routine le condamnent automatiquement et sans appel [...] L'univers est capturé et détruit sous un filet de conventions formelles.* » Rivette participe ensuite à la *Gazette du cinéma*, de juin à novembre. Son premier article est un éloge de la période américaine de Jean Renoir, et il lui permet une tentative de définition du cinéma de Renoir qui semble, rétrospectivement, une anticipation du sien : « *Un présent ontologique, où tout apparaît, saisi à l'instant même de son apparition, en une incessante dilatation de l'instant [...] L'instant est capté aux sources, l'univers à sa naissance même.* » Le cinéma de Renoir est pour Rivette la « *victoire de l'innocence* » : ce qui renvoie au thème de son premier texte et en conjure le fatalisme dans un premier geste « *dialectique* ».

Tout cela reste néanmoins mystérieux. Parce que, justement, ce que raconte le film de Renoir qui, selon les mots de François Truffaut est, avec *Citizen Kane*, celui qui a inspiré tout le cinéma d'après-guerre, à savoir *La Règle du jeu*, c'est l'idée, dite par le personnage d'Octave, joué par le réalisateur lui-même, que « *tout le monde a ses raisons* ». Mais aussi la notion du sacrifice des innocents pour la perpétuation d'une société pourrie.

La Règle du jeu est notoirement impossible à résumer. L'action se passe à la veille de la guerre, en novembre. L'aviateur André Jurieux (Roland Toutain) vient de réaliser l'exploit de traverser l'Atlantique en 23 heures. Avec son ami Octave, il est invité à une partie de chasse et une fête au domaine de La Colinière, chez le marquis de La Chesnaye (Marcel Dalio), dont il est amoureux de la femme, Christine (Nora Gregor). Lui-même assez volage, La Chesnaye est compréhensif concernant l'« *amitié amoureuse* » de sa femme pour le héros du jour. Il est également très compréhensif envers un braconnier, Marceau (Julien Carette), que son garde-chasse, Édouard Schumacher (Gaston Modot), a arrêté. Et il l'engage parmi ses domestiques. Le soir de la fête, Christine flirte avec un autre invité, ce qui rend Jurieux fou de jalousie, et Marceau flirte avec la femme de Schumacher, Lisette (Paulette Dubost), qui se trouve être la femme de chambre de Christine.

Tout se détraque : Jurieux cogne le nouveau galant de Christine et celle-ci lui déclare son amour, puis c'est Jurieux qui se fait cogner par le marquis de La Chesnaye, soudain jaloux à son tour. Schumacher poursuit Marceau, qu'il a surpris en train de flirter avec Lisette, en tirant avec un revolver, sous les cris du marquis qui lui ordonne d'arrêter. Le marquis renvoie sèchement Schumacher pour mauvaise conduite. Il montre plus de tristesse lorsqu'il doit également renvoyer Marceau pour ne pas se montrer « *immoral* ». Alors que le marquis, s'étant repris, accepte l'idée du départ de l'aviateur avec Christine, Marceau retrouve Schumacher en larmes. Ils se découvrent soudain complices face au monde des maîtres qui les méprise et que Lisette leur préfère. Ils croient la voir s'éloigner au loin avec Octave, alors qu'il s'agit de Christine qui porte le capuchon de sa femme de chambre. Nouveau coup de théâtre : Christine déclare à Octave que, finalement, c'est lui qu'elle aime. Et ils s'embrassent, sous les regards choqués de Marceau et de

Schumacher qui la prennent pour Lisette. Encouragé par Marceau, Schumacher va chercher son fusil pour se venger. Octave, lui, va chercher le manteau de Christine. Mais il se fait disputer par Lisette qui le convainc qu'il n'a pas les moyens de rendre Christine heureuse. Pris de remords, Octave ment à Jurieux et lui dit que Christine l'attend, lui. Alors qu'il court la rejoindre, Jurieux se fait abattre par Schumacher. Tristes tous les deux, Marceau et Octave partent chacun de leur côté. Le marquis de La Chesnaye parle à ses invités d'un « *déplorable accident* » et donne des ordres à Schumacher, soudain pleinement réintégré dans ses fonctions.

« *C'est un film de guerre* », dira Jean Renoir, « *et pourtant pas une allusion à la guerre n'y est faite. Je voulais faire un film agréable, mais qui soit en même temps une critique d'une société que je considérais comme résolument pourrie et que je continue à considérer comme résolument pourrie parce que cette société est la même, elle n'a pas fini d'être pourrie, elle n'a pas fini de nous entraîner vers de très jolies catastrophes.* »

Sorti en 1939, le film peut apparaître comme une mise en scène symbolique de la perpétuation de la classe dominante ainsi que de la façon dont ses sympathies progressistes sont conditionnées et limitées par ses intérêts. Le film suit de très près les accords de Munich – accords validant, au nom d'une paix hypothétique, le démembrement de la Tchécoslovaquie par l'Allemagne nazie. Mais il semble surtout se faire l'écho des origines plus lointaines de la guerre : le traité de Versailles qui suivit la défaite de l'Allemagne à la fin de la Première Guerre mondiale et dont le but semble avoir été de littéralement humilier le vaincu, l'astreignant à de lourdes réparations économiques comme à d'importantes restrictions de sa capacité militaire. On peut considérer que la conséquence principale du traité de Versailles aura été la chute économique de l'Allemagne dans les années 1920, favorisant la montée de Hitler et du nazisme. Dans *La Règle du jeu*, le marquis adore Marceau et il l'aide spontanément lors de ses flirts avec la femme de Schumacher. Mais, lorsqu'il s'agit de couvrir la mort de Jurieux, le garde-chasse est immédiatement réintégré dans ses fonctions et Marceau n'a plus qu'à partir. Devenue le simple jouet des instruments de domination qu'elle a elle-même fabriquée, la classe dominante est alors le fourrier du fascisme. Et si le film semble se terminer par la victoire des apparences et le discours apaisant du marquis, ce sont bien des *ombres qui avancent* que la dernière image, menaçante, nous montre. Le nazisme a déjà un pied dans le domaine de La Colinière.

Comme Renoir l'expliquera à Rivette lui-même dans *Jean Renoir le patron*, l'épisode de « Cinéastes de notre temps » que ce dernier lui consacre en 1966 : « *Faut un sacrifice. Le monde ne vit que de sacrifices, alors il faut tuer des gens pour apaiser les dieux. Là, cette société va continuer encore quelques mois, jusqu'à la guerre et même plus tard, et cette société va continuer parce que Jurieux a été tué. Jurieux est l'être qu'on a sacrifié sur l'autel des dieux pour la continuation de ce genre de vie.* »

Toujours en 1950, Rivette réalise un deuxième « film d'apprentissage », *Le Quadrille*, produit par Jean-Luc Godard. Enfin, en 1952, c'est un troisième, *Le Divertissement*, avant de commencer à publier dans *Les Cahiers du cinéma*. Pendant seize ans, de 1953 à 1969, Rivette y rédige ses textes principaux. Il réalise un premier court-métrage en 1956, *Le Coup du berger*, inspiré d'un fait divers.

Le Coup du berger, dira Jean Gruault, est plus « *chabrolien* » que « *rivettesque* ». Ce n'est pas faux. Il date d'une époque où les films des futurs cinéastes de la Nouvelle Vague se ressemblent tous. Le scénario est « *d'un peu tout le monde* », dira Rivette. Chabrol a produit. Rivette a mis en scène. Sous le nom d'Étienne Loinod, Jacques Doniol-Valcroze joue un des deux personnages masculins principaux.

Cette même année, Roberto Rossellini et Henry Deutschmeister s'adressent aux critiques des *Cahiers du cinéma* et à leurs complices désireux de devenir cinéastes : Chabrol, Godard, Truffaut, Rohmer, Rivette, Resnais et Rouch. Ils leur annoncent leur projet de produire des longs-métrages de fiction qui rendraient compte de la réalité française contemporaine. Rivette et Jean Gruault commencent alors à travailler sur le scénario de *La Cité*. Dans celui-ci, une « *pure jeune fille débarquant de sa province* » « *passionnée de Jeanne d'Arc* », convaincue que l'homme « *vit au milieu des âmes, et que, s'il savait voir, il verrait qu'il est entouré par elles et que tout le reste n'est rien...* » va franchir un interdit de la cité universitaire blanche occidentale et se mêler aux étudiants noirs. *La Cité* ne se fera pas ; pas plus que les différents films projetés par les autres futurs cinéastes. Deutschmeister se ravise inexplicablement et Rossellini part tourner *India*, abandonnant à leur sort tous ses admirateurs. Jean Rouch interprétera cet événement très bizarre comme une mise à l'épreuve quasi-initiatique de la future Nouvelle Vague par leur maître, Rossellini : « *Il est venu nous stimuler dans le Paris des années 1950, ce Paris des intellectuels conventionnels, bourgeois, contents d'eux, mais aussi celui des jeunes gens qui "mangeaient" du cinéma. Ce sorcier, ce joueur de flûte nous a fait rêver pendant un an, nous obligeant à cultiver notre jardin, puis a soudain disparu comme un voleur. Cet acte complètement immoral était l'acte le plus moral : il a donné vie à Truffaut, à Godard, à Chabrol, à Rohmer, à Rivette, à moi-même.* »

En effet, un an plus tard, c'est *Paris nous appartient.* Et là quelque chose commence qui ne s'arrêtera plus. Et déjà l'idée d'un tournage, ou d'un film, dans lequel « *le temps ne compte pas* ». Le tournage de *Paris nous appartient,* dont l'action se déroule en été 1957, commence en été 1958, mais va se poursuivre pendant treize mois. Aucun producteur n'étant intéressé par le scénario, Jacques Rivette emprunte quatre-vingt mille francs aux *Cahiers du cinéma* pour acheter la pellicule. La caméra et le laboratoire sont à crédit, les techniciens et les acteurs sont en « *participation totale* ». Une fois le tournage achevé, le film est en panne, et il faudra attendre 1959, le succès des *Cousins* et des *Quatre Cents Coups* pour que Chabrol et Truffaut deviennent coproducteurs du film et que Rivette puisse faire le doublage, le montage et la sonorisation. Le film sort en salle en décembre 1961.

Le générique de *Paris nous appartient* est un plan de travelling train, sans doute depuis la province vers Paris. Est-ce une image de l'arrivée d'Anne Goupil, l'héroïne du film, jouée par Betty Schneider ? Ou l'arrivée de Rivette lui-même ? Dans une continuité secrète avec *La Cité*, le temps d'une réplique, le frère d'Anne, Pierre, joué par François Maistre, associe celle-ci à Jeanne d'Arc : « *Tes voix t'ont abandonnée ?* »

Un carton nous indique : *Juin 1957*. Puis on voit une chambre de bonne avec, au mur, une reproduction du tableau *Elvire au col blanc* de Modigliani et, sur la table, *Enquêtes* de Borges. Anne lit en anglais la « chanson d'Ariel » dans *La Tempête* de Shakespeare : « *Par cinq brasses de fond repose mon père ; ses os sont faits de corail ; voici les perles qui furent ses yeux ; rien de lui n'est périssable, mais subit par la mer un changement en quelque chose de riche et d'étrange.* » Cette chanson est également en exergue du livre de Claude Chabrol et Éric Rohmer consacré à Alfred Hitchcock, publié en 1957. C'est sans doute un peu plus qu'une simple coïncidence.

Anne est arrêtée dans sa lecture par des cris et gémissements de femme dans une chambre de bonne voisine. La femme, qui la reconnaît comme « *la sœur de Pierre* », est dans tous ses états : « *D'abord, Assunta. Ensuite, Juan.*

Tous, les uns après les autres. C'est le commencement. Personne ne pourra s'échapper. Ce n'est pas seulement moi, ni Pierre ni vous, c'est tout qui est menacé. Le monde entier, vous comprenez. Tous, tous ! » On ne verra ni Assunta ni Juan dans ce film. Enfin, Juan si : une fois, mais très vite, le temps d'une image, dans un plan sur une photo qui se déplace très rapidement vers une autre personne sur celle-ci. Mais on l'évoquera beaucoup. Assunta, pas du tout. C'est déjà un point très intéressant que le premier nom prononcé dans un long-métrage réalisé par Jacques Rivette soit celui d'un personnage dont on ne reparlera plus jamais. Qui est Assunta ? À qui ou à quoi fait-elle signe ?

Anne suit son frère Pierre (François Maistre) à une soirée chez un peintre, Bernard (André Thorent), où, au milieu de jeunes bourgeois désœuvrés, elle croise ceux qui deviendront les protagonistes du film : l'économiste Jean-Bernard Degeorges (Jean-Marie Robain), le journaliste américain Philip Kaufman (Daniel Crohem), son amie Teri Yordan (Françoise Prévost) et le nouvel amoureux de Teri, Gérard Lenz (Gianni Esposito), un jeune metteur en scène ambitieux. Tous parlent de Juan. Bernard a fait son portrait. Son suicide est évoqué. Ainsi qu'une improvisation à la guitare qu'il avait enregistrée chez Teri. Les invités devisent avec cynisme sur la mort de Juan et la condition des expatriés. En arrière-plan, un personnage de Roumain joué par Rivette lui-même (ou par quelqu'un qui lui ressemble) dit, effaré par le dandysme « apolitique » ou « anarchiste de droite » des propos tenus par l'assemblée : « *Vous ne savez pas ce que c'est qu'une révolution écrasée.* »

« *Et la Commune ?* », renchérit Pierre. La Commune réapparaît sur une affiche à la fin du film. Cette référence fonctionne peut-être comme un indice des sympathies politiques de Rivette au sein de ce groupe notoirement ambigu des premiers temps de la Nouvelle Vague. Et cette notoire ambiguïté est représentée par le peintre Bernard qui, clope au bec, verre en main, remonte les bretelles de tous ses invités, déprimés par la mort de Juan, avec « virilité » : « *Tous ces anarchistes, cette ambiance de ratés... Ils sont incroyables. C'est insensé. C'est votre faute si Juan s'est suicidé. C'est vous qui l'avez tué. Votre amertume, votre désespoir... Comment voulez-vous qu'un type bien puisse survivre dans une telle atmosphère ? En compagnie de nihilistes de votre espèce ? Et avec ça vous vous étonnez de ne pas en sortir, depuis vingt ans que ça dure. C'est vous qui êtes les vrais coupables. Vous avez du sang sur les doigts.* »

Bernard est un peu un de ces dandys « hussards » misogynes qui grenouillaient autour du « groupe » des *Cahiers*. Un de ces « anarchistes de droite » dont un type comme Paul Gégauff est une des incarnations les plus accomplies – et qui ont vivement marqué Godard, qui fera jouer Gégauff dans *Week-end*, Chabrol, dont il sera le dialoguiste, Truffaut, qui dépeindra des loustics de cette espèce dans la séquence d'ouverture de *La Mariée était en noir*, et surtout Rohmer dont il a longtemps été la muse.

La politique va ultérieurement séparer Rohmer et Rivette. Un de leurs désaccords politiques les plus nets semble avoir été le traitement de la guerre d'Algérie, sensible lors de la publication de l'article de Rivette sur *Octobre à Paris* en décembre 1962, qu'il nomme alors « *document capital de l'histoire de notre temps* ». *Octobre à Paris* de Jacques Panijel est un des plus bouleversants documents sur le couvre-feu imposé aux ressortissants algériens en 1961, suivi des témoignages sur le massacre du 17 octobre sous les ordres du préfet Maurice Papon.

Rivette reprendra la direction des *Cahiers* des mains de Rohmer à l'occasion d'un « *complot amical* » (dira Labarthe) organisé par l'aile gauche de la rédaction (Doniol-Valcroze, Kast, Truffaut) en 1963. Il dirigera la revue pendant deux ans, du n° 145 au n° 165. Il aurait peut-être préféré garder le rôle d'une éminence grise, ce qui peut se déduire d'une conversation très troublante de *Jacques Rivette le veilleur* en 1990. « *J'avais cette réputation d'être le Saint-Just du groupe* », y dit Rivette à Daney. « *Et qui était Robespierre ?* », lui demande Daney. « *Ah, c'était François.* » Dans un entretien accordé aux *Cahiers* en novembre 1965, soit peu de temps après le départ de Rivette, Rohmer dira : « *Je ne sais pas si je suis de droite, mais ce qui est sûr, en tout cas, c'est que je ne suis pas de gauche. Oui, pourquoi serais-je de gauche ? Pour quelle raison ? Qu'est-ce qui m'y force ?* »

Anne suit ensuite son ami Jean-Marc (Jean-Claude Brialy) dans un petit théâtre de fortune où Gérard Lenz répète *Périclès* de Shakespeare. Une pièce qui n'impressionne pas le désinvolte Jean-Marc : « *Oh, y a quelques bonnes scènes mais ça tient pas... Si c'était pas signé Shakespeare...* »

C'est le premier film mis en scène par Rivette où l'on voit une troupe répéter une pièce, mais, dans ce film, les répétitions sont assez catastrophiques, et les acteurs ressemblent surtout à la troupe de *Songe d'une nuit d'été*. En particulier Jean-Val (Henri Poirier) qui veut toujours tout jouer, comme Bottom. Des répétitions de théâtre se retrouveront dans *L'Amour fou*, *Out 1*, *L'Amour par terre* et *La Bande des quatre*. Elles marqueront suffisamment les spectateurs pour qu'on en fasse une « signature » du cinéma de Rivette. Celles-ci seront très différentes, dès *L'Amour fou*, et peuvent apparaître rétrospectivement comme une correction du caractère trop anecdotique et conventionnel de leur présence dans *Paris nous appartient*. C'est ce que Rivette dira dans l'entretien « Le temps déborde » en 1968 : « *Je m'en voulais beaucoup de la façon dont je montrais le théâtre dans* Paris nous appartient, *que je trouve trop pittoresque, trop extérieure, faite sur les clichés. Le travail de théâtre, c'est autre chose, plus secret, plus mystérieux, avec des rapports plus profonds entre les gens qui sont pris dans ce travail, des rapports de complices.* »

Mais il y a une autre « signature » qui apparaît dès *Paris nous appartient* et qu'on repère moins. C'est l'apparition d'un enregistrement sonore de mouettes pendant une répétition de *Périclès*. Cette bande-son, qui ne correspond pas au son réel de la scène, est justifiée par le récit (Gérard Lenz aime utiliser des bandes-magnétiques pour ses mises en scène), mais on en découvrira des variations beaucoup plus étranges dans les films qui vont suivre.

De *La Tempête* à *Périclès*, en passant par des citations de *Macbeth* et de *Jules César*, la présence massive de Shakespeare dans le premier long-métrage réalisé par Jacques Rivette est également le signe d'une autre présence, qui est aussi diffuse qu'elle est constante et aussi tacite qu'elle partage avec elle le goût du secret. C'est celle d'un metteur en scène auquel le cinéma de Rivette répond peut-être aussi intimement qu'à celui de Renoir : Orson Welles. Orson Welles sur qui Rivette n'a pas écrit d'article mais qui revient inlassablement dans de nombreux textes, notes, interviews, et à qui il attribue « *la grande leçon shakespearienne* », c'est-à-dire « *une certaine exigence de grandeur chez les personnages, un goût affirmé de la noblesse d'âme* » : « *Si Lawrence Olivier prend Shakespeare comme donnée pour un spectacle, Welles l'interroge avec passion, le secouant, l'écartelant jusqu'à lui arracher le mot d'une énigme que le premier ne soupçonne même pas.* »

Truffaut avait dit que tout le cinéma moderne (entendez : tout le cinéma de la Nouvelle Vague) venait de *La Règle du jeu* de Jean Renoir et de *Citizen Kane*. Si Rivette a consacré un film à Renoir, il a disséminé dans l'ensemble de son œuvre nombre de signes renvoyant à Welles. Ils ont en commun une réflexion profonde sur la question de l'innocence. Et si le secret du pouvoir est le sujet du cinéma d'Orson Welles, le secret de l'opposition au pouvoir sera celui de Rivette.

Anne est engagée pour jouer Marina, la fille de Périclès dans la pièce de Shakespeare. Elle enchaîne les répétitions et tombe amoureuse du beau Gérard. Celui-ci lui parle d'une cassette audio où est enregistrée une musique qu'il aimerait utiliser pour la pièce : l'improvisation de Juan à la guitare dont il a été question chez Bernard.

Anne veut faire plaisir à Gérard. Elle décide de partir à la recherche de cette fameuse cassette. Au cours de son enquête, elle rencontre plusieurs amies de Juan, parmi lesquelles Anuta, la fille chez qui Juan est mort. Jouée par Anne Zamire, elle résume ainsi la conversation du musicien espagnol : « *Corruption, la fin du monde, plus d'issue. Toujours des complots, des secrets, la révolution : tout était vendu, pourri.* »

Et puis il y a Tania, jouée par Malka Ribowska, une comédienne passionnée qui attend la fin du monde : « *Il faut se préparer. Les temps sont proches. Il nous faut nous forger des âmes brûlantes.* » Tania possédait naguère l'enregistrement de Juan mais celui-ci l'a récupéré trois jours avant sa mort. Elle explique que tous ceux qui ont approché Juan doivent mourir : « *Nous mourrons parce que nous sommes la vie.* » Elle dit surtout à Anne le mot clé du cinéma de Rivette : « *Vous avez tendu la main vers le secret.* »

Enfin, il y a le journaliste américain, Philip Kaufman, qui fait à Anne un pur discours de terroriste du complot :

« *Le monde n'est pas ce qu'il est. Il ne s'agit plus de quelques millions d'hommes, c'est le monde entier qui est menacé, qui ne s'en doute même pas. Ce que nous croyons vrai n'est qu'apparence. Ceux que nous prenons pour des puissants ne sont que des marionnettes. Les vrais maîtres se cachent et gouvernent en secret. Ceux qu'on ne peut pas nommer parce qu'ils n'ont pas de noms.* »

Détail étrange en arrière-plan : on voit sur le mur de la chambre de Philip Kaufman, au milieu de ses dessins, une photographie d'Antonin Artaud. Des références littéraires qui traversent *Paris nous appartient* (Balzac, Péguy, Shakespeare, Borges), c'est la plus mystérieuse. Antonin Artaud n'est jamais cité dans les textes critiques de Jacques Rivette. Qu'est-ce qu'il fait là, en plein milieu du film, caché en pleine lumière ? Nous sommes en 1961, voire en 1959 pour le tournage. Artaud est mort depuis onze ou treize ans. Est-ce la première mention posthume du poète au cinéma ? La première réapparition de son visage dans une fiction audiovisuelle moderne ? Est-il là pour nous faire signe et, si oui, à quel signe renvoie-t-il ?

L'enregistrement de Juan n'était pas perdu mais caché. Il était depuis le début conservé en secret par Teri Yordan. Anne le découvre chez elle. Et soudain Teri s'emballe et se met à parler comme Philip Kaufman alors qu'elle passe devant un numéro des *Cahiers du cinéma* bien en évidence à l'arrière-plan : « *En 1945, on a cru tout régler par la mort d'un seul homme. C'est le plus vaste complot qui ait jamais existé, mais cette fois à l'échelle mondiale. Ce sont toujours les mêmes mais depuis trente ans les méthodes ont changé. Ils sont prêts à reprendre le pouvoir, en douceur, mais cette fois pas de pitié : tout sera sacrifié à l'efficacité, à l'État, à la technique. Ils attendent leur jour. Et il faudra reconnaître que dans l'intervalle, ils ont bien travaillé. Règle n° 1 de l'organisation : le secret. Règle n° 2 : au moindre signe qui vous trahisse, vous êtes condamné.* »

Il y a bien un personnage qui semble « comploter » quelque chose, c'est vrai. C'est Jean-Bernard Degeorges. Mais son seul projet est d'utiliser son pouvoir pour coucher avec Teri. Pour cela, il manigance un *deal* tordu : en tirant quelques ficelles et en échange d'une nuit avec Teri, il permet à Gérard d'accéder au Théâtre de la Ville. Gérard doit alors bazarder toute sa mise en scène. Il commence par remplacer Anne, puis accepte un musicien original, et donc abandonne la musique de Juan qui semblait tant lui tenir. Enfin, il perd l'amour de Teri. Acculé, il finit par se suicider. Et ce suicide est suffisamment programmatique pour qu'il l'évoque dès le début du film. Ce qui n'empêche nullement Teri et Philip de recommencer à spéculer sur la possibilité d'un complot derrière celui-ci et de suspecter la main de Pierre, le frère d'Anne, qui travaille parfois pour Degeorges.

Teri tue le pauvre Pierre, mais regrette ensuite son geste. Elle a reçu une lettre de la sœur de Juan qui lui explique que ce dernier a été assassiné par des hommes de la phalange espagnole : « *L'organisation est une idée* », déclare froidement Teri. « *Elle n'a jamais existé que dans l'imagination de Philip. C'est tellement simple de tout jus-*

tifier par une seule idée, y compris son inaction, sa lâcheté. Il y a des organisations, mais plus sournoises, plus diffuses : l'argent, les polices, les partis, toutes les figures du fascisme. »

Ce sont des paroles raisonnables. Mais Teri les utilise pour se défausser de toute responsabilité dans l'assassinat de Pierre. Les deux Américains repartent en voiture, laissant Anne seule, endeuillée et malheureuse. Alors qu'elle contemple le lac, elle est rejointe par Jean-Val qui lui annonce que les acteurs ont décidé de reprendre les répétitions de *Périclès*.

Beaucoup de spectateurs ont vu dans cette image un signe d'appartenance symbolique aux films opposés au schéma début-milieu-fin dont parle Rivette dans sa « Lettre » : « *les films qui retournent au temps comme les fleuves à la mer.* » C'est dans le cinéma de Renoir que Rivette a trouvé cette définition. C'est même dans *Le Fleuve* (1951), le film « indien » de Renoir. Un film encore plus impossible à résumer que *La Règle du jeu*.

Le Fleuve raconte l'histoire de trois amies qui vivent au Bengale, sur les bords du Gange. Un jour, le fleuve leur apporte un jeune homme dont les deux premières tombent amoureuses et pour lequel elles se déchirent. Le jeune homme embrasse la deuxième, au désespoir de la première. Et la deuxième non plus n'est pas satisfaite. Le fait que ce baiser rêvé se soit transformé en réalité la déçoit parce que la saveur particulière du rêve s'est envolée avec lui. Le frère de la première femme meurt, mordu par un cobra, pendant que le reste de la famille fait la sieste. Elle essaie de se tuer en se noyant dans le fleuve mais elle est sauvée par des pêcheurs et retrouvée à l'aide de l'ami indien de son frère décédé. Le jeune homme s'en va. Les trois amies sont à nouveau réunies lorsque la mère de l'enfant décédé donne naissance à un autre enfant. Mais cette succession d'événements ne dit rien de l'expérience du spectateur. Le personnage principal du *Fleuve* est le Temps. Le Temps, dans toutes ses expressions. Dans les fêtes indiennes millénaires, marquant les passages de l'année et le retour des saisons. Dans les peintures faites sur le sable. Dans les statues de glaise de la déesse Kali plongées dans la rivière et les jets de couleur des fêtes de Holi. Mais aussi dans les humbles tâches quotidiennes. Dans les marchés, les jeux d'enfants ou la procession ininterrompue des porteurs de l'usine de jute. Et la multiplicité des êtres et des choses renvoie à l'unité du monde comme la multiplicité des divinités exprime les différentes facettes de l'unité primordiale. À l'image des « *ghats* » qu'observe l'héroïne : ces indénombrables escaliers, anciens ou récents, pauvres ou riches, menant du tumulte du monde au calme du fleuve.

« *Trois jeunes filles retrouvent simultanément le point central où toutes les contradictions s'abolissent* », écrira Rivette, « *où la mort et la naissance, le don et le refus, la possession et le dénuement ont même valeur et même sens ; qui s'oublie se trouve, qui consent triomphe.* »

Un point central où toutes les contradictions s'abolissent, où qui s'oublie se trouve et qui consent triomphe, ce n'est pas seulement une excellente définition du *Fleuve.* Ça pourrait également être un écho du fameux «*point de l'esprit*» qu'André Breton, dans le *Second Manifeste du Surréalisme*, avait décrit comme l'objet de sa recherche : « *Tout porte à croire qu'il existe un certain point de l'esprit d'où la vie et la mort, le réel et l'imaginaire, le passé et le futur, le communicable et l'incommunicable, le haut et le bas cessent d'être perçus contradictoirement.* » C'est enfin, consciemment ou non, l'horizon du cinéma de Jacques Rivette.

Cependant, malgré l'omniprésence du raga indien dans la bande-son, *Paris nous appartient* ne participe pas encore du consentement au monde. *Paris nous appartient* ne retourne pas au temps comme les fleuves à la mer. Mais il l'annonce. *Paris nous appartient* tend vers le fleuve comme une main vers le secret.

« *Cette fin, au lieu de tourner à la conclusion, représente plutôt une ouverture* », dira Rivette dans une interview accordée à Michel Mardore. «*J'avais voulu tout dire, et j'en ai trop dit. Les idées sont trop soulignées, cela manque d'élégance. Mais je faisais ce film aussi pour qu'il me fasse. Je crois qu'il fallait cette épreuve, ces portes ouvertes et fermées, ces escaliers montés et descendus, bref toutes ces démarches inutiles, ce long effort dans un labyrinthe, pour rendre sensible le cheminement de la vérité.* »

Lorsqu'il décrit le cinéma des autres, Jacques Rivette a un vocabulaire philosophique, qui tend vers l'abstraction, et un mouvement dialectique très sûr, apaisé ; lorsqu'il parle du sien, il s'exprime en poète, anxieux, et il produit des images. Ces portes ouvertes et fermées, ces escaliers montés et descendus, ce long effort dans un labyrinthe : spontanément, lorsqu'il décrit le chemin vers son premier film, Jacques Rivette retrouve peut-être sans le savoir le ton et la terminologie des poètes du *Grand Jeu*. En particulier de Roger Gilbert-Lecomte : « *Chute du ciel aux souterrains : maintenant ce sont les portes juives, les portes qui s'ouvrent indéfiniment sur des portes qui s'ouvrent jusqu'au fond de quoi ? Au-devant voici, voyageur des files infinies de couloirs aux courants d'air glacial, le gardien du seuil, lueur astrale et tremblée d'un corps décapité.* »

La Nouvelle Vague ne se réclamait pas du surréalisme, pourtant. Encore moins du *Grand Jeu* : cette revue de « *métaphysique expérimentale* » restée dans l'ombre du mouvement dirigé par André Breton alors qu'elle incarnait une plus grande radicalité encore dans la révolte et dans l'exploration d'une poésie visionnaire proche en l'esprit des Sans Roi. Une poésie qui ne se donnait pour « *seule justification* » que la « *lutte contre l'amnésie* ».

Dès les années 1920, Roger Gilbert-Lecomte était conscient du caractère caduc de la poésie. Caduc d'un point de vue social ou culturel : « *Je crois qu'il est impossible de se dissimuler que la poésie joue de jour en jour un rôle moins important, plus réduit dans l'ensemble de la vie intellectuelle.* » Mais c'est parce qu'il avait une autre fonction à lui attribuer : « *Grâce à l'esprit discursif, les mathématiques modernes sont sorties des spéculations mystiques que faisait sur les nombres l'école de Pythagore, l'astronomie est née de l'astrologie, la chimie de l'alchimie, l'exégèse de l'étude des dogmes religieux. Et tout le XIX*e *siècle s'est enor-*

gueilli de la consommation de ce qu'il appelait progrès. Il a seulement oublié que l'astrologie contenait en puissance non seulement l'astronomie, mais autre chose en plus qu'on a laissé de côté. De même pour l'alchimie, l'astrologie, les mathématiques et toutes les connaissances antiques. Il s'agirait aujourd'hui – et c'est là pour moi le rôle futur de ce que j'appelle la poésie – de reprendre tous ces éléments irréductibles à la raison discursive, ou ce qui, dans les sciences anciennes, dans les superstitions, a été jusqu'ici écarté, laissé de côté comme un résidu inemployable. »

Avec sa revue *Le Grand Jeu*, Roger Gilbert-Lecomte voulait tout simplement changer le regard qu'on peut avoir sur la raison pour laquelle nous lisons les poètes. Pour Lecomte, nous lisons les poètes pour nous souvenir – pour nous souvenir de qui nous sommes. Nous lisons par faim de vie réellement vécue – par faim de l'unité primordiale perdue dans le monde de la multiplicité.

« *L'art n'est pas un but* », écrivait Roger Gilbert-Lecomte, « *ne peut pas être un but car il n'en existe qu'un, c'est le retour à l'unité primordiale. L'art sera un moyen parmi d'autres – pour certaines personnes – d'arriver à ce but. Un beau tableau, un beau poème est triste comme un beau souvenir qu'il vous est impossible de revoir. C'est que les beautés terrestres ne sont que les images atténuées, les reflets un peu perdus d'une autre beauté. Cette autre beauté vous la pressentez ou bien vous vous la rappelez. D'ailleurs quand on quitte le plan terrestre se rappeler ou pressentir c'est la même chose car les conditions temporelles de passé et d'avenir ne sont que les illusions de nos sens déformants. L'important c'est le postulat de cette beauté à la réalité transcendantale.* »

Le Grand Jeu prétendait alors se rattacher au « *courant de pensée védantiste, héraclitéen, gnostique, néoplatonicien, hégélien, ce grand courant hérésiarque qui s'est développé parallèlement à la pensée officielle de l'Occident, aristotélicienne et thomiste a été éclipsée par elle jusqu'ici et doit maintenant prendre sa revanche* ».

Mais quand *Le Grand Jeu* apparaît, avec ses deux poètes principaux René Daumal et Roger Gilbert-Lecomte, en 1928, le surréalisme a déjà quatre ans. Et André Breton onze ans de plus que Roger Gilbert-Lecomte. Les Grands Joueurs n'auront que deux interlocuteurs chez les surréalistes : Antonin Artaud et Robert Desnos. Encore Desnos et Artaud ne seront-ils pas surréalistes très longtemps. Ils en sont même exclus avant que Breton ne rencontre leurs petits frères. Jacques Rivette a peut-être connu *Le Grand Jeu* par Jean Paulhan, qui était un de ses auteurs de prédilection et qui y avait accordé, comme à Antonin Artaud, la plus grande attention. Il n'a jamais parlé du *Grand Jeu*, mais la poésie de son cinéma sera susceptible de provoquer chez son spectateur un souvenir et une faim comparables.

Mêlant hégélianisme et « gnosticisme », Roger Gilbert-Lecomte avait écrit en 1933 dans « Le cinéma, forme de l'esprit » des lignes mémorables où la dialectique était utilisée contre elle-même pour dissoudre les frontières visibles entre les mondes intérieur et extérieur : « *Que la vision du cinéma soit un rythme, c'est-à-dire un mouvement lié à l'absence, cela constitue la première condition qui nous permet d'envisager l'avenir possible du cinéma dialectique, du cinéma forme de l'esprit. Voici la seule mais immense raison d'être du cinéma : médiateur entre l'esprit et la nature il peut exprimer en mouvement et sous formes sensibles le devenir des formes de l'esprit.* »

Il était évidemment très proche des sensations qu'Antonin Artaud avait lui-même exprimées en 1927 : « *Le cinéma est essentiellement révélateur de toute une vie occulte avec laquelle il nous met directement en relation.* » Et bien sûr Robert Desnos qui, dès 1923, pouvait dire : « *Nous allons dans les salles obscures chercher le rêve artificiel et peut-être l'excitant capable de peupler nos nuits désertées.* »

Mouvement lié à l'absence, médiateur entre l'esprit et la nature, révélateur de toute une vie occulte avec laquelle il nous met en relation et capable de peupler nos nuits désertées, le cinéma ultérieur de Rivette viendra prolonger le mouvement secret de *Paris nous appartient*. Mais il continuera à charrier dans son cours les thèmes presque imposés de « Balzac » et du « complot ».

Pourtant, dès le début, ce n'est pas simple. Contrairement aux apparences, le jeune Rivette, à la différence des autres membres de la Nouvelle Vague, n'est pas, selon ses dires, un « balzacien ». Il est même paradoxalement celui pour qui la référence à Balzac est la moins évidente.

C'est ce qu'il révèle tout d'abord dans un entretien donné en 1980 à la télévision allemande : « *Balzac est un auteur que je n'ai lu qu'assez tardivement mais Éric Rohmer m'en parlait beaucoup. Lui, c'était un vrai connaisseur de Balzac. J'essayais de le lire, je n'y arrivais pas. C'est seulement il y a une dizaine d'années que brusquement… Un soir, une nuit… Le titre me plaisait depuis longtemps :* Une ténébreuse affaire. *J'ai foncé dans cette* Ténébreuse affaire *que j'ai lue comme un roman policier. C'est effectivement un roman policier. Tout à fait étrange, tout à fait bizarre. Dont l'énigme reste presque secrète. La solution est juste glissée dans la dernière page en une phrase où on parle d'autre chose… J'ai trouvé ça extraordinaire. Ça a été la porte avec laquelle j'ai pu tout enchaîner, en en lisant d'autres.* »

Puis en 1996 dans un entretien donné à *La Nouvelle Revue Française* : « *Il faut lire attentivement Balzac pour comprendre de quoi il s'agit, car c'est un auteur mystérieux, qui cache les choses vraiment importantes. Certains de ces éléments cachés appartiennent au "complot", d'autres sont d'ordre sexuel : mais surtout quand il était jeune, il a vraiment lu les philosophes. Il y a, chez Balzac, les fulgurances de quelqu'un qui porte une métaphysique dans la tête.* »

Enfin, dans un entretien accordé aux *Inrockuptibles* en 2007 : « *J'avais* La Comédie humaine *en entier, mais par quelque bout que je la prenne, elle me tombait des mains. Et puis j'ai découvert* Une ténébreuse affaire. *Et ça m'a donné une clé invisible, dont je ne sais même pas comment elle a fonctionné. L'important, c'est qu'ensuite j'ai pu me plonger dans l'œuvre. C'est un auteur qu'il ne faut pas forcer, il faut prendre son temps. Et surtout, il faut le lire mot à mot. Chaque mot est important chez Balzac.* »

Comme Balzac, il faut écouter Rivette au mot près. Balzac est donc un auteur que Rivette n'avait pas lu à l'époque de *Paris nous appartient*. C'est un auteur qu'il a mis très longtemps à pouvoir aborder, et dans lequel il est entré par *Une ténébreuse affaire*. Et ce roman est la porte par laquelle il est entré dans Balzac. Elle lui a donné une clé pour lire l'ensemble de son œuvre, et c'est une clé invisible dont il ne sait même pas comment elle a marché.

Mais quelle est cette porte et quelle clé lui a-t-elle donné ? Publié en 1843, *Une ténébreuse affaire* s'inspire librement de l'affaire de l'enlèvement de Clément de Ris, sénateur et ancien maître d'hôtel de la reine sous l'Ancien Régime. Enlèvement attribué à deux chouans, Auguste de Canchy et Jean de Mauduison. *Une ténébreuse affaire* déplace le récit de Beauvais à Archos-sur-Aube et Clément de Ris y devient le sénateur Malin. Au début du roman, on découvre le régisseur du domaine de Gondreville, attribué par Fouché au sénateur Malin : un roux barbu et hirsute nommé Michu, connu comme Jacobin ardent, mais qui préserve secrètement les biens de ses anciens maîtres, les Simeuse, guillotinés pendant la Révolution, et de leurs enfants, des jumeaux qui avaient émigré et sont rentrés clandestinement. Michu cache les jumeaux Simeuse dans une grotte cachée sous les restes d'un ancien monastère. Il est méfiant : deux espions de Fouché, Corentin et Peyrade, traînent dans le périmètre. Il y a aussi Laurence de Cinq-Cygne, cavalière splendide et fière, qui était encore enfant lorsque les Simeuse furent arrêtés et guillotinés. Hébergée par ses tuteurs, les Hauteserre, elle fait passer en secret des messages aux Simeuse. Malin est enlevé, et les soupçons se tournent vers les Simeuse et les Hauteserre. Corentin fait arrêter Michu. Laurence de Cinq-Cygne essaie bien de négocier le sort du pauvre Michu avec Napoléon, la veille de la bataille d'Iéna, en vain. Michu est exécuté. Cette « *ténébreuse affaire* » reste longtemps inexpliquée et inexplicable. À l'instar de Rivette, Balzac parle alors d'ailleurs d'une clé au sujet de cette « *affaire mystérieuse* ». Une « *clé* » qui se trouve « *dans les mains du Temps.* » En effet, les détails du véritable complot sont racontés des années plus tard, par un des Treize, Henri de Marsay, devenu Premier ministre, dans le salon parisien de la princesse de Cadignan. Derrière l'enlèvement de Malin, il y avait en réalité Fouché et ses deux fameux espions.

Le roman de Balzac s'inspire d'une hypothèse alternative concernant l'enlèvement de Clément de Ris. Ce dernier avait participé aux préparatifs faits par Fouché, alors ministre de la Police, pour déposer Napoléon si la campagne d'Italie se terminait par une défaite. La victoire de Marengo ayant mis fin à ce projet, Balzac privilégie l'hypothèse que le mystérieux enlèvement du sénateur ait été en réalité une opération de police secrète.

Bref, si rien n'est réductible à une opposition entre théorie du complotisme et terrorisme du complot, c'est que tout est argent, plaisir... et police. Pour s'en rendre compte, il faut pénétrer dans les arcanes d'un salon parisien où tout sera dit lorsque plus personne n'y pensera plus. Tout est une question de disposition dans l'espace comme dans le temps. Il y a un lieu d'où l'on peut tout voir, tout savoir, tout comprendre. Comprendre un sujet est d'abord une question de position. Comme le dit très simplement la troisième phrase de l'énigme d'*Out 1*, pour cela, il faut savoir se *placer où l'on doit être*.

Voilà pour la référence à Balzac. Venons-en à la thématique du complot qui semble toujours plus embarrasser Rivette que le réjouir.

Dans l'entretien de 1980 à la télévision allemande, Jacques Rivette revient sur son rôle dans *Paris nous appartient* : « *C'est une chimère dans la tête de ce journaliste américain qui l'aide à accepter tous les malheurs qui lui sont arrivés et qui font qu'il ne va pas bien. Il invente qu'il y a une "conspiration universelle" contre lui. Cette organisation, c'est purement un rêve de notre ami Philip parce que ça l'arrangeait. Il y en a d'autres mais elles ne sont pas du tout secrètes, elles sont claires et nettes. C'est toutes les formes de police, d'église ou de parti, ça n'a rien de secret, et c'est ça qui est dangereux. C'est la seule chose que j'ai essayé de faire comprendre au spectateur.* »

Puis, toujours pour la télévision allemande, en 1980 : « *Quand je lis que je suis obsédé par le complot, ce n'est pas vrai. Je suis la personne au moins la moins obsédée par les complots ! Je n'y crois pas une seconde. C'est des histoires que les gens se racontent. C'est "les juifs". C'est "les Arabes". C'est qui on voudra. C'est des gens qui veulent une explication universelle de tout. Ils n'acceptent pas l'idée que le monde est incompréhensible. À partir de ce moment-là, on invente des complots, on invente des religions. Les gens sont prêts à inventer n'importe quoi. Ils veulent une explication. Ils n'acceptent pas le fait qu'il n'y en a pas.* »

Mais ce que Rivette ne mentionne pas dans cet entretien, c'est qu'il y a eu, dans l'entourage de la Nouvelle Vague des débuts, à l'instar des dandys « anarchistes de droite » comme Paul Gégauff auxquels le personnage de Bernard peut faire penser, une figure de terroriste du complot, et de surcroît d'origine roumaine (comme le personnage joué par Rivette ou par quelqu'un qui lui ressemble), dont la mentalité n'était pas très éloignée de celle de Philip Kaufman. Il s'agit, bien entendu, de Jean Parvulesco.

Né en Roumanie, ayant fui le régime communiste en 1948 en traversant le Danube à la nage, arrêté en Yougoslavie et expédié dans un camp politique de travaux forcés près de Tuzla dont il s'échappera pour rejoindre clandestinement l'Autriche, Jean Parvulesco arrive à Paris en 1950 et s'inscrit à la Sorbonne tout en fréquentant les cinéphiles de l'époque.

C'est à cette époque qu'il rencontre les jeunes Rohmer et Godard. Rohmer qui sera son ami et même un de ses mécènes toute sa vie et le fera apparaître comme figurant dans plusieurs de ses films, lui donnant carrément un petit rôle dans *L'Arbre, le maire et la médiathèque* en 1993, son film le plus ironique sur les conséquences politiques d'un rapprochement entre écologie et socialisme. Godard qui donnera le nom de Parvulesco à l'écrivain joué par Jean-Pierre Melville dans *À bout de souffle*. Il fera également une apparition dans *Maîtresse* de Barbet Schroeder. Il est mort en 2010.

Résumer la trentaine de livres publiées par Jean Parvulesco en une poignée de lignes est évidemment impossible. On trouve de tout dans les livres de Parvulesco : des conspirations politiques, de l'occultisme, de l'histoire secrète, du *name-dropping*, des souvenirs tenant partiellement de l'anecdote mémorable et partiellement de l'hallucination, des références à l'univers du roman fantastique, beaucoup de sexualité déviante à tendance partouzarde et sadomasochiste, le tout dans un style superlatif, contradictoire, rempli d'adverbes et la plupart du temps pas rigoureusement relu par ses éditeurs. Ajoutons qu'il a été militant pro-Algérie française, admirateur de l'OAS, membre du Mouvement nationaliste révolutionnaire (MNR) d'inspiration fasciste, puis proche du GRECE et, dans ses dernières années, partisan fervent, quoique fondamentalement fantaisiste, de l'Eurasisme, consacrant un de ses derniers ouvrages à Vladimir Poutine. Il s'est toujours dit, avec provocation, certes, mais beaucoup de constance, « *à l'extrême droite de l'extrême droite* ». Et il a presque toujours utilisé l'expression « *les nôtres* » pour parler de ceux qu'il associait à son combat : une expression qu'on entend assez frauduleusement au sujet de Juan dans la bouche d'une invitée dans la soirée de Bernard.

« *Bien qu'appartenant (ou croyant appartenir) à un bord politique diamétralement opposé à celui de Parvulesco, Jacques Rivette restera durant toute son œuvre fidèle à la trame balzacienne, donc parvulescienne, avec cette différence que le mécréant Rivette penchait pour le Balzac d'*Histoire des Treize, *alors que le croyant Parvulesco en tenait plutôt pour* L'Envers de l'histoire contemporaine », dira le critique de cinéma et membre du GRECE Michel Marmin.

Interviewé en 2010, Parvulesco déclarera au sujet de la Nouvelle Vague : « *Ce groupe a toujours été d'extrême droite, sauf Rivette. Bien sûr, rien n'était crié sur les toits, mais dans notre baratin, entre nous, c'était clair. Gégauff l'était par pose ; Godard par dandysme ; Truffaut était fasciné par les collaborateurs, de véritables héros pour lui, Rohmer était un grand mystique, catholique et royaliste. Quand, quelques années plus tard, il a fallu montrer sa sensibilité politique au grand jour, ils se sont tous débinés, c'était instinctif chez eux, et le ton d'extrême droite s'est effacé.* »

C'est quelque chose que Parvulesco avait même affirmé dès 1960 dans *Primer Plano*, une revue phalangiste espagnole : « *Ni progressistes, ni décadents, ni communistes, ni érotomanes, ni psychopathes, ni pornographes, les éléments essentiels de la Nouvelle Vague du cinéma français (Godard, Rohmer) se montrent au contraire et brutalement, sans déviation, des combattants nationaux, profondément déchirés par les problèmes de la foi et même simplement fascistes.* »

C'est évidemment plus que discutable. Truffaut et Godard, partis d'un milieu où le dandysme entraînait une adhésion aussi vague que provocatrice à certaines idées de droite, se sont clairement engagés à gauche dans le courant des années 1960. Les accuser de s'être « *débiné quand il aurait fallu montrer leur sensibilité politique au grand jour* » est de l'ordre du procès d'intention. *A contrario*, Éric Rohmer a parfaitement assumé, lui, sa sensibilité catholique et royaliste dans son cinéma, en particulier dans un de ses derniers films, *L'Anglaise et le Duc* (2001), dans lequel les révolutionnaires sont dépeints, uniformément et sans nuance, comme des brutes et Grace Elliott, une monarchiste écossaise restée fidèle à Louis XVI, apparaît comme un modèle d'héroïsme et de vertu.

Quant à la « *fidélité* » de Rivette (qui fait des phalangistes les assassins de Juan dans *Paris nous appartient*) à la « *trame* » de Parvulesco (qui publiait ses éloges de la Nouvelle Vague dans une revue phalangiste), elle n'apparaît guère que dans cette unique interview de Michel Marmin. Marmin qui, en 2019, dira de Godard qu'il est demeuré « *intrinsèquement fasciste* ». Ce n'est pas du tout ce qui ressort de la biographie d'Éric Rohmer écrite par Antoine de Baecque et Noël Herpe et publiée en 2014. « *Jacques Rivette* », écrivent les deux biographes, « *refuse de croiser dans les bureaux des* Cahiers du cinéma *certains vieux amis de Rohmer, notamment Jean Parvulesco.* »

En février 1962, trois mois après la sortie de *Paris nous appartient*, un article magnifique, complexe et dense, est publié dans *Les Cahiers du cinéma* : « L'idée maîtresse ou le complot sans maître ». Son auteur est Michel Delahaye, et il se placera suffisamment où il doit être pour apparaître dans les deux films suivants de Jacques Rivette : *L'Amour fou*, où il fait partie de la troupe dirigée par Jean-Pierre Kalfon qui répète *Andromaque*, et *Out 1* où il joue le rôle clé de l'ethnologue.

L'article de Michel Delahaye est particulièrement intéressant parce qu'il ne se contente pas de célébrer toutes les qualités narratives et formelles du film. Il traite directement du sujet qui sera amené à devenir si brûlant quarante ans plus tard en France : l'opposition entre terrorisme du complot et théorie du complotisme, mais, plus encore, leur complicité, leur solidarité dans la chaîne des événements, nourrissant la possibilité d'un fascisme à venir.

Comme l'écrit Michel Delahaye : « *Tout dépend de l'Idée en fonction de laquelle nous choisissons d'interpréter les faits, de la grille que nous utilisons pour déchiffrer le cryptogramme qu'ils composent. Dévorante idée qui, faisant fi de la complexité du réel, ramène tout à elle suivant un schème univoque et se traduit sous la forme de deux délires antithétiques d'interprétation. C'est entre ces deux pôles que nous fait osciller le film. Avons-nous affaire à des mytho-*

manes réalisant leur délire d'organisation ou à une organisation réalisant, grâce à eux, son mythe ? Imaginent-ils le complot ou le complot les imagine-t-il ? Projettent-ils leur folie sur le monde ou le monde sur eux ? »

À l'impossibilité de sortir du labyrinthe par l'opposition de ces deux chemins, Michel Delahaye substitue l'authentique pression par laquelle le monde est dirigé : l'argent. « *Ne vivons-nous pas dans un monde organisé en fonction, vivant sous la pression – occulte ou non – de l'argent ? Et l'ensemble des forces qui visent – expressément ou non – à nous maintenir sous sa domination, n'est-ce pas là un des visages – le mot nous est donné à la fin comme une clef – du fascisme ?* »

Si l'on suit le Balzac des *Treize*, on ajoutera le plaisir (et Degeorges ne nous dira pas le contraire). Mais oui, Michel Delahaye a raison : nous vivons sous la pression de l'argent, et c'est un des visages du fascisme. Car si, à l'analyse impeccable de Delahaye, nous associons les deux principaux mouvements, marxiste de droite et nietzschéen de gauche, dans leur impuissance croisée depuis plus d'un demi-siècle à détruire le capitalisme, tout cela, comme dirait Alice dans *De l'autre côté du miroir* de Lewis Carroll, ressemble tout à fait à une « *devinette qui n'aurait pas de réponse* ».

À la pression de l'argent, Michel Delahaye oppose l'art comme une forme d'action qui n'est soumise ni à l'aléatoire ni au complot. Il faudrait voir dans les dernières images du film, où la petite troupe, menée désormais par Jean-Val, décide de reprendre les répétitions de *Périclès*, la réponse du film aux pressions exercées par l'argent, le plaisir et les polices.

« *Conçu primitivement sous la forme d'une conjuration, d'une appropriation magique de l'univers, l'art demeure la voie par excellence qui permet la conquête de soi et du monde. L'art, délire d'interprétation, est aussi la voie royale de l'action.* »

Et voilà peut-être en quoi le visage d'Antonin Artaud, apparu précédemment dans le film, peut bien, en effet, nous faire signe.

Car il s'agit, dans *Paris nous appartient*, de l'art envisagé sous la forme du théâtre. Mais c'est un théâtre qui n'est pas celui de la représentation théâtrale. C'est un théâtre qui se situe à un niveau beaucoup plus fondamental dans le fonctionnement des êtres. Un théâtre qui ne s'évalue pas en termes de productions scéniques ou de résultats publics mais en termes de transformation de l'être et de résistance à la société.

C'est le théâtre qu'Antonin Artaud a promulgué toute sa vie. De livre en livre, de lettre en lettre. Théâtre qui n'a pas seulement été entrevu par lui mais, à défaut d'être produit sur une scène, réalisé *à même sa chair*.

C'est le Théâtre de la Cruauté, le vrai Théâtre Sans Roi.

Comme écrit Antonin Artaud à Jean Paulhan le 14 novembre 1932 : « *J'emploie le mot de cruauté dans le sens d'appétit de vie, de rigueur cosmique et de nécessité implacable, dans le sens gnostique de tourbillon de vie qui dévore les ténèbres, dans le sens de cette douleur hors de la nécessité inéluctable de laquelle la vie ne saurait s'exercer ; le bien est voulu, il est le résultat d'un acte, le mal est permanent.* »

Sans surprise, on retrouve une conception du monde qui n'est pas du tout étrangère à celle des « cathares ». « Cathares » auxquels Artaud se référera notamment dans une conférence anticolonialiste donnée au Mexique le 1er novembre 1936 et intitulée « L'éternelle trahison des Blancs » : « *Lorsqu'en Europe il y a eu des guerres de religion, c'est toujours contre l'éternelle unité de l'esprit qu'elles se sont faites. La guerre des Albigeois se fit contre les partisans de la vie unitaire.* » Mais aussi dans une lettre à Jean Dequeker en avril 1945 : « *Avoir des enfants à cette heure et dans le corps que nous avons est un crime. C'est le fond de la doctrine cathare mais c'est la mienne intégralement.* »

Virginie Di Ricci a parlé du Théâtre Égyptien comme la matrice du Théâtre de la Cruauté d'Antonin Artaud : « *N'en déplaise aux tenants du miraculeux commencement grec, dans l'Égypte ancienne le théâtre existait. Il était joué devant les temples par des mimes/acteurs. Il se jouait dans la conception de la mort comme passage à son Ka. Le Ka, c'est le double du moi – moi le mort. Il vit sur le plan magnétique. Il a un aspect transindividuel. Or il est mortel. Pour échapper à la seconde mort et entendre le Ka dire : "je suis vivant", les Égyptiens opéraient la momification du cadavre et pratiquaient l'ouverture de la bouche de la momie. Passer à son Ka nécessitait du moi qu'il se dégage de son ombre maléfique, laquelle si elle était trop chargée pouvait l'entraîner dans les mondes souterrains.* »

Le Théâtre de la Cruauté n'est pas celui qu'Artaud aura mis en scène dans *Les Cenci* en 1935. C'est celui qu'il a vécu toute sa vie après 1935. Le Théâtre de la Cruauté, c'est Artaud au Mexique, participant aux rites du Tutuguri et du Ciguri, entrant dans un cercle et une transe où il rencontrera son Double. C'est Artaud perdant son identité, écrivant *Les Nouvelles Révélations de l'être* à son retour à Paris et partant en Irlande sur les traces des anciens druides. C'est Artaud arrêté pour trouble à l'ordre public en septembre 1937, embarqué de force sur un paquebot américain et remis aux autorités françaises au Havre qui le conduisent à l'hôpital général dans une camisole de force.

C'est Rodez, les électrochocs du docteur Ferdière, et la réappropriation du langage poétique dans une traduction-variation conflictuelle d'un chapitre de *L'autre côté du miroir et ce qu'Alice y trouva* : *L'Arve et l'Aume, tentative anti grammaticale à propos de Lewis Caroll et contre lui.*

Et, les toutes dernières années, c'est cette frénésie d'écriture, de créativité poétique, des *Lettres de Rodez* en avril 1946 à *Pour en finir avec le jugement de Dieu* en février 1948. Sans compter les quatre cents petits cahiers d'écolier remplis de textes et les lettres indénombrables à tous ses proches.

C'est ce théâtre dont il parle dans une lettre à Colette Thomas datée du 15 mars 1946 : « *Et je suis sûr pourtant que [...] vous et moi nous retrouverons dans le foyer, non pas de la Comédie-Française, de l'Athénée, du Vaudeville ou du Théâtre Stanislavski ou Meyerhold, mais d'un théâtre à même la terre et la matière où les bûches des mots sont des bêtes qui toutes éclatent en sanglots.* »

C'est un théâtre « *sans spectateurs, ni scènes, avec uniquement des acteurs* », écrit Artaud dans *Le Corps humain* en 1947. C'est un théâtre dans lequel « *on ne joue pas, on agit* », écrit Artaud à Paule Thévenin en février 1948. Et ce théâtre s'oppose à la magie noire de la religion capitaliste. Il la rend impuissante, obsolète et sans charme.

C'est un théâtre analogue, « *à même la terre et la matière* », « *sans spectateurs, ni scène* », « *où on ne joue pas, on agit* », qui apparaît à la fin de *Paris nous appartient* et est donné à Anne et au spectateur comme la réponse de Jean-Val aux pressions exercées par l'argent, le plaisir et les polices.

La place où l'on doit être, c'est la marge.

Ni avant ni pendant ni après

(Du *Langage des Oiseaux* à Jean-Jacques Rousseau)

En 1876, Lewis Carroll publie *La Chasse au Snark*. On considère généralement ce poème comme le troisième chef-d'œuvre de l'auteur d'*Alice au pays des merveilles* (1865) et de *De l'autre côté du miroir et ce qu'Alice y trouva* (1871). Ce qui est certain, c'est qu'il émane de ce poème narratif à la fois un charme envoûtant, un humour ravageur et un contenu extrêmement anxiogène.

La Chasse au Snark raconte le voyage d'un équipage hétéroclite, composé d'un capitaine (*Bellman*), un garçon d'étage (*Boots*), un marchand de bonnets (*Bonnets*), un avocat (*Barrister*), un courtier en valeurs (*Broker*), un marqueur de billard (*Billiard*), un banquier (*Banker*), un castor (*Beaver*), un boulanger frappé d'amnésie qui ne se souvient même pas de son nom (*Baker*) et un boucher (*Butcher*). Ils sont à la poursuite d'une créature mystérieuse, imaginaire : le Snark. C'est une poursuite vouée à l'échec, même si cet étrange poème fut, lui, un très grand succès littéraire : vingt mille exemplaires vendus l'année de la publication ; dix-sept éditions entre 1874 et 1908.

« *Le bon coin pour le Snark !* », dit le capitaine et il le dit trois fois, puisque : « *Ce que je dis trois fois est absolument vrai.* » Pour cette recherche, il s'oriente à l'aide d'une carte absolument vierge, et quand l'équipage débarque sur la terre aride où le Snark est supposé habiter, le capitaine fait à son équipe la liste de ses caractéristiques : son goût (« *maigre et perfide, mais croquignolet* »), son habitude de se lever tard (« *pour déjeuner, le Snark attend l'heure du thé et il ne dîne guère avant le jour suivant* »), sa lenteur d'esprit (« *en sa présence, si vous plaisantez un jour, le Snark soupirera comme une âme en détresse* »), sa passion des cabines de bains (« *qu'il véhicule avec lui constamment* ») et son ambition. Enfin, certains Snark ont des plumes, d'autres mordent et, si les Snarks sont tous sans méchanceté, « *certains sont des Boojums* ». Ce dernier détail fait s'évanouir de peur le boulanger, car son oncle lui avait dit « *Gare au jour où ton Snark sera un Boojum [...] Soudain, tout doucement, toi, tu disparaîtras, et jamais, jamais plus on ne te reverra.* »

Le récit s'achève sur le boulanger découvrant le Snark en haut d'un rocher. On l'entend hurler « *C'est un Boo...* » suivi d'un soupir qui pourrait être : « *jum !* », à moins que ce soit seulement le son de la brise. Le boulanger a déjà disparu, s'est évanoui dans l'air subtil. « *Car le Snark* était *un Boojum, voyez-vous* », dit le vers qui achève le poème.

Ce dernier vers est le premier que Lewis Carroll a imaginé pour ce poème, rédigeant, dira-t-il, l'ensemble pour aboutir à celui-ci. Lewis Carroll aurait composé *La Chasse au Snark* pour son cousin et filleul, Charlie Wilcox, atteint de tuberculose. Il a peut-être également été inspiré par la mort soudaine de son oncle, Robert Wilfred Skeffington Lutwidge, inspecteur d'asiles psychiatriques, en 1873.

On a dit tout et son contraire au sujet de *La Chasse au Snark*. On a voulu voir dans *La Chasse au Snark* une satire des controverses entre religion et science. D'autres supposèrent que le Snark était une allégorie de la personnalité humaine. Lewis Carroll n'a pas aidé son lecteur à deviner ses intentions. « *Quant à la signification du Snark* », écrira-t-il à un de ses correspondants, « *j'ai bien peur de n'avoir voulu dire que des inepties. Toutefois, voyez-vous, les mots ne signifient pas seulement ce que nous avons l'intention d'exprimer quand nous les employons : de sorte que la signification d'un livre doit certainement dépasser les intentions de l'auteur. Ainsi, toute signification satisfaisante que l'on peut trouver dans mon livre, je l'accepte avec joie comme étant la signification de celui-ci. La meilleure que l'on m'ait donnée est due à une dame (elle a publié son interprétation dans un journal), qui affirme que le poème est une allégorie représentant la recherche du bonheur. Je pense que cela "tient" admirablement à bien des égards.* »

On retrouve un récit du même type dans *Le Langage des Oiseaux* de Farid al-Din Attâr. Poème persan du

XIIe siècle, *Le Langage des Oiseaux* démarre au sein d'un pays plongé dans l'injustice et le chaos. Les oiseaux s'y réunissent et décident de partir à la recherche de leur roi, légitime mais caché. Ce n'est pas le Snark, mais le Simorg, et il réside dans un lieu inaccessible, la montagne de Qâf, qui n'apparaît sur aucune carte. Le chemin pour l'atteindre est inconnu, et jusque-là nul oiseau n'a eu assez de constance pour le trouver, quoique des milliers en aient régulièrement exprimé le désir. Une fois arrivés sur l'île où se situe la montagne de Qâf, les oiseaux doivent dépasser sept vallées et franchir sept mers d'où nul oiseau n'est auparavant revenu. Trente seulement arrivent jusqu'à la montagne de Qâf. Le chambellan de la grâce vient alors leur ouvrir la porte de l'alcazar du Simorg, et il ouvre encore cent rideaux, les uns après les autres. Ils constatent alors qu'ils sont eux-mêmes le Simorg et que le Simorg est chacun d'entre eux.

Il y a bien entendu de nombreuses différences entre *Le Langage des Oiseaux* et *La Chasse au Snark*, mais on peut noter les correspondances entre les deux textes : un groupe de personnes partent à la recherche d'un oiseau mythique ; cette quête les mène sur une île aride où ils traversent des épreuves ; à la fin l'oiseau mythique n'est pas concrètement visible. Dans l'un des cas, il est la somme des personnages qui sont arrivés à destination. Dans l'autre, la personne qui peut le voir disparaît aussitôt.

La Chasse au Snark sera directement cité dans un film des années 1970, qui évoquera également curieusement le « Langage des Oiseaux ». Ce film, c'est bien entendu le quatrième long-métrage réalisé par Jacques Rivette. C'est *Out 1* (1972), après *Suzanne Simonin, la Religieuse de Diderot* (1966) et *L'Amour fou* (1969). *Out 1* est un film qui n'aurait sans doute pas existé sans la rencontre du réalisateur avec un jeune producteur passionné, Stéphane Tchalgadjieff. Avec Jean-Pierre Kalfon et Bulle Ogier, deux acteurs géniaux ayant percé dans la troupe de Marc'O, *L'Amour fou* commençait déjà à étirer les possibilités narratives du cinéma : alternant les répétitions de théâtre et les scènes de vie intime, mêlant narration et improvisations, faisant du film *autre chose*. Pour ce qui est de la longueur de *L'Amour fou* puis celle d'*Out 1*, il semblerait que l'impulsion serait venue pendant la réalisation de *Jean Renoir le patron* où Rivette laissait déjà la conversation entre Renoir et Michel Simon s'éterniser. « *C'est là que l'intelligence cinématographique de Rivette est à son plus haut* », dira André S. Labarthe, « *lorsqu'il comprend que le personnage principal de son film n'est ni Renoir ni Simon, mais le Temps.* »

Avec *L'Amour fou*, Rivette va loin, mais il veut aller beaucoup plus loin. Il a déjà ce titre, *Out*, initialement prévu pour un autre film dont on ne saura rien. *Out* devient la formule « magique » du projet. Et le « 1 » est ajouté pour rendre possible une suite : « *Au cas où ça aurait eu beaucoup de succès, on aurait éventuellement fait la suite l'année suivante* », expliquera Rivette. Le récit se passe entre avril et mai 1970. Dans un entretien avec la télévision allemande en 1980, Jacques Rivette rappelle : « *Ce que le spectateur ne doit pas tout à fait oublier en voyant ce film, c'est qu'il a été tourné en avril et mai 1970. Deux années donc après certains événements qui avaient fait du bruit, pas seulement à Paris, mais dans toute l'Europe et même aux États-Unis.* »

Le film parle d'une époque de crise. Une époque où on attend le moment où l'action sera de nouveau possible. Même si on a beaucoup parlé à son sujet des romans d'Eugène Sue ou des feuilletons de Feuillade, auxquels Rivette emprunte une forme d'imaginaire parisien, son inspiration la plus directe semble venir de Jean Rouch. Mais d'un film de Jean Rouch qu'on n'a jamais vu, puisque c'est le bout à bout de onze heures de *Petit à petit*, avant un premier montage long (4h30) puis un deuxième montage court (1h40) qui est le seul que nous connaissions. Rivette a vu ce *Petit à petit* d'onze heures en été 1969, un jour où il faisait très chaud : « *Ça commençait à treize heures de l'après-midi, dans une petite salle de projection dans les Champs-Élysées, sans interruption jusqu'à minuit. Et c'était extraordinaire. J'étais tellement heureux de cette projection que, six mois après, quand on a commencé à avoir un projet, j'y ai repensé, à ce* Petit à petit, *à cette version* plus que longue. *C'est vraiment en pensant à Rouch qu'on est parti dans cette aventure. On a imité Rouch.* »

L'héritage de Rouch est implicite dans le personnage joué par Michel Delahaye : un ethnologue qui a d'abord décidé d'étudier le monde des descendants de colons à Madagascar puis, après que le CNRS a coupé ses crédits, est passé à l'idée d'étudier Paris et les « *rites d'initiation en France* ». « *J'avais proposé :* De la Sorbonne comme type d'initiation. *Ça a été pris comme un très mauvais gag* », explique le personnage à Béatrice, la jeune femme qu'il tente de séduire. À l'image du très mauvais gag de l'ethnologue, *Out 1* peut être vu comme un exercice de cinéma ethnologique concernant la faune parisienne du début des années 1970, une étude des rites d'initiation dans le monde culturel, et les relations unissant des metteurs en scène de théâtre, des hommes d'affaires, des magistrats, des architectes et des intellectuels. La dimension « primitive » de son travail créatif est totalement assumée par Rivette qui utilise toujours le terme de *bricolage* au sens de Claude Lévi-Strauss (« *utilisant des matériaux pour leur donner une autre signification que celle qu'ils tenaient de leur première destination* ») pour parler de sa méthode d'écriture. On retrouve aussi quelque chose des transes des *Maîtres-Fous* dans les improvisations du groupe de théâtre de Thomas.

Jacques Rivette dit avoir pensé à l'*Histoire des Treize* de Balzac peu de temps avant le début du tournage : « *C'est trois semaines, quinze jours avant le tournage d'*Out*, où on avait donc les quatre ou cinq personnages principaux. Je me suis dit : quand même, il nous manque un élément* *moteur dans cette histoire... Et brusquement j'ai pensé à cette formule : l'*Histoire des Treize. *Je connaissais juste le titre* Histoire des Treize. *Évidemment, j'ai tout de suite repensé à notre organisation de* Paris nous appartient. *Et j'ai lu la préface de Balzac. Juste la préface à l'*Histoire des Treize. *C'est tout ce que j'ai lu. J'ai lu la première des trois histoires,* Ferragus, *pendant le montage.* » À la continuation du travail amorcé dans *L'Amour fou*, l'influence de Rouch et sa transposition dans l'univers de la faune parisienne *underground*, *Out 1* ajoute cette dimension balzacienne. Et tous ces éléments annoncent étrangement un genre à naître cinquante ans plus tard : la série télévisée moderne. Là encore, c'est comme si la chose lui tombait dessus, malgré lui.

Out 1 est divisé en huit épisodes. Mais le récit n'est pas découpé dans un ordre chronologique très strict. On trouve un certain nombre de contradictions dans la continuité, en particulier dans une séquence où, dans ses circumnavigations autour de la place de la Bastille, le personnage de Frédérique croise celui d'Arsenal alors que des répétitions où apparait ce dernier se déroulent parallèlement dans plusieurs séquences. Il y a aussi quelque chose du bout à bout de fragments d'un récit impossible à contenir dans une expérience classique de visionnage. Il y a surtout quelque chose d'une énigme donnée au spectateur, comme celle que reçoit le personnage de Colin, et qu'il doit décrypter.

Le premier épisode d'*Out 1* est le plus difficile à regarder. C'est le plus lent et le moins bavard. Et le moins narratif. Soit le spectateur entre, mais alors comme il *entrerait en transe*, soit il n'entrera jamais. Il trouvera ça juste chiant et abandonnera le film. À partir du deuxième épisode, le récit devient de plus en plus prenant, jusqu'à devenir carrément palpitant à la fin des treize heures de film. *Out 1* est le seul film qui soit à la fois le plus ennuyeux et le plus haletant de toute l'histoire du cinéma.

Pour commencer, *Out 1* nous présente deux troupes : celle de Lili (Michèle Moretti) et celle de Thomas (Michael Lonsdale). Les deux troupes répètent chacune une pièce d'Eschyle, *Les Sept contre Thèbes* et *Prométhée enchaîné*, sans avoir l'intention de les produire sur scène – en quoi le film prolonge le geste éthique amorcé à la fin de *Paris nous appartient*. La troupe de Lili comprend quatre personnes : Élaine (Karen Puig) qui joue de la flute ; Quentin (Pierre Baillot), un homme-enfant qui demande tout le temps des bisous ; un type qui a plein de noms différents – Arsenal, Nicolas, Papa, Théo, Cœur-qui-tremble, François – joué par Marcel Bozonnet ; enfin, Marie, qui, dans les répétitions, va préparer le rôle du Messager, et qui est jouée par Hermine Karagheuz. C'est la première apparition d'Hermine Karagheuz dans un film de Jacques Rivette.

Entre deux répétitions, Arsenal retourne au milieu de son « arsenal », justement, qu'il a installé dans le local de répétition, avec des yaourts, des pinces à linge et des numéros des *Cahiers du cinéma*. Dans le premier épisode, Lili questionne Arsenal au sujet d'un certain M. Furstenberg, un vendeur de livres anciens : « *Est-ce un petit gros avec des lunettes ?* », lui demande Lili. Mais Arsenal n'a remarqué qu'une seule chose : Furstenberg possède les 13 volumes des œuvres en prose de Balzac (c'est la première mention de celui-ci au sein d'*Out 1*, et même du nombre 13). Pendant plusieurs épisodes, la troupe fait des exercices corporels et essaie de trouver une forme d'expression pour interpréter leurs répliques.

La troupe de Thomas s'inspire, elle, de Grotowski, du Living Theater et de Peter Brook, avec qui Michael Lonsdale avait travaillé en 1968. Ses acteurs sont au nombre de cinq : Béatrice (Edwine Moatti), Bergamote (Bernadette Onfroy), Faune (Monique Clément), Rose et Achille (Christiane et Sylvain Corthay). Dans le premier épisode, sur un bourdon qu'ils transforment progressivement en *Aum*, ils s'observent, s'allongent, puis, autour d'un mannequin rouge officiant comme idole, se mettent à faire des bruits semblables à des cris primaux d'Arthur Jdanov ou à ceux des singes de *2001, l'Odyssée de l'espace*. Au fur et à mesure des épisodes, ils feront des improvisations plus narratives : des « variantes » de Prométhée où il apparaît sous la forme d'un vieux gourou dégueulasse ou d'une déesse apolitique et violente. Après chaque improvisation, en fin de journée, le groupe fait de longs débriefs durant lesquels les acteurs commentent leurs sensations.

En dehors des deux groupes de théâtre, on suit le quotidien de deux marginaux. Il y a d'abord Frédérique, une petite voleuse qui arnaque des inconnus : un gars bourré, un footballeur, des voyous, des pornographes et un sosie de Marlon Brando qui lui casse la gueule. Frédérique est jouée par Juliet Berto, dont c'est, comme pour Hermine, la première apparition dans le cinéma de Jacques Rivette.

Entre deux coups, elle retrouve son meilleur ami homosexuel, Honeymoon (joué par le mari de Juliet, Michel Berto), qui lui parle de son attirance pour un jeune homme qu'il compare à un « *dessin de Cocteau* ». On voit régulièrement Frédérique dans sa petite chambre de bonne. Elle s'ennuie, lit des bandes dessinées, joue avec ses poupées, un faux pistolet, des couteaux. Elle chante des comptines et des petites chansons.

Et puis il y a Colin, joué par Jean-Pierre Léaud, qui fait la manche sur les terrasses des Champs-Élysées. Colin joue de l'harmonica devant les touristes, quasiment collé contre leur visage, et il leur tend une enveloppe avec une carte : « *Je suis sourd-muet et vous offre Le "Message du destin". Prix : 1 franc. Merci !!* » Dans ces enveloppes, que personne n'ouvre mais dont on découvre le contenu lorsqu'on le voit les préparer, Colin glisse des pages de livres déchirées au hasard, un peu comme un acte de bibliomancie. Les deux chambres de bonne, celle de Frédérique et celle de Colin, rappellent toutes les deux celle d'Anne dans *Paris nous appartient*. Colin et Frédérique sont un peu son petit frère et sa petite sœur. Un jour, en sortant de chez lui, Colin croise sa logeuse qui lui dit : « *Bonjour M. Maillard, comment allez-vous ?* » On comprend alors que Colin s'appelle Colin Maillard, ce qui est exactement ce à quoi le film va jouer avec nous. *Out 1* sera même un « *colin-maillard cérébral* » au sens d'Alfred Jarry.

Un jour où il fait la manche agressivement sur les Champs-Élysées, Colin est observé par Marie, du groupe de Lili. Elle l'observe longuement avant de lui donner une lettre. Elle est une « Messagère » elle aussi, comme dans la pièce d'Eschyle. Cette lettre est une citation de l'*Histoire des Treize* de Balzac. C'est un extrait de la préface : « *Réunis, le soir, comme des conspirateurs, ne se cachant aucune pensée, usant tour à tour d'une fortune semblable à celle du Vieux de la Montagne ; ayant les pieds dans tous les salons, les mains dans tous les coffres forts, les coudes dans la rue, leurs têtes sur tous les oreillers, et, sans scrupules [...]* » Colin rentre chez lui et trouve une deuxième lettre sous sa porte : « *Le lecteur, pendant quatre volumes, de souterrains en souterrains, pour lui montrer un cadavre tout sec, et lui dire, en forme de conclusion, qu'il lui a constamment fait peur d'une porte cachée dans quelque tapisserie, ou d'un mort laissé par mégarde [...]* » Il compare les deux lettres sur papier bleu et les accroche à son tableau noir. Enfin, c'est une troisième lettre qu'il trouve dans sa cage d'escalier. Celle-ci contient un étrange poème qui mêle à la fois les Treize et *La Chasse au Snark* de Lewis Caroll :

Deux chemins s'ouvrent devant toi
Treize pour mieux chasser le Snark

Place-moi comme je dois l'être
Ils n'auraient rencontré le Boo
Sainte fut notre ambition
Jum qui les vit s'évanouir
Au port où tu dois aborder
Passe le temps qui les gomma
Une main guidera la tienne
D'autres Treize ont formé un étrange équipage

L'existence d'une société secrète inspirée par les Treize, Frédérique l'apprend également de son côté dans une maison dans laquelle elle rencontre Étienne Loinod, un homme d'affaires joué par Jacques Doniol-Valcroze, qui reprend là son pseudonyme des *Cahiers du cinéma* et du *Coup du Berger*. Quand Frédérique le découvre, Étienne est en train de jouer aux échecs, seul. Comme elle n'y connaît rien (ou fait semblant de n'y connaître rien ; on ne sait jamais avec elle), il lui apprend les règles du jeu. Alors qu'il va lui préparer un cocktail, elle fouille le secrétaire à la recherche de trucs à chaparder.

Tout ce qu'elle trouve, ce sont des lettres. Des lettres qu'elle essaie de décrypter une fois rentrée dans sa petite chambre de bonne. Il y a une lettre d'une certaine Lucie Degraf datée du 10 mai où elle demande à Étienne d'emmener un certain Pierre chez un certain Warok pour décider d'un plan d'action. Une deuxième lettre de cette Lucie où elle dit qu'elle n'arrive pas à joindre Pierre. Une lettre du Pierre en question, en anglais, où il dit qu'il fait partie d'un nouveau groupe :

Les Compagnons du Devoir alias Les Dévorants. Une lettre d'un certain Igor de juin 1969 où il annonce son départ «*pour ce que tu sais*». «*Vu Pierre hier soir chez Warok*», ajoute Igor, «*il ne peut, quoiqu'il en dise, rompre avec les Treize. D'où discussion tardive, plutôt confuse. W. comme d'habitude nous donne raison et tort à tous les deux.*» Enfin, une autre lettre d'Igor, plus ancienne, datée de mars 1969 : «*Je crois que Pierre m'en veut un peu, comme si j'avais rompu le pacte.*»

On va vite comprendre que les personnages qu'on a déjà vus – Lili, Thomas, Étienne – font partie d'un groupe nommé les Treize. On en rencontrera d'autres : Lucie, Émilie, Sarah, Warok. On entendra beaucoup parler de Pierre et d'Igor, mais on ne les verra pas. On ne connaîtra les noms que de neuf d'entre les Treize. Qui sont les quatre autres ? On ne le sait pas. On ne le saura jamais. Mais c'est déjà beaucoup plus que ceux de Balzac.

Au début du troisième épisode, Colin va visiter un spécialiste de Balzac, joué par Éric Rohmer affublé d'une barbe postiche. Il est dans une pièce bizarre, avec un dessin de poisson collé au mur. Est-ce un signe ? On ne saura pas.

«*J'ai reçu votre lettre, vous me posez des questions un peu embarrassantes*», dit le balzacien. «*Vous me dites :* Qui sont les Treize ? *J'espère que vous avez lu l'*Histoire des Treize. *Vous savez que ces Treize sont les héros de trois récits. Vous savez que ces Treize finalement interviennent fort peu dans ces trois œuvres. J'aime beaucoup, dans*

*Balzac, le complot. Pour moi, c'est le nœud de l'œuvre balzacienne. Mais précisément ce côté de complot on ne le trouve pas paradoxalement dans l'*Histoire des Treize. *On ne voit que des interventions furtives et passagères…* » Les questions rédigées par le sourd-muet s'enchaînent, auxquelles le balzacien essaie de répondre.

« *Quel est leur rôle ?* »

Le balzacien répond que c'est un rôle de *deus ex machina.* Ce qui n'est pas faux, mais c'est un *deus ex machina* qui ne règle absolument rien.

« *Quelle est leur incidence sur l'ensemble de* La Comédie humaine *?* »

Le balzacien répond par la négative : « *On retrouve dans* La Comédie humaine *des personnages des Treize mais il n'y a plus allusion à leur appartenance aux Treize.* »

Pas faux non plus. Même si on pourrait finasser et dire qu'il en y a quelques-unes, mais qu'elles sont rares et subtiles.

« *Quels événements réels ont pu conduire Balzac à imaginer cette société secrète ?* »

Le balzacien est de plus en plus gêné : « *Tout et rien. La société secrète, ça existe. Mais est-ce qu'il a vraiment existé une société occulte telle que les Treize, c'est-à-dire faite uniquement pour favoriser les égoïsmes ? Est-ce qu'une telle société peut exister ?* »

Et puis soudain le balzacien convoque un autre roman de Balzac, *L'Envers de l'histoire contemporaine* : « *Alors que l'association des Treize est faire pour le vice et pour la satisfaction des intérêts personnels et égoïstes de chacun de ses membres, le but des personnages est de substituer à la conspiration permanente du Mal une sorte de conspiration du Bien.* »

Là, ça devient très intéressant. Dernier roman publié de son vivant par Balzac, *L'Envers de l'histoire contemporaine* (1848) clôt les « Scènes de la vie parisienne » de *La Comédie humaine*. Dans celui-ci, on suit l'initiation du jeune Godefroy au sein des Frères de la Consolation, qui se réunissent chez la baronne de la Chanterie afin de faire le bonheur des autres en utilisant les techniques des conspirateurs. Pour eux-mêmes, les membres des Frères de la Consolation ont trouvé « *le moyen de substituer une autre vie* » à leur vie : « *Quand les choses de la vie ordinaire ne nous ont pas donné le bonheur que nous en attendions, il faut chercher le bonheur dans la vie supérieure, et voici la clef d'un nouveau monde.* »

L'Envers de l'histoire contemporaine a souvent été analysé comme une anti *Histoire des Treize*. Et pas seulement par le spécialiste joué par Rohmer dans *Out 1*. Dès *Splendeurs et misères des courtisanes*, le roman était « *teasé* » ainsi par Balzac lui-même : « *L'auteur prépare comme contrepoids un ouvrage où se verra l'action de la vertu, de la religion et de la bienséance au cœur de cette corruption des capitales [...] En commençant les "Scènes de la vie parisienne" par les* Treize, *l'auteur se promettait bien de les terminer par la même idée, de l'association faite au profit de la charité comme l'autre au profit du plaisir.* » Mais rien, rien, rien n'est clair dans cette affaire.

Les Frères de la Consolation ont été assimilés aux jansénistes. Mais la balzacienne Anne-Marie Baron a démontré en quoi ceux-ci ressemblaient bien plus à une survivance des « cathares ». Et tout d'abord par leur nom : *Consolation*, rappelant le *Consolamentum* des Albigeois. La récurrence des termes « *bonhomme* » et « *parfait* » pour définir les personnages, s'ils ne résultent pas d'une opération volontaire, en dit beaucoup sur l'inconscient politique et spirituel de l'auteur. Puisque, derrière les Frères de la Consolation, ce que Balzac suggère, c'est l'idée de la survivance discrète de l'Église primitive, qu'il appelle la « *religion de saint Jean* », et qui fit, selon lui, « *l'objet des plus grandes persécutions de l'Église romaine* ». « *Politiquement* », écrira même Balzac à Mme Hanska, « *je suis de la religion catholique. Devant Dieu, je suis de la religion de saint Jean, de l'Église mystique, la seule qui ait conservé la vraie doctrine.* »

Mais qu'est-ce que « *la religion de saint Jean* » ? On se souvient qu'un terme similaire était apparu dans l'ouvrage du terroriste du complot Gougenot des Mousseaux : ces « *sectes dissidentes de gnostiques ou d'illuminés qui prétendaient rattacher leur foi à la tradition primitive du christianisme de saint Jean (nom de passe qui désigne le catholicisme de la révolte et de la magie)* ». Et même l'amie de Simone Weil, Simone Pétrement, dans *Le Dieu séparé*, son ouvrage consacré aux « origines du gnosticisme », émettra l'hypothèse qu'un courant incarné par l'évêque Apollos ait existé à l'époque des premiers chrétiens, qu'il ait été à l'origine de l'écriture de L'Évangile selon Jean, et que ce soit sa persécution par les courants tenant de Pierre et de Paul qui aurait donné naissance aux groupes marginaux ou aux individualités dites « gnostiques ».

Mais tout ceci est sans doute de l'ordre du rêve ou de la spéculation. Et la religion de saint Jean n'a pas besoin d'avoir existé pour que le véritable envers de l'Histoire – ancienne, présente, future – soit cependant cette perpétuation de l'esprit des Sans Roi au sein d'une société dont le fonctionnement leur est si profondément étranger, substituant une autre vie à la vie, traçant le pont de leur bonheur dans les marges de la « *grande cage de plâtre* ».

« *Avez-vous connaissance d'une autre association des Treize à l'époque actuelle ?* », demande enfin Colin.

Là, le balzacien n'a plus rien à dire : « *Ce n'est pas mon rayon. Des associations, ça existe. Il y en a. À commencer par les associations sportives et terminer par des associations de bienfaisance. Mais une association comme celle des Treize, ça me paraît assez étrange que cela puisse exister. Vous avez peut-être eu vent de quelque chose de ce genre ?* »

Enfin, curieusement, en voix-off, sur des images de Frédérique déambulant sur la place de la Bastille, on entend le balzacien continuer à parler : « *Je vais voir mon éditeur rue Coquillière. À propos de la rue Coquillière, il y a un passage très beau dans* Ferragus *précisément, cette histoire de ces gens qui sont sous un porche, vraiment admirable.* » En effet, au début du deuxième chapitre de *Ferragus*, Auguste de Maulincour se retrouve surpris par une averse alors qu'il traîne rue Coquillière : « *une de ces belles pluies qui grossissent tout à coup les ruisseaux, et dont chaque goutte fait cloche en tombant sur les flaques d'eau de la voie publique.* »

Oh la la. Il y a tant de non-dits dans cette apparition de Rohmer. Une association comme celle des Treize, nous avons eu vent de quelque chose de ce genre. Et la rue décrite dans *Ferragus* est celle des *Cahiers du cinéma*, sis 39, rue Coquillière à partir de 1970. Parce que les *Cahiers du cinéma* et la Nouvelle Vague sont bien cette « *association comme celle des Treize* » ayant réussi dans l'époque contemporaine du film. Éric Rohmer le dira d'ailleurs dans sa préface de 1992 à *La Rabouilleuse* : « *Tout autant que par les chefs-d'œuvre du Muet, la génération à laquelle j'appartiens a été profondément marquée par Balzac que moi-même et mes amis – qui nous prenions un peu pour les Treize – connaissions presque tout entier par cœur…* »

Dans un entretien donné à la télévision allemande en 1980, Jacques Rivette reviendra lui aussi sur le lien entre le « groupe » d'*Out 1* et la Nouvelle Vague : « *Ça m'a plutôt frappé après, pendant le montage. En voyant le film fini, on a été obligé de penser à tout ce qui s'est passé aux* Cahiers *et ailleurs, à plein d'endroits, par 1968 et les éclatements dans tous les sens après 1968, parce que le sujet caché du film, c'est quand même ça. Deux ans après 1968, où est-ce qu'on en est ?* »

Colin, chez lui, essaie de résoudre l'énigme. Il note les premières lettres de chaque phrase puis il les efface, souligne « *Snark* », « *Boo* » et « *Jum* », et sépare les deux parties entrelacées de l'énigme. Puis il entoure les mots :

« *Deux* », « *Place* », « *Saint* », « *Au* », « *Port* », « *Une* » et se rend au 2, place Saint-Opportune. Il découvre une boutique : *L'Angle du hasard.* Des oiseaux volent bas.

Quand il finit par se décider à entrer, Colin peut y voir plusieurs types en train de travailler à la création d'une revue. C'est une sorte de « groupe des *Cahiers* » à crédit. Des « sous-Treize ». Certes, il y a Pauline (Bulle Ogier), une des Treize, qui tient la boutique. Mais elle est entourée de bras cassés : Gian-Reto (Barbet Schroeder), Martin (le fils de Jeanne Moreau) et Chaussette (René Biaggi, un grand copain de Jean Eustache et de Jean-Jacques Schuhl qui sert de modèle au personnage de Frankenstein-le-dandy dans *Rose Poussière*). Devant les revuistes, Colin joue un peu d'harmonica et repart, après avoir laissé une lettre à Pauline : « *Connaissez-vous les Treize ?* »

Les revuistes de *L'Angle du hasard* sont comiques, mais leur ambition n'est pas illégitime. Leur présence dans le film nous rappelle que, pendant cent cinquante ans, presque tout ce qui s'est joué de nouveau, en politique comme en art, passait par la forme collective de la revue. Ce, dès le « *premier romantisme* » et sa revue l'*Athenaum*, dirigée par les frères Schlegel entre 1798 et 1800, dont le principal poète était Novalis (on retrouvera son portrait sur un des murs de *La Chinoise* de Godard). Non seulement l'*Athenaum* a transposé pour la première fois l'idéal « révolutionnaire » en art que défendirent plus tard le surréalisme ou *Les Cahiers du cinéma* – chaque œuvre nouvelle créant, dans son processus même d'apparition, ses propres critères de légitimation – mais les Schlegel et Novalis, opposant ainsi une force de résistance intellectuelle face à la domination de la bourgeoisie évaluant tout à l'aune de sa valeur marchande, ont également défendu une conception de la poésie qui ne devait plus être perçue comme un genre littéraire mais comme un mode de connaissance et même une fonction spirituelle. Ce qu'elle sera d'ailleurs jusque dans *Le Grand Jeu*, la revue de Roger Gilbert-Lecomte, revue certes largement occultée à son époque par la prédominance du surréalisme, mais qui sera tout de même redécouverte en France après 1968.

Chez Novalis, ce nouveau mode de connaissance explose, par diffractions analogiques et extensions, dans une multitude de fragments presque irréels de beauté : « *Tolérance et cosmopolitisme des fleurs [...] Effort des animaux vers la théocratie individuelle [...] Les animaux domestiques se rapprochent des hommes dans la mesure où ils sont démunis [...] La nature a de l'esprit – de l'humour, de l'imagination, etc. C'est dans le règne animal que la nature a le plus d'esprit – entièrement humoristique [...] La fonction spécifiquement voluptueuse est la plus mystique – elle est presque absolue, car elle tend ardemment à la totalité de l'union [...] Le monde des esprits est en fait déjà ouvert – Il est toujours manifeste – Que nous devenions soudain aussi élastiques que possible, nous nous trouverions en lui [...] Le sein est la poitrine élevée à l'état de mystère [...] Un homme mort est-il un homme élevé à l'état de mystère absolu ?* »

Comme dira Roger Gilbert-Lecomte : « *Là où certains ne voient que fatras sentimental, nous voyons, nous, l'un des plus grands retournements de l'esprit humain. Dans son essence, le Romantisme est le sentiment de l'unité, sortant triomphante de tous les déchirements inhérents au monde cruel de la multiplicité.* »

C'est que les poètes qui apparurent après la Révolution française, Novalis en tête, se retrouvèrent dans une situation inédite : cessant d'être inféodés à une religion déterminée, ils étaient désormais libres de révolutionner jusqu'aux rapports entre la divinité et les hommes. Les poètes, déplaçant dans le domaine spirituel le combat des sans-culottes, retrouvèrent par eux-mêmes la vision métaphysique des Sans Roi. André Breton le comprendra tard, mais il le comprendra. C'est en 1949, quand il tombera sur un article de presse concernant la découverte de manuscrits « gnostiques » du IIIe siècle à Nag Hammadi, dans le désert égyptien : « *Les Gnostiques,* écrira alors Breton, *sont à l'origine de la tradition ésotérique qui passe pour s'être transmise jusqu'à nous. Or, il est remarquable que les poètes dont l'influence se montre aujourd'hui la plus vivace, dont l'action sur la sensibilité moderne se fait le plus sentir (Hugo, Nerval, Baudelaire, Rimbaud, Lautréamont, Mallarmé, Jarry) ont été plus ou moins marqués par cette tradition. Mieux même, il semble que souvent, sans l'avoir aucunement en vue, alors qu'ils s'abandonnaient en toute solitude à leur voix intérieure, il leur arriva de recouper cette tradition, d'abonder dans son sens par une autre voie. Il y a là un grand mystère sur lequel nous sommes quelques-uns à demeurer penchés.* »

Colin entre alors dans une cabine téléphonique et, là, on se rend compte… qu'il n'est ni muet ni sourd. Il appelle ses parents et on retrouve d'une façon très étonnante le ton et l'énergie de Jean-Pierre Léaud dans les épisodes d'Antoine Doinel : « *Allô bonjour, c'est Maman ? Bonjour Maman. Ça va bien, tu vois. J'ai besoin de rien, tu vois. Je voudrais simplement parler à Papa, tu peux me le passer ? Je t'embrasse, tout va bien, allô Papa ? J'ai vraiment besoin d'une carte de presse. Tu connais toujours le type de* Paris-Jour *?* »

Ce côté « Antoine Doinel », on le retrouvera à plusieurs moments du film. En particulier lorsque Colin, un peu à la manière dont le héros de François Truffaut répétait obsessionnellement « *Antoine Doinel* » ou « *Fabienne Tabart* » dans *Baisers volés*, clame l'énigme d'*Out 1* et surtout le dernier mot de celle-ci : « *Équipage… Équipage… Équipage… Équipage… Équipage !* » Et si on pense que l'autre personnage important du film est joué par Juliet Berto, on peut aussi imaginer que la décision de faire d'eux les personnages principaux d'*Out 1* tient au fait qu'ils incarnent tous deux les figures clés de la politisation de la Nouvelle Vague. Voire de la politisation de la jeunesse française en général. D'où leur présence commune dans *La Chinoise* (1967) et *Le Gai Savoir* (1969) de Godard.

Une autre actrice clé de la Nouvelle Vague qui apparaît, c'est Bernadette Lafont. Elle joue le rôle de Sarah, une des Treize, une romancière recluse que Thomas va rejoindre à l'Obade, une maison commune au groupe située en Normandie, face à la mer. L'Obade est encore une expression tirée de Balzac. Elle provient de la préface de l'*Histoire des Treize* : « *De ville en ville, existe pour les Compagnons, depuis un temps immémorial, une* Obade. » Sarah peine à écrire son roman. Le précédent était autobiographique, c'était plus simple, mais, dit-elle : « *On ne trouve pas toujours quelqu'un d'aussi inspirant que Pierre.* » Elle a été l'amante de celui-ci. Sarah décrit également à Thomas sa détresse actuelle et son isolement volontaire : « *Je me sens comme Lucile Delarue-Mardrus à la fin de sa vie.* »

C'est une figure très inattendue que convoque le film. Était-ce une admiration de Bernadette Lafont ? La femme du traducteur des *Mille et une Nuits* et amante de Natalie Barney, elle-même auteure de nombreux romans, essais et poèmes aujourd'hui un peu oubliés. Et pourtant, certains vers sont d'une beauté étrange et capiteuse.

Droites parmi l'orgueil qui dresse les corolles
Femmes, dames, j'ai vu vos royautés de chair
L'inconscient caprice et l'horreur de la mer
Vivaient dans vos yeux lourds de rêve et d'heures molles

Thomas et Sarah mangent, rient, se baladent sur la plage, dansent et se prennent dans les bras. Thomas insiste pour que Sarah le suive à Paris. Il explique qu'il a besoin d'un œil neuf pour sa troupe. Puis ils évoquent un fantôme dans la maison : « *Est-ce qu'on entend toujours les bruits au second ?* » « *Des fois, elle se promène. Il ou elle ?* » « *C'est Il. Je l'ai vu dans le miroir une fois.* » C'est le premier fantôme évoqué dans le cinéma de Rivette. Il en convoquera beaucoup d'autres.

On retrouve la troupe de Lili au bar. Soudain Colin entre et se rapproche de leur table. Il a reconnu Marie, la Messagère. « *C'est vous qui m'avez donné un papier ?* », lui demande Colin. « *Non c'est pas moi* », répond Marie. « *Vous avez une sœur ?* », insiste Colin. « *Pourquoi j'en aurais pas ?* », répond bizarrement Marie avant que le groupe reparte en répétitions.

Celles-ci s'enlisent un peu. Une silhouette apparaît soudain en arrière-plan : c'est Renaud, joué par Alain Libolt. Lili prend un rendez-vous mystérieux au téléphone : Au *Mondial*, rue Auber, le seul café ouvert à cette heure-là, à neuf heures. On ne saura jamais à quoi ce rendez-vous correspond.

Lili confie à Élaine sa méfiance concernant ce jeune intriguant qui vient d'arriver et a déjà pris l'ascendant sur le groupe : « *Faudrait quand même que je me renseigne sur lui.* » Faisant semblant de prendre des clichés de Marie, elle photographie subtilement Renaud. Quelques jours plus tard, Quentin arrive, avec des fleurs et du champagne. Il a gagné un million au tiercé. Les billets sont rangés dans des tubes à cigare qu'il a apportés et qu'il pose dans un coin de la pièce. Tous s'embrassent et se réjouissent. Et puis, soudain, Renaud disparaît. Et comme par hasard l'argent disparaît avec lui. Le soir, chez Quentin, la troupe de Lili se retrouve pour partager sa tristesse. Histoire de les faire sortir de leur déprime, Marie apporte du champagne, du poulet, un ananas. Et elle lance l'idée qui sort le groupe de sa torpeur : « *On va chercher Renaud. Il prenait le métro. Il allait jusqu'à une porte.* » Ils vont aller chacun à une porte de Paris et montrer la photo de Renaud prise par Lili à la sortie de métro dans l'espoir de le retrouver : Arsenal porte d'Orléans ; Quentin porte d'Italie ; Lili porte de Champerret ; Marie porte Dorée.

Bien qu'il n'ait pas réussi à obtenir une carte de presse de *Paris-Jour*, Colin ne se démonte pas et se présente ainsi à *L'Angle du hasard* où il déboule au milieu d'une énième discussion remarquablement chiante sur la revue : « *Colin, journaliste à* Paris-Jour. *Je suis particulièrement spécialisé dans les crimes passionnels et sanglants, les meurtres crapuleux et les grands procès mystérieux. Je pense donc que ma collaboration peut être utile à votre petite revue.* » « *Vous parlez maintenant ?* », demande Pauline, sardonique. « *Si vous m'entendez* », répond Colin, « *c'est que je parle.* »

De l'équipe, seul Chaussette défend Colin. « *Tu le connais ?* », demandent les autres. « *Je viens de le connaître* », répond Chaussette. « *Ce qu'il vient de dire est très bien.* » Comme c'est lui qui finance la revue, on ne discute pas trop. Gian-Reto et les autres vont fumer des joints. On n'entendra plus parler de la revue.

Colin et Pauline se retrouvent seuls. Elle l'invite à prendre le thé alors que, au même moment, Lili sort mystérieusement de la cave. Colin essaie de questionner Pauline. « *Je vous donne trois questions* », dit Pauline. « *Suis-je l'un des Treize ?* », demande Colin.

« *Il me semble que vous seriez plutôt un 11* », répond Pauline.

« *Est-ce un 1-10 ?* », demande Colin.

« *Ce serait plutôt un 1-connu.* »

« *Êtes-vous l'une des Treize ?* »

« *La Treizième revient, c'est encore la première* », répond Pauline. « *Et c'est toujours la seule.* »

C'est la première apparition de Gérard de Nerval dans le cinéma de Rivette. Et, que cette citation des *Chimères* ait été improvisée par Bulle Ogier ou décidée en amont par Jacques Rivette, celle-ci n'est pas du tout anecdotique.

Tout d'abord, Gérard de Nerval est l'écrivain qui a le mieux décrit l'impuissance politique de son temps, l'après-1830, et ces « *années de scepticisme et de découragement politique et social qui succédèrent à la révolution de juillet* ». Il le racontera mieux que personne dans « Sylvie », dans *Les Filles du feu* : « *C'était un mélange d'activité, d'hésitations et de paresse, d'utopies brillantes, d'aspirations philosophiques ou religieuses, d'enthousiasmes vagues, mêlés de certains instincts de renaissance ; d'ennuis des discordes passées, d'espoirs incertains.* »

Ensuite, à l'instar de Colin et de son énigme des Treize, Gérard de Nerval est toujours à la recherche des

« Illuminés ». Mais pas pour s'en effrayer comme le pauvre Barruel. Pour s'en réjouir. Comme dans « Angélique » où, alors qu'il se rend à Ermenonville, il enquête à l'infini sur les « complots » qui préparèrent peut-être la Révolution : « *Quelques années avant la Révolution, le château d'Ermenonville était le rendez-vous des Illuminés qui préparaient silencieusement l'avenir. Dans les soupers célèbres d'Ermenonville, on a vu successivement le comte de Saint-Germain, Mesmer et Cagliostro, développant, dans des causeries inspirées, des idées et des paradoxes dont l'école dite de Genève hérita plus tard.* »

Enfin, Gérard de Nerval a été l'écrivain malheureux en amour par excellence. Celui que l'amour a vraiment rendu malade ; malade jusqu'aux hallucinations. De même, cette enquête sur l'énigme des Treize ne lui serait pas si dangereuse si Colin n'y venait d'y rencontrer Pauline. « *Troisième question ?* », demande-t-elle. À quoi Colin répond, embarrassé : « *Il faut que je réfléchisse.* » Ils sont coupés par Lili qui revient, embrasse Pauline et redescend dans la cave. Qu'est-ce qu'elle fiche là celle-là ?

Dans *J'ai oublié*, Bulle Ogier dira jouer un personnage inspiré par Antoinette de Navarreins dans *La Duchesse de Langeais* : « *Jacques m'avait dit avant le tournage de "penser" à la duchesse de Langeais. J'étais une duchesse de Langeais qui s'occupait d'un lieu alternatif comme j'en avais vu à San Francisco, mais qui n'existait pas encore en France.* »

Certes, Rivette est supposé n'avoir pas lu ce roman à l'époque du tournage. Mais a-t-il pu leur échapper qu'Antoinette de Navarreins ne faisait pas partie des Treize ? À la différence de Pauline qui est bien un membre du « groupe ».

Pauline… Ou Émilie : puisque c'est par ce prénom que l'appellent les autres Treize. Et pour commencer Thomas, qui vient la visiter dans son appartement, dans lequel elle vit avec ses deux enfants, un grand chien et une dame de compagnie. Pauline et Émilie sont les prénoms des personnages féminins principaux de deux pièces de Corneille, *Polyeucte* et *Cinna*. Le système référentiel du film s'emballe.

Thomas offre une tortue aux enfants et évoque Pierre. « *Il s'inquiétait parce que les choses se sont un peu aggravées au Mexique* », explique Thomas. « *Je voulais savoir si on t'avait écrit ou si on t'avait dit quelque chose ?* » Émilie dit qu'elle n'a aucune nouvelle d'Igor depuis six mois. On comprend qu'il s'agit du père de ses enfants : « *Je ne peux pas recevoir une chose officielle étant donné qu'Igor est parti non officiellement.* »

C'est une des sous-intrigues principales du film, et on obtiendra qu'un nombre très limité d'informations à son sujet : Igor, père des enfants d'Émilie et membre des Treize, est parti de façon non officielle au Mexique, et on n'a pas de nouvelles de lui depuis six mois. Fait-il là-bas des activités maffieuses illicites ? Est-il allé rejoindre un groupe révolutionnaire ? On ne le saura pas.

Déguisée en garçon, Frédérique donne rendez-vous à l'avocate Lucie Degraf sur la terrasse au-dessus du Moulin Rouge. Après avoir échoué à faire chanter Étienne, la petite voleuse essaie de lui faire peur afin de lui extorquer de l'argent en échange des lettres. Mais elle s'y prend très mal : « *Ça vous dit rien Pierre ? Warok ça vous dirait peut-être mieux ? C'est des lettres très spéciales où on nomme des gens comme ça et ça ressemble à une secte, vous voyez ce que je veux dire ?* »

Maître Lucie Degraf prend immédiatement la mouche : « *Et vous, vous voyez ce que vous voulez dire ?* » « *J'ai des lettres qui parlent de vous, et puis ça peut être grave* », essaie encore maladroitement Frédérique. « *On pourrait parler de la secte… C'est des gens qui veulent faire sauter le monde ?* »

« *Il y a deux sortes de gens dans la vie* », dit Lucie pleine de mépris envers Frédérique. « *Il y a les tricheurs et les trompés. Toi, tu seras toujours trompée.* »

Pendant que Frédérique essaie très maladroitement de se faire de la thune, Colin s'enfonce dans *L'Angle du hasard*. Il mange de la confiture (peut-être imprégnée de psychotropes) au milieu des hippies avachis, tandis que Pauline lui raconte l'histoire de la boutique : « *Je l'ai achetée parce qu'un jour je suis passée devant cet endroit. J'avais un perroquet et puis à côté il y a un marchand de graines, et j'allais acheter ses graines.* »

Le perroquet – dont Pauline/Émilie a aussi parlé à Thomas, parce qu'il s'est enfui par la fenêtre – fait rire nerveusement Colin. Pauline se met à rire mais elle continue à parler, l'air complètement pétée : « *J'avais une grand-mère qui faisait toujours de la confiture à la rhubarbe. C'est bon, la confiture à la rhubarbe. Moi je sais très bien faire les tartes à la rhubarbe. Faudrait que je vous en fasse une un jour d'ailleurs. Vous connaissez l'histoire de Charlotte la gourmande qui est tombée dans le pot de confiture ? Je vous la raconterai un autre jour parce que c'est trop long, je suis un peu fatiguée… La tarte à la mûre, aussi, c'est très bon.* »

Une étrange énergie commence à se dégager du film. Une électricité qui naît de la combinaison des jeux, si violemment insolites, des deux acteurs, qu'on voit ensemble pour la première fois. « *Quand il dit bonjour, nous basculons dans la fiction, pour ne pas dire dans la science-fiction* », disait à juste titre Truffaut de son acteur fétiche. Jean-Pierre Léaud et Bulle Ogier seront les deux noms cités par Gilles Deleuze pour décrire le nouveau type d'acteurs inventé par la Nouvelle Vague : « *Non pas seulement les acteurs non professionnels avec lesquels le néo-réalisme avait renoué à ses débuts, mais ce qu'on pourrait appeler des non-acteurs professionnels ou, mieux, des "acteurs-médiums", capables de voir et de faire voir plus que d'agir, et tantôt de rester muets, tantôt d'entretenir une conversation quelconque infinie, plutôt que de répondre ou de suivre un dialogue.* » Pensait-il alors aux scènes hallucinées qu'ils jouent dans *Out 1* ?

Pauline montre à Colin son komboloï : « *Il est très, très emmêlé.* » Colin le lui prend pour le démêler : « *Vous faites les tartes à la mûre, alors ?* » « *Oui* », répond Pauline,

« *les tartes à la rhubarbe aussi.* » Et finalement elle recommence à parler du perroquet : « *Il parlait tout le temps. Il possédait des secrets.* » « *Des secrets ?* », demande Colin. « *Oui. D'ailleurs c'est aussi bien qu'il soit parti. Il écoutait toujours aux portes.* » Puis elle le regarde se dépêtrer avec son komboloï : « *Vous croyez que vous allez réussir à démêler cette histoire, là ?* »

Entre la confiture et le komboloï, Colin a l'air complètement perdu dans sa quête, mais, dans cette séquence, il se retrouve, malgré tout, en présence de « *secrets* » et d'« *histoires* » qu'il faut « *démêler* ». Comme nous devant le film. Alors essayons de démêler tout en continuant à regarder.

D'autant plus que tout part ici d'un *perroquet*, le perroquet de Pauline, c'est-à-dire d'un *oiseau qui parle*. Et c'est encore un point commun avec Nerval qui, dans les deux temps de sa quête ou de sa folie, en 1841 et en 1851, a croisé la route, soit d'un oiseau qui parle lors d'un rêve prophétique et mystique – « *et j'avais l'idée* », écrit Nerval, « *que l'âme de mon aïeul était dans cet oiseau* » –, soit d'un perroquet, lors d'une promenade à Montmartre : « *J'entendis un oiseau qui parlait selon quelques mots qu'on lui avait appris, mais dont le bavardage confus me parut avoir un sens ; il me rappela celui de la vision [...] et je sentis un frémissement de mauvais augure.* »

Continuons à démêler. La figure de mendiant mystique qu'est Colin rappelle l'itinéraire du prince de *L'Hymne de la Perle* – hymne dont l'origine se perd dans la nuit des temps mais que l'on retrouve tant dans des livres manichéens et des apocryphes chrétiens que dans des textes soufis. Le *Récit de l'exil occidental* de Sohrawardi, par exemple, où celui-ci écrit : « *C'est de moi qu'il s'agit dans cette histoire : Je suis passé par une catastrophe.* »

Dans *L'Hymne de la Perle*, un jeune prince quitte sa patrie orientale, missionné vers l'Égypte pour conquérir une perle enfouie dans la gueule d'un dragon de mer. Il se dépouille de son manteau resplendissant, sa toge de pourpre, et arrive en terre d'exil comme étranger. Il essaie de passer inaperçu mais il est reconnu. On lui fait alors absorber des nourritures qui obscurcissent en lui la mémoire de son origine. Il erre ensuite, ayant oublié et son origine et sa mission. Il devient un clochard, un mendiant – jusqu'au moment où un aigle lui porte un message : « *Souviens-toi que tu es fils de Roi, vois désormais ton esclavage.* » Il se souvient de son origine comme de la perle pour laquelle il avait été envoyé en exil. Alors, il retourne chercher la perle avant de repartir vers sa patrie originelle.

On retrouve cette notion de l'homme comme un « *étranger sur la Terre* » ayant bu l'eau amère de la chute dans la matière, dans l'hymne manichéen de Turfan appelé *Destin de l'âme* : « *Depuis mon entrée dans les Ténèbres, j'ai eu à boire une eau qui m'a été amère. J'ai porté un fardeau qui n'est pas le mien. Les étrangers avec qui j'étais mêlé ne me connaissaient pas ; ils ont goûté à ma douceur, désiré me garder avec eux. J'étais vie pour eux, ils étaient morts pour moi. Je suis un dieu né des dieux, brillant, scintillant, lumineux, rayonnant, parfumé et beau, mais maintenant réduit à souffrir. Des diables sans nombre m'ont saisi, hideux, qui m'ont ôté ma force. Mon âme a perdu connaissance. Ils m'ont mordu, dépecé, dévoré.* »

On pouvait s'en douter : à la Antoine Doinel – et à la Nerval –, le prince exilé Colin tombe amoureux de Pauline, et, plutôt que d'enquêter sur les Treize, il ne se rend plus à *L'Angle du hasard* que dans l'espoir de se faire aimer d'elle. Alors qu'elle fait ses comptes, elle l'entend, amusée, répéter sa déclaration d'amour : « *Pauline, il faut que je vous parle. Je vous vois partout dans les rues. Votre image est incrustée en moi. Il me semble vous reconnaître à chaque instant. Chaque nuit vous parcourez mes rêves.* »

« *Tiens, Colin, ça va ?* », fait Pauline, espiègle, souriante, l'air de rien. Colin lui prend la main puis s'approche de son visage, frôle ses cheveux. Elle-même lui caresse furtivement la joue…

…Avant que Frédérique n'entre dans la boutique, et ne lance à Pauline : « *Igor, ça vous intéresse ?* », détruisant automatiquement et, semble-t-il, définitivement, les espoirs que fondait Colin dans une relation amoureuse avec Pauline.

Parce que oui, ça intéresse Pauline, Igor. Ça l'intéresse beaucoup. Plus que tout, même. Après ses échecs répétés à faire chanter Étienne et Lucie, Frédérique a enfin une prise. Elle donne rendez-vous à Pauline chez elle à 19 heures. Pauline échange alors les lettres volées contre de l'argent.

À partir de ce moment, Pauline va complètement changer d'attitude à l'égard de Colin. Le lendemain matin, elle le retrouve dans sa boutique, où Colin est resté dormir toute la nuit. Elle lui bat froid. Il essaie à nouveau de caresser ses cheveux mais elle l'envoie promener. Pauline ne s'intéresse plus qu'à une chose : les lettres qu'elle a achetées à Frédérique et qui font état d'un conflit entre Pierre et son mari Igor. Elle pense qu'Igor a été tué par Pierre. Elle ne va pas tarder à en parler à Sarah, qui déboule dans la boutique alors que Colin angoisse tout seul dans un coin. Quand Sarah repart, Colin sort de son angoisse et la suit à courte distance. Il reprend son enquête. Sarah se rend rue Caulaincourt, dans la salle de répétition de Thomas, que Colin découvre alors.

On est au début du sixième épisode. Colin pénètre dans la salle, se présente comme un journaliste de *Paris-Jour* et sollicite un entretien. Légèrement vaniteux, Thomas est content qu'on s'intéresse à lui et se prête sans discuter à l'exercice.

« *Pourquoi spécialement Prométhée ?* », lui demande Colin. « *Pourquoi pas Prométhée ?* », répond Thomas qui fait le malin.

« *Ce que je veux dire c'est, derrière Prométhée, il n'y a pas de signification ?* », insiste Colin. « *Si* », répond Thomas, « *il y a beaucoup de significations.* »

« *Mais à travers les gestes ou les mots* », continue Colin, « *vous ne cherchez pas à exprimer quelque chose d'autre ?* » « *Prométhée est une œuvre assez chiffrée* », continue Thomas qui fait semblant qu'il va dire quelque chose mais qui ne va rien dire du tout, « *une chose extrêmement complexe.* »

Impatient, agacé (on le comprend), Colin le coupe et lui lit à haute voix l'introduction de l'*Histoire des Treize*… « *Pourquoi vous me lisez ça ?* », demande Thomas, soudain troublé. « *Je trouve* », dit Colin, « *que les liens qui unissaient tous ces hommes et qui avaient décidé de tenir en leur main toute la société est extrêmement remarquable.* » La situation a manqué lui échapper mais Thomas se rattrape et recommence à biaiser. Il prétend que les Treize lui font penser à un jeu de cartes, une patience : « *Une petite patience qu'on joue comme ça, dans la main. Vous voulez que je vous montre le jeu des Treize ?* »

Colin parle également avec un membre de la troupe, Béatrice, à l'extérieur de la salle de répétition : « *Ce qui m'intéresse surtout dans le travail de Thomas, c'est la signification cachée, seconde. Ce qu'il cherche à exprimer derrière les mots, derrière les gestes. En un mot ne s'agirait-il pas du Langage des Oiseaux ?* »

Ça y est. On y est. Colin évoque le Langage des Oiseaux. Pas forcément celui d'Attâr, mais au moins celui de Fulcanelli, le grand alchimiste, qui l'évoque dans *Le Mystère des cathédrales* : « *[…] langue des philosophes et des diplomates. C'est elle dont Jésus révèle la connaissance à ses apôtres, en leur envoyant son esprit, l'Esprit-Saint. C'est elle qui enseigne le mystère des choses et dévoile les vérités les plus cachées.* »

« *Le Langage des Oiseaux,* continue Colin, *c'est un langage de rébus, hiéroglyphes, qui permet à l'initié, au compagnon, au sage, de s'adresser directement, par une sorte de langage universel qui parlerait directement d'un inconscient à l'autre et ne permettrait jamais au profane (quoi que le mirage se passe devant ses yeux) de le saisir.* »

Et cette langue, « *instrument de l'esprit* », dont nous « *côtoyons souvent le phénomène, sans le remarquer, en aveugles et en sourds* » (Fulcanelli), correspond bien aux films mis en scène par Rivette, qui, depuis *Paris nous appartient,* font apparaître des sons d'oiseaux, de vent, d'orage ou de mer dans la bande-son qui semblent soudain pointer une signification implicite à une scène. Ce qui fait potentiellement de Thomas, qui utilise également cette technique lors d'une répétition en début de cinquième épisode, un autoportrait parodique du cinéaste.

« *Vous voyez ce que je veux dire ?* », dit encore Colin à Béatrice. « *Il s'agit de ce grand mystère, de cette* Recherche de l'absolu. »

On y est, on y est. Après Nerval, le perroquet, les secrets, les histoires qu'il faut démêler… Nous faisons face à une référence alchimique directement balzacienne qui fait se rejoindre à nouveau Colin Maillard et Antoine Doinel, et remonter à la surface du film la date de naissance de l'inscription publique du cinéma associé au nom de Rivette : cette fameuse séquence des *Quatre Cents Coups* l'associant à Balzac et au complot.

Béatrice ne comprend pas, alors Colin recouvre ses bavardages de son harmonica. Le spectateur attentif, lui, ne peut pas ne pas voir qu'on est en train de s'adresser directement à lui « *d'un inconscient à l'autre* ». Le film est alors en train de secrètement lui parler comme aucun film ne lui avait parlé auparavant.

Frédérique, toujours déguisée en garçon, rencontre Warok, un philosophe célèbre dans le genre de Sartre ou de Foucault. Elle s'invite à sa table pour parler avec lui : « *Vous seriez pas Monsieur Warok, par hasard ? Je voudrais vous poser une question. Est-ce que vous pensez qu'aujourd'hui on peut encore faire de l'art dialectique ?* »

La dialectique : c'est la première fois qu'un film mis en scène par Rivette convoque directement ce « *mot prétentieux* ». Mais aussi un des concepts philosophiques que celui-ci a le plus utilisé dans ses articles des *Cahiers*.

Que ce soit pour parler de Chaplin, de Renoir et de Buñuel, comme dans *Revoir Verdoux*, en août 1963 : « *Chaplin, Buñuel, Renoir : l'homme est pour eux objet d'étude et d'expérience, mais cet homme est d'abord eux-mêmes. Dialectique implicite chez Renoir et Buñuel, que le génie de Chaplin est de manifester en pleine lumière, en intégrant son mythe à sa personne, sa "légende" à son mythe, l'Histoire à cette légende, et par un système de réactions en chaîne, obtenir un corps neuf, irradié par son activité, tel que l'Histoire, prise au piège du mythe, avoue ses mythologies.* »

Ou d'Orson Welles, comme dans *L'Âme au ventre*, en juin 1958 : « *Si Welles, dans* Citizen Kane, *décomposait encore les moments de sa dialectique, si, tout en admirant comment les pièces du puzzle s'emboîtaient pour finir par former une figure, on pouvait regretter que le dessin de celle-ci soit brouillé par la grille arbitraire des découpures, il y renonce justement grâce au morcellement du découpage, qui n'est plus là que pour permettre et faire valoir le grand souffle synthétique qui unifie tous ces fragments : ce mouvement devenant aussitôt idée, mais idée de mouvement.* »

Dans les dialogues, Frédérique en fait un très étrange usage. « *La "dialectique", quel peut être son rôle dans une secte, par exemple ?* », demande-t-elle. Mais cet usage est bien celui d'*Out 1* : étudier, de façon dialectique, la question de la « *secte* » – ou plutôt de la revue jadis incarnée par les *Cahiers* – qui, par la mise à l'épreuve que représente le regard que lui portent deux marginaux comme Colin et Frédérique, révèle alors la construction sociale et l'impensé de classe qui ont condamné celle-ci à l'impuissance politique.

Lili poursuit la ligne narrative la plus difficile à saisir du film, pleine d'évocations de récits hors champ. Dans un état de stress rare, elle retourne à *L'Ange du hasard* et retrouve Émilie/Pauline. « *Aujourd'hui, j'attends un type* », dit Lili, « *mais en principe il a été intercepté, alors il faudrait que tu m'aides.* » Le type arrive, joué par l'héroïque producteur du film, Stéphane Tchalgadjieff. Il « *vient de la part de Lorenzo* », dit-il. Lili le fait asseoir. Pauline arrive par-derrière et l'assomme. Les deux filles le descendent dans la cave et recouvrent le corps, laissé pour mort.

Drôle de truc. Deux membres du « groupe » passent de l'inactivité la plus totale au crime organisé. Ce qui arrive très tard, après neuf heures de film, et ne rend ce moment que plus troublant. Lili prend des papiers et de l'argent, passe un coup de fil et se casse. « *Ils vont venir le chercher.* » Qui ? On ne sait pas. Pauline sort derrière elle et ferme la boutique. « *Je peux vous raccompagner Pauline ?* », demande Colin qui vient d'arriver. « *Non, pas ce soir* », répond Pauline. Le jeune exalté lui agrippe la main. « *Lâchez-moi !* », crie Pauline. « *Je ne vous lâcherai pas si je ne vous raccompagne pas* », insiste Colin. « *D'accord* », répond Pauline. Et soudain, Pauline fait un geste magique qui l'immobilise. Colin est confronté à une vitre invisible. Il se cogne contre elle et ne peut pas suivre la femme qu'il aime.

Deuxième choc, encore plus grand. Si l'on excepte l'évocation du fantôme de l'Obade, c'est la première scène d'*Out 1* – et le premier moment d'un film de Jacques Rivette – qui appartienne directement au registre fantastique. Moins de cinq minutes après que Lili et Pauline ont assommé et peut-être tué froidement un homme, cette séquence arrive particulièrement tard dans le film, à la fin du troisième quart, ce qui ne rend ce fantastique que plus déstabilisant lui aussi. Donc plus réel.

Thomas retrouve Étienne sur l'île aux Cygnes, dans le quinzième arrondissement. C'est le lieu où se réunissait l'armée de Bébé Cadum, prête à combattre celle du Bibendum Michelin, dans *La Liberté ou l'amour*, le chef-d'œuvre de Robert Desnos.

Mais Thomas ne vient pas parler de Bébé Cadum. Il vient parler des Treize : « *Est-ce que dans ton esprit c'est complètement fini ?* », demande Thomas à Étienne. « *Ça existe dans le souvenir* », répond l'homme d'affaires. « *J'ai l'impression que ça a pris une réalité que je ne soupçonnais pas au départ* », dit Thomas, fébrile. On se rend compte qu'il ne s'est pas encore complètement remis de la visite de Colin : « *J'ai même eu l'autre jour la visite d'un type qui est venu pendant que je répétais qui m'a sorti le bouquin de Balzac et qui m'a dit quels sont les rapports entre l'*Histoire des Treize *et Prométhée ?* » « *Je ne vois pas le rapport* », répond Étienne. « *C'est peut-être une coïncidence.* »

Si on voulait un super complot, la scène est un peu décevante. On comprend qu'aucun membre des Treize n'a vraiment reparlé du groupe depuis deux ans. Du reste celui-ci n'était alors guère mieux qu'un vague projet. « *On ne peut pas dire que ce à quoi on avait pensé s'est incarné en quelque chose de précis* », reconnaît Étienne. « *Ça a tout de même correspondu à quelque chose qui nous tenait à cœur* », insiste Thomas. « *Pourquoi est-ce qu'on s'est réuni ?* »

Allez. Le pauvre Thomas s'échine bien inutilement à essayer de convaincre Étienne, d'autant plus qu'il a des raisons finalement assez concrètes de vouloir le voir et lui parler. « *Et la subvention, tu as des nouvelles, est-ce qu'elle vient ?* », demande-t-il à l'homme d'affaires avant de partir.

Frédérique déguisée en garçon retrouve Honeymoon. « *Regarde* », lui dit son ami. « *Le garçon dont je t'ai parlé, il est là. Il avait disparu de la circulation pendant quelques jours, il est revenu…* » Surprise : l'homme que Honeymoon désire, le « *dessin de Cocteau* » et Renaud, le type qui a volé Quentin, ne font qu'un. Frédérique décide d'aller « *le lui draguer* » mais Honeymoon, hyper-timide, détale alors comme un dératé. Curieusement, Renaud prend vraiment Frédérique pour un garçon. Et cette dernière fait semblant d'avoir un « coup » à lui proposer. « *Cause toujours tu m'intéresses* », grommelle Renaud. « *Ce soir je vois les autres* », ajoute Frédérique, jouant au petit apache. « *Demain je pourrais peut-être vous filer des tuyaux* ». « *C'est ça* », conclut Renaud. Il a l'air de s'en foutre, mais il ne s'en fout pas du tout. Le lendemain, lorsqu'elle revient le voir, il lui demande immédiatement : « *Alors ? T'as vu les autres ?* » Et Frédérique lui donne rendez-vous le jour d'après au parc Montsouris. Et Renaud s'y rend. Il retrouve Frédérique, mais habillée en femme cette fois-ci. Renaud avait rendez-vous avec des types mais, dit-il, on lui a posé un lapin. Ils se sourient, se plaisent. « *C'est bizarre* », dit Frédérique, qui se fait appeler Clorinde, « *on se croirait dans un roman de cape et d'épée* ».

On se croirait surtout dans *La Jérusalem délivrée* de Le Tasse, poème épique du XVIe siècle où apparaît une certaine Clorinde, justement. La Clorinde de *La*

Jérusalem délivrée est une Sarrazine en armure, une espèce de Jeanne d'Arc arabe, qui sera tuée par le jeune croisé Tancrède. Une référence qui apparaît alors dans le récit de Frédérique comme un mauvais pressentiment.

Chez lui, Colin reprend son enquête à zéro. Il relit l'énigme qu'il a reçue.

Deux chemins s'ouvrent devant toi
Treize pour mieux chasser le Snark
Place-moi comme je dois l'être
Ils n'auraient rencontré le Boo
Sainte fut notre ambition
Jum qui les vit s'évanouir
Au port où tu dois aborder
Passe le temps qui les gomma
Une main guidera la tienne
D'autres Treize ont formé un étrange équipage

Avec les dernières lettres d'un vers sur deux, en partant par le bas et en reprenant *La Chasse au Snark*, il trouve *W* (« équipage », E devenant « *crew* », W) *A* (« gomma ») *R* (« évanouir ») *O* (« boo ») *K* (« snark ») : Warok.

Colin se rend donc chez Warok : « *Je viens de la part des Treize. J'ai un message à vous transmettre.* » Le philosophe célèbre fait rentrer le jeune homme. Colin s'assoit et lui dit le poème dans un mélange de fatigue et d'impatience.

« *Vous êtes l'auteur de cet amusant message ?* », lui demande Warok, froid comme un joueur de poker. « *J'en suis le Messager* », répond Colin. Sans se démonter, avec un calme bien plus éprouvé que Thomas précédemment, Warok décide de tranquillement le désillusionner. « *Il me semble* », dit-il, « *qu'il s'agit d'une plaisanterie dans laquelle je n'entre en aucune part et dont peut-être vous pourriez être la victime, non ?* » « *Une plaisanterie ?* », demande Colin, choqué. « *Mais s'il en était ainsi, tout l'univers magique et mystérieux dans lequel j'avance se ternirait en un seul instant.* » Warok le raccompagne à la porte comme on raccompagne un jeune homme dérangé.

Colin retourne à *L'Angle du hasard.* La boutique est vide. Il y a seulement un enfant assis sur le sol. « *Mais où est Pauline ?* », lui demande Colin. « *C'est qui Pauline ? Y a jamais eu personne ici.* », répond l'enfant.

Sarah déboule chez Pauline/Émilie comme une furie alors que celle-ci s'apprête à mettre son projet de vengeance contre Pierre à exécution. « *Qu'est-ce que c'est, ces lettres que tu écris aux journaux ?* », lui demande Sarah. « *Ça ne te regarde pas* », répond Émilie. Ça se passe très mal entre les deux copines. « *Ce sont quelques photocopies de devis compromettants pour Pierre* », admet Émilie. Sarah la gifle : « *Je te défends de toucher à Pierre, tu entends ?* » Mais Émilie réussit à la chasser de chez elle avant de partir pour l'Obade où elle retrouve Lili.

Ça se passe aussi bien avec Lili que ça se passe mal avec Sarah. Les deux copines se baladent sur la plage et regardent la mer. « *Dis-moi Lili* », demande Émilie, « *pourquoi Igor ne voulait pas que je vienne ici à ton avis ?* » « *– Je ne sais pas* », répond Lili. « *– J'ai toujours cru qu'Igor s'était caché dans une pièce de l'Obade* », lui confie Émilie.

Pendant ce temps, Lucie, Étienne et Thomas se retrouvent sur l'île aux Cygnes. « *C'est plus grave que je ne pensais* », leur dit Thomas qui évoque la gouvernante d'Émilie : « *Elle m'a donné des lettres qu'Émilie veut envoyer aux journaux pour faire savoir certaines choses de Pierre…* » Et il ajoute : « *Je les ai brûlées.* » Étienne et Lucie sont hallucinés qu'il ait pris ces décisions tout seul. « *Mais ce n'est pas le contenu des lettres qui est important* », se justifie Thomas. « *L'important, c'est qu'elle va recommencer. Il faut empêcher ça. Il faut qu'on agisse sur Émilie.* »

Un trait de personnalité de Thomas qui se confirme, c'est son côté manipulateur. Trait encore accentué par le fait qu'il part immédiatement à l'Obade pour « *orienter sa pensée* », avec deux membres de sa troupe, Achille et Rose, en se faisant passer pour malade. Alors qu'Émilie, serviable, va lui chercher des draps, elle passe devant une pièce mystérieusement fermée. Elle essaie de l'ouvrir, sans succès.

Renaud et Frédérique sont sur le lit de Frédérique. Amoureux, ils viennent de se scarifier pour mêler leur sang. « *Ça y est, on est marié* », dit Frédérique. « *Le sang de la Reine Rouge* », dit Renaud. « *Avec le sang du Roi Blanc* », dit Frédérique.

La Reine Rouge et le Roi Blanc proviennent de *L'autre côté du miroir et ce qu'Alice y trouva*. Au début du récit, alors qu'Alice traverse le miroir, le Roi Blanc tombe dans la pelle à charbon à côté de la cheminée d'Alice et celle-ci l'effraie alors qu'elle le récupère pour le reposer sur l'échiquier. Quant à la Reine Rouge, c'est un personnage qui prend Alice par la main et l'emporte dans une course frénétique mais qui ne les amène nulle part. Tout reste toujours identique autour d'elles. « *Ici, vois-tu* », explique la Reine Rouge à Alice, « *on est obligé de courir tant qu'on peut pour rester au même endroit.* »

Que manque-t-il dans cette séquence ? Il manque le Roi Rouge – un des personnages clés du récit qu'Alice découvre sous un arbre en train de dormir alors qu'elle discute avec Tweedledum et Tweedledee.

« *Il est en train de rêver* », lui dit Tweedledum, « *et de quoi crois-tu qu'il rêve ?* »

« *Personne ne peut deviner cela* », répond Alice.

« *Mais voyons, il rêve de toi !* », s'exclame Tweedledee. « *Et s'il cessait de rêver de toi, où crois-tu que tu serais ?* »

Le Roi Rouge, c'est le réalisateur invisible du film, reprenant le rôle inventé par Renoir pour contrer celui de réalisateur-démiurge. Un réalisateur qui fait l'« *endormi* », une formule renoirienne évoquée dans deux entretiens avec Jean Narboni dans *Les Cahiers du cinéma* : celui pour *L'Amour fou* en 1968 et celui pour *Le Pont du Nord* en 1981. Un endormi, c'est aussi quelqu'un qui rêve le film qu'il fait semblant de ne pas tourner.

Mais qu'il tourne quand même. On pense à cette étrange photographie de Pierre Zucca sur le tournage d'*Out 1*, où l'on voit l'équipe filmer Michael Lonsdale et Bernadette Lafont sur la plage, près de l'Obade. Jacques Rivette est à côté. Souriant de toutes ses dents comme le Chat de Chester (auquel l'avait comparé Chabrol), il semble danser, à côté du tournage, avec un être invisible. À moins qu'il ne communique avec des puissances cosmiques, astrales, célestes – comme un derviche tourneur, comme Djalâl ad-Dîn Rûmî. Ou comme Thelonious Monk, avec lequel il a tant de points communs. Le génie de Rivette étant, entre autres, comme celui de Monk, de ne jamais donner l'impression de la virtuosité. De jouer toutes les « bonnes fausses notes ». De laisser le film respirer en se retirant, comme Monk peut se retirer d'un de ses morceaux, même pendant un solo – même au milieu d'une phrase musicale, transformant alors l'énigme en mystère.

Un son d'avion apparaît dans la bande-son. Renaud sort les tubes à cigares qu'il a volés à Quentin et les dispose en cercle, alors qu'il raconte à Frédérique, à la façon d'un conte, comment un « *étranger* » a volé le « *trésor* » du groupe de Lili. On entend de nouveau un avion passer. « *L'histoire de l'étranger, c'est mon histoire. Mais je n'ai pas gardé l'argent* », précise Renaud. « *C'était pour les Compagnons du Devoir. Ce sont des sages. Faut être initié.* » « *Est-ce qu'il y a quelqu'un qui s'appelle* Cosmochronos *?* », lui demande Frédérique. Tous deux éclatent de rire.

Cosmochronos ? Frédérique – ou Juliet Berto – fait ici référence à la divinité adorée par la secte farfelue des *Compagnons de Baal*, une série télévisée écrite et interprétée par Jacques Champreux, le petit-fils de Louis Feuillade, réalisée par Pierre Prévert et diffusée en 1968. Juliet elle-même y apparaît dans le rôle d'une adepte de Cosmochronos. *Les Compagnons de Baal* étaient une tentative de raviver l'esprit des feuilletons dans le genre d'Eugène Sue. Bien que très sympathique, la série ne souffre pas la comparaison avec *Out 1*. Il lui manque ce réalisme, ce regard « documentaire » à la Jean Rouch qui permet au fantastique de générer un trouble beaucoup plus profond. Un trouble imitant l'effet des « *combinaisons bizarres de la vie* », comme dirait Nerval.

Colin erre dans le local de Thomas. Il répète le prénom de Pauline, encore et encore. Sarah entre dans un état second. On la croirait envoûtée. Commence un étrange dialogue, seulement à moitié audible, une partie étant diffusée à l'envers, comme dans un disque de pop psychédélique des années 1960. « *C'est une princesse, Pauline, savez-vous* », dit Sarah par moitié à l'envers par moitié à l'endroit. *Et vous qu'est-ce que vous êtes ?* » « *Un prince* », répond Colin. « *Vous savez que c'est dangereux* », reprend Sarah. « *Qu'est-ce que vous cherchez exactement ?* » « *Je crois que je vais craquer* », lui dit Colin.

Colin ou Jean-Pierre Léaud lui-même ? Si l'on en croit Bernadette Lafont, dans son autobiographie *La Fiancée du cinéma*, écrite en 1978, c'est Léaud lui-même qui craque. Les acteurs craquent et les personnages craquent avec eux : ça fait partie de l'énergie mystérieuse de ce film. « *Rivette est sans doute un grand adepte du labyrinthe* », écrit aussi Bernadette Lafont. « *Il doit aimer se cogner la tête par inadvertance contre les mystères. Sa magie est lumineuse. Il a inventé un jeu et nous en donne les règles, à nous de montrer si nous sommes bons joueurs ou non.* »

On arrive au huitième et dernier épisode. À l'Obade, la nuit, Émilie sert du vin chaud à Thomas, entouré de ses affidés. Le vrai faux malade appelle Lili. « *Lili est au lit hihi* », répond Émilie. Il appelle Sarah. « *Sarah n'est pas là haha* », dit Émilie. « *Qu'est-ce qui prouve que Sarah n'est pas là ?* », commencent à répéter Thomas et Achille. Ils déconnent mais ils font peur à Émilie. Et ils évoquent le fameux fantôme. Émilie entend un bruit : « *J'ai remarqué qu'il y a toujours un bruit à cette heure-ci, bizarre.* » Il est temps d'aller se coucher. Quand ils montent, Émilie tombe sur un foulard qu'elle reconnaît comme « *le foulard d'Igor* », mais Thomas dit qu'il appartient à Achille. Hum.

Déjà bien troublée par le manipulateur, Émilie monte dans sa chambre et là, stupeur, Sarah est sur son lit. Alors qu'il semblerait que, le même soir, au même moment, elle était à Paris avec Colin. Peut-être est-elle capable de bilocation ? En tout cas, elle n'a pas l'air bien réelle. On dirait presque un hologramme. Sarah regarde obsessionnellement Émilie et lui répète, en boucle, les mêmes questions, comme si elle cherchait à l'hypnotiser ou à la rendre folle : « *Pourquoi tu es venue ici ?* », « *Et Colin ?* »,

« *Et Igor ?* », « *Et tes enfants ?* » Après la scène avec Colin et les phrases diffusées à l'envers, c'est comme si c'était le film qui était rayé – le film ou la réalité… Sarah est une magicienne noire. Une envoûteuse au sens d'Artaud. Et le complot des Treize devient un « *complot contre la conscience* », paralysant Émilie dans sa détermination. Confuse, Émilie explique que son cœur est partagé entre Igor et Colin. Parfois elle se rebelle contre Sarah qui la regarde fixement, sans bouger. Elle se tourne violemment vers elle et lui dit : « *Arrête de me regarder comme ça !* » À quoi Sarah répond invariablement, d'une voix monocorde : « *Je te regarde normalement.* »

C'est une scène incroyable. Quelque chose de jamais vu au cinéma auparavant. Une séquence où les choses se passent moins dans les mots que dans l'état dans lequel les actrices sont, et qui se transmet aux spectateurs. Une scène incroyable et surtout, dans le rôle de l'envoûtée, une actrice incroyable : Bulle Ogier.

Est-ce à cette scène que pensait Éric Rohmer quand il écrira – bien plus tard, le 28 juin 1990 – à Stéphane Tchalgadjieff une lettre de félicitations pour avoir produit ce chef-d'œuvre qu'est *Out 1 ?* Une des plus belles lettres écrites par un cinéaste au sujet du film d'un de ses contemporains. Une des plus généreuses :

« *C'est, à mes yeux* », écrit Rohmer à l'héroïque producteur, « *une entreprise unique, un monument capital de l'histoire du cinéma moderne, une pièce essentielle du patrimoine cinématographique. Bien que* Out 1 *appartienne à la famille des films dits d'improvisation qu'ont illustrée ces pionniers que furent Rouch et Cassavetes, il est le seul à systématiser le propos et pousser jusqu'à ses ultimes conséquences une méthode qu'on n'utilise jamais, d'ordinaire, sans garde-fou. Avec une franchise et un courage uniques, Rivette s'y avance sur la corde raide, sans lorgner de secours ni du côté du documentaire ni de celui de la fiction. Le comédien ne peut, à aucun moment, combler les trous de son inspiration. Il n'a comme soutien que sa pure créativité. L'exemple le plus probant, à mon sens, est celui de Bulle Ogier qui, au départ, perdue dans la foule, se détache dans la ligne finale et nous subjugue par le rayonnement de son autorité.* »

Le lendemain matin, toujours à l'Obade, Émilie retourne devant la pièce fermée de la veille. La porte est ouverte cette fois-ci. Elle entre : c'est une pièce aux miroirs. Et elle se place au milieu. Son visage est reflété à l'infini. Comme dans la séquence précédente, il se passe quelque chose entre le film et les spectateurs, mais là, cela ne se passe ni dans les mots ni dans l'image. Un acte magique a lieu. Un signe est transmis. Mais lequel ?

Toujours à l'Obade, Thomas est avec Lili sur la plage. Thomas lui propose de recommencer à travailler avec lui. Lili refuse. Elle lui dit qu'elle arrête le théâtre pour faire de la politique. Ah bon ?

À Paris, Renaud a laissé un message accroché à la porte de la chambre de bonne de Frédérique : « *Si tu veux connaître le secret des Compagnons du Devoir, sois impasse Véron, demain matin, 6h. Renaud.* » Elle reprend sa vieille lettre de Pierre volée chez Étienne, où il dit faire partie des « *Compagnons du Devoir* » alias « *Les Dévorants.* » Elle commence à s'inquiéter, se saoule, puis se rend sur les toits, au-dessus du Moulin Rouge, dans son costume de garçon et un loup noir sur les yeux. Là, elle voit des mecs qui parlent une langue étrangère. Puis Renaud arrive. Les mecs lui filent un revolver et partent. Frédérique se confronte à lui. Renaud tire et la tue comme Tancrède tue Clorinde. Il enlève le loup du jeune homme, découvre que c'est Frédérique. Écran noir.

Pendant ce temps, Lucie retrouve Warok chez lui. Après avoir dit, encore une fois, qu'Émilie risque de devenir un problème pour eux, elle déplore l'inactivité de leur groupe. « *Y a des groupes partout* », dit Lucie. « *Pourquoi le nôtre n'existerait pas ?* » « *Ben voyons* », dit Warok. Et soudain Colin déboule et fait un dernier discours. Il est solennel, théâtral, grandiose.

« *Je vous apporte un message de bonheur. De bonheur parce que je vais très bien. Je vais très bien depuis que j'ai compris que votre* Histoire des Treize *et de ces hommes qui voulaient tenir en leur main toute une société, que cette* Histoire des Treize *était un pur fantasme d'adolescent. Une supercherie. Et je dirai même un fantasme idéologiquement faux. N'empêche que ce fantasme m'a emmené très, très loin dans un cauchemar épouvantable, dans un cauchemar épouvantable où j'ai frôlé la folie, où j'ai frôlé la mort. J'ai rencontré le sphinx et je n'y ai pas trouvé l'amour parce que je posais à ce sphinx une question qui était une question mal posée. Comme cette question des Treize est mal posée et les empêche justement de trouver la réalité. Pour ma part, j'en suis sorti et je vais bien. Je vais très, très, très, très, très, très bien. Et je vous laisse à vos conversations mondaines.* »

Il fait un tour sur lui-même et s'en va. Lucie est morte de rire. Il n'y a pourtant pas de quoi. Warok lui explique qui est ce Messager : « *Il m'a donné lecture d'un message dont la teneur et le style faisaient qu'il n'y avait aucun doute que Pierre en était l'auteur. J'ai téléphoné à Pierre. Pierre m'a répondu sur le ton que tu lui connais que ce jeune homme l'intéressait infiniment, qu'il fondait sur lui les plus grands espoirs, qu'il ne pouvait y avoir aucune erreur dans son choix. Et lorsque je lui ai demandé pourquoi, alors là, il a eu une réponse dont je te laisse juge. Il m'a dit : Eh bien voilà, j'ai cru pressentir son nom dans la lecture des astres.* »

On y voit enfin un peu plus clair. Un tout petit peu. Ce message est, en effet, probablement de Pierre, même si rien ne nous le prouve non plus. Mais ce n'est pas du tout ce qu'imagine Lucie quand, sentimentale, nostalgique, elle dit à Warok : « *C'est la preuve qu'il a besoin de nous, tu sais.* »

Car ce que dit l'énigme, ce n'est pas ça. Ce que dit l'énigme, c'est que les Treize sont partis chercher le Snark et ils ont rencontré le Boojum qui les a fait s'évanouir. En gros, Pierre dit à ses vieux potes qu'ils sont *dead*, obsolètes. Il a créé un nouveau groupe, un « *étrange équipage* » dont on n'est pas trop sûr de ce qu'il vaut, Les Compagnons du Devoir, mais qui a déjà à son actif la mort d'une innocente : Frédérique. Quant à son autre nouvelle recrue, Colin, comment dire ? Ce dernier a recommencé à tourner dans les cafés comme sourd-muet. Pas terrible, ces Dévorants.

Mais ce que dit cette énigme au spectateur, c'est autre chose. Ce qu'elle dit, c'est que, de *Paris nous appartient* à *Out 1*, le sujet du film s'est déplacé. Tout d'abord, on ne nie plus le fait qu'il y ait un complot. Le complot existe : c'est celui d'un groupe de types qui voudraient avoir Paris. La question désormais, c'est : est-ce que ça une quelconque importance ? Et la réponse est non. Ce n'est pas le « groupe » qui tient Paris. C'est Paris qui tient le « groupe ». Le « groupe » est nul. Rappelons-nous quand même que les Treize étaient nuls, eux aussi. Et il y a peu de chance que les Compagnons du Devoir soient moins nuls. Ils seront juste plus jeunes et plus violents. Les Compagnons du Devoir ont de fortes chances d'être un groupe terroriste comme il n'y en a pas eu en France dans les années 1970, mais en Allemagne ou en Italie.

À l'Obade, Émilie reçoit un coup de fil d'Igor. Il est à Paris, chez Warok. Bizarre : il y a cinq minutes, il n'y était pas mais Lucie et Warok parlaient du fait de devoir peut-être s'occuper de la pauvre Émilie… Tout à son amour, Émilie est heureuse, elle prend la voiture, elle va retrouver son Igor. Lili part avec elle. Authentique retour d'Igor ou piège inquiétant ? On ne saura pas.

Thomas est à la fois surpris et choqué : « *Mais c'est pas possible… C'est pas possible…* » Surpris parce qu'il est étonné qu'Igor soit revenu sans qu'il n'ait été prévenu ?

Ou choqué parce qu'il est certain que ce n'est pas Igor ? On ne saura pas.

Il part méditer sur la plage. Le metteur en scène désemparé est accompagné de ses deux derniers disciples, Achille et Rose. Ils font des *Aum*, comme au début de l'histoire, mais cette fois ils ont des clopes et du pinard. Ils n'arrivent pas à se concentrer. Thomas se rebelle : « *Oh puis non, non, non, non. Je veux pas.* » Il les chasse. Il crie : « *Laissez-moi !* » puis il s'effondre et ne bouge plus, comme s'il était mort. Achille et Rose se précipitent vers lui, affolés, jusqu'à ce qu'ils se rendent compte qu'il est vivant et se moquait d'eux. Dégoûtés, ils le laissent au sol et se cassent. Et Thomas reste seul, étalé sur la plage, les bras en croix, comme un martyr dérisoire. Un Christ de la bourgeoisie culturelle subventionnée. Puis il se relève, noue sa ceinture et avance, de guingois, sur la plage. Ce n'était une crucifixion ni très longue ni très éprouvante.

Le film se clôt sur une dernière image, très mystérieuse : c'est Marie, devant la statue d'Athéna, porte Dorée. Le personnage joué par Hermine Karagheuz, qui a envoyé tous les acteurs du groupe de Lili chercher Renaud aux portes de Paris : on ne l'avait pas vue depuis plusieurs épisodes. Pourquoi elle ? Et qu'attend-elle ? Peut-être parce que c'était elle, la Messagère, au début du film ? Elle qui a donné à Colin son premier message de Pierre ? Et c'est elle aussi qui a dissous le groupe de Lili finalement… Sans doute fait-elle partie des *Compagnons du Devoir* et peut-être est-elle la principale complice de Pierre. Le film se referme sur son mystère : Qui était Marie ?

Out 1 aura un destin étrange. Il y aura une projection unique à la Maison de la culture du Havre les 9 et 10 octobre 1971. Celle-ci est décrite dans un article du *Monde* de Martin Even. Il y a un public de 250 à 300 personnes. Les discussions autour du film ont surtout porté sur le fait que les acteurs avaient à se créer un passé. Par exemple, le personnage joué par Marcel Bozonnet. Même si ce n'est pas raconté dans le film, ses collègues de la troupe de Lili savent pourquoi ils l'appellent alternativement Nicolas, Papa, Arsenal, Théo. Il est aussi question d'Artaud qu'une spectatrice, Marie-Hélène, associe mystérieusement à l'atmosphère du film : « *Marie-Hélène dit qu'elle a mal dormi : ce film, qu'elle a vu et revu comme une obsession, les personnages – "ils m'agressent" –, l'intrigue qu'elle voudrait dénouer, des phrases d'Artaud qui reviennent : "Je travaille pour l'unique durée", "Je réclame des films fantasmagoriques". On parle des personnages comme de gens familiers.* »

Le Monde interroge Rivette, qui semble extrêmement gêné. À la question « *Quel est aujourd'hui votre sentiment devant le film ?* », il répond : « *D'être tombé dans un piège, sentiment aggravé par le fait que c'est moi qui ai mis en route la fabrication du piège. Cela joue sur tous les plans, aussi bien sur le plan matériel et économique que sur celui de la responsabilité à l'égard du film et de ses spectateurs éventuels […] Qu'est-ce qui fait qu'un spectateur accepte ou subit jusqu'à leur terme les douze heures quarante de projection ? Quelle est la part du chantage, de l'intimidation, celle de la manipulation ? [...] Pour ma part (mais je suis mauvais juge), je souhaiterais que le film fonctionne comme un mauvais rêve, surchargé d'incidences et de lapsus, un de ces rêves qui semblent d'autant plus interminables que l'on sait plus ou moins pendant qu'on les subit qu'il s'agit d'un rêve, et dont on ne croit sortir que pour y retomber.* »

Le film sera impossible à distribuer en salle. Rivette monte alors une nouvelle version, *Out 1 : Spectre*, d'une durée de quatre heures vingt, qui sort en mars 1974. Le carton qui ouvre le film, « *Paris et son double* », rend visible la référence à Artaud que ressentait à juste titre la spectatrice du Havre. Quant à Paris, c'est – comme chez Balzac – le « *personnage principal du film* », comme dit Stéphane Tchalgadjieff.

Dans un entretien donné au *Monde* en novembre 1972, Juliet Berto se montrait opposée à l'idée d'une version courte : « Out 1 *est avant tout un film sur la durée.* » Plus tard, en octobre 1974 à *Positif*, elle reparlera du film dans les mêmes termes : « *J'ai vu les treize heures. C'est un film que tous les professionnels devraient voir. Les treize heures présentent quelque chose d'assez fascinant et d'assez inquiétant sur les acteurs, sur la matière d'acteurs à cette époque-là, c'est-à-dire après 1968.* » L'interview du *Monde* se termine sur Juliet Berto disant, dégoûtée et grandiose : « *Vous avez vu la France ? Vous avez vu le cinéma ? Comment être optimiste dans ces conditions ?* »

Il faut attendre 1989 (bicentenaire de la Révolution), pour que la copie zéro de la version complète d'*Out 1* soit tirée et projetée au festival de Rotterdam et aux Rencontres de Saint-Denis, amputée alors du sixième épisode dont la bande sonore est partiellement perdue. Une fois la bande-son du sixième épisode reconstituée et le film restauré, le film est à nouveau présenté fin 1990 au Festival international du cinéma européen de la Baule, en 1991 au Forum du jeune cinéma de Berlin, et même à Cannes et sur la chaîne câblée Paris Première.

Il fait ensuite l'objet d'une sortie en cassettes vidéo. Ce qui est surprenant, c'est que l'idée de sortir *Out 1* en cassettes vidéo était présente dans l'esprit de Rivette dès 1971, alors qu'il n'y avait quasiment aucune cassette vidéo sur le marché. C'est ce qu'on découvre dans une interview (inédite, récemment retrouvée) accordée à Stéphane Sorel et Jöel Magny pour *Actuel* : « *C'est à mon avis la meilleure diffusion possible pour ce film de 12h40. Ça permettrait de ne pas être obligé de prendre le film de A jusqu'à Z, de zigzaguer, de faire des prélèvements, des rapprochements comme on peut faire avec un bouquin. Ça permettra enfin au spectateur d'avoir une manipulation du film, un rapport qui soit opératoire et qui, d'une certaine façon mime le rapport qu'a le cinéaste avec le film qu'il voit à la Moritone* [n.d.a. : la table de montage]. *Il pourrait même y avoir un système d'intervention pour couper les bandes, les remonter.* »

À l'occasion de cette sortie à la fin des années 1980, Jacques Rivette le rebaptise *Out 1 : Noli me tangere*. Un sous-titre encore plus énigmatique que le « *Spectre* » dont il est le pendant. Interviewé par la télévision allemande, Rivette expliquera : « *C'est une phrase qui m'a moi-même longtemps intriguée parce que je la voyais comme titre d'un tableau de la Renaissance. C'est une phrase après la résurrection du Christ, une des saintes femmes qui voit le Christ ressuscité, qui lui dit : "Ne me touche pas." Et il s'éloigne. Il a ce côté, le Christ. "C'est moi, c'est plus moi, je suis parti", et puis finalement il s'envole. Ce rapport "approche" et "distance" entre le personnage masculin et la femme qui va vers lui. En voyant tout le montage, c'est un film où les parcours des personnages, ils s'approchent mais ils divergent aussitôt. Des mouvements vers l'autre presque toujours interrompus. Et puis on peut rêver. On trouve cinq cents interprétations. On jette ça aux critiques pour qu'ils s'amusent.* »

Le fait de ne pas pouvoir toucher l'autre est particulièrement visible dans la scène où Pauline fait un geste magique qui empêche Colin de la suivre, faisant surgir une vitre invisible entre eux deux. Mais Rivette a peut-être également le souvenir inconscient d'une étrange remarque qu'avait faite Juliet Berto dans son entretien pour *Positif* en octobre 1974 : « *Rivette m'a dit : Tu vas faire un personnage un peu comme la* Chinoise. *J'ai dit : non surtout pas. Je veux être une menteuse, une voleuse. Si je mens, je joue deux fois. Je voulais distancer mon personnage pour éviter que Jacques ne me touche.* »

Enfin, il a peut-être également pensé au premier titre de *La Duchesse de Langeais*, qu'il a dû lire entretemps : *Ne touchez pas la hache*. Il en fera en tout cas le titre de son adaptation en 2007. Tout ça, ce sont des histoires de toucher, c'est-à-dire des histoires d'appartenance au monde. Nous sommes toujours *out*, dehors, parce que nous sommes toujours enfermés à l'intérieur de nous-mêmes. Et nous avons besoin d'être touchés ou de toucher pour croire à notre appartenance à ce monde. Comme dit le musicien Eyvind Kang : « *Tout le monde veut être à l'intérieur du son, mais il y a toujours quelque chose qui nous en empêche. Nous sommes toujours un peu à l'extérieur.* » La réalité extérieure, c'est pareil. Tout le monde veut être à l'intérieur de l'extérieur, mais il y a toujours quelque chose qui nous en empêche. Nous sommes toujours un peu à l'intérieur.

Mais nous sommes également tous *out*, dehors, parce que la société n'appartient à personne. Le principe de l'oppression capitaliste étant la division du travail et l'étanchéité des milieux, nous avons tous l'impression que les autres font société tandis que nous sommes seuls. C'est Simone Weil qui, curieusement, a le mieux anticipé le scénario d'*Out 1*, trente ans en avance, quand elle écrit : « *De toutes parts on est obsédé par une représentation de la vie sociale qui, tout en différant considérablement d'un milieu à l'autre, est toujours faite de mystères, de qualités occultes, de mythes, d'idoles, de monstres ; chacun croit que la puissance réside mystérieusement dans un des milieux où il n'a pas accès, parce que presque personne ne comprend qu'elle ne réside nulle part, de sorte que partout le sentiment dominant est cette peur vertigineuse que produit toujours la perte du contact avec la réalité.* »

Colin et Frédérique sont des *outsiders*, des marginaux. Ils ne sont pas inclus dans les décisions de la société dont ils subissent nécessairement les conséquences. Tandis qu'Étienne, Lucie, Warok et même des personnalités plus fragiles comme Thomas, Émilie/Pauline, Sarah ou Lili, sont des *insiders*. À l'instar de Colin ou de Frédérique, nous sommes toujours un peu *out*, dehors, parce que nous avons le sentiment que les autres font société tandis que nous sommes seuls. Et c'est la source de tous les imaginaires du complot. Il y a de l'imaginaire du complot parce qu'il y a de l'inégalité dans les possibilités de se réaliser dans ce monde. Et parce qu'il y a de l'obscénité à vivre dans une société qui fait l'éloge de la force, allant jusqu'à la parer de vertus morales, la confondant avec le bien. Ainsi celle-ci écrase la faiblesse sous la double peine de la pauvreté matérielle et de la culpabilité religieuse ou politique. Les perdants de cet ordre du monde verront dans ceux qu'ils estiment, à tort ou à raison, les gagnants de celui-ci, les membres d'un complot pour les paralyser dans leur détermination. Alors qu'ils n'ont fait que de bénéficier de la nécessité aveugle ou ont simplement exercé leur force sans souci de la justice. Ce bénéfice, d'ailleurs, ne durera pas.

Face à Colin et Frédérique, qui ne jouent pas du tout, les Treize sont des bourgeois qui jouent à la révolution. Un peu comme les surréalistes, un peu comme André Breton face au *Grand Jeu*. Et, à mesure qu'on avance dans le récit, on se rend compte que, non seulement leur complot ne tient pas du tout la route mais qu'ils le savent. Et même que ça les arrange. Jacques Rivette le dira de la façon la plus claire à la télévision allemande en 1980 : « *Ce ne sont pas des gens très sérieux, de toute façon. Tous ces gens-là, c'est des intellectuels, comme dit Renoir. On ne va pas les prendre très au sérieux. Ils le savent d'ailleurs. Y en a deux qui sont au premier degré, mais ce sont justement les deux innocents, les deux victimes. Ce sont Colin et Frédérique, ce sont les deux innocents qui croient qu'il y a des grandes personnes qui font des choses très importantes. C'est des enfants qui croient encore que les grandes personnes existent. Mais les autres savent bien que c'est pas vrai. Ils sont plus ou moins sceptiques. Ça les a amusés de rêver au groupe des Treize, c'est comme de jouer aux Indiens. Comme les gens qui font de la politique, pareil, tout ça c'est des enfants. Quand même, c'est pas sérieux. Les gens sérieux ce sont les gens qui font des choses réelles. Les peintres sont des gens sérieux. Pas les présidents. Ça, c'est des enfants.* »

La drôlerie d'*Out 1*, son impression de liberté et de désinvolture, nous ferait presque oublier les deux victimes du film : Colin et Frédérique. Et leur sacrifice fait évidemment penser au destin de Jurieux dans *La Règle du jeu* et à la conversation que Rivette avait eue avec Renoir dans *Jean Renoir le patron* : « *Le monde ne vit que de sacrifices, alors il faut tuer des gens pour apaiser les dieux. Là, cette société va continuer parce que Jurieux a été tué.* »

Cet arrière-plan peut nous faire apparaître une autre source d'*Out 1*. Une source au moins aussi importante que les Treize, Jean Rouch, Feuillade ou Lewis Carroll. Une source tellement évidente qu'elle en était invisible.

Out 1 est un *remake* de *La Règle du jeu.*

C'était tellement évident qu'on n'y pensait même pas. *Out 1*, c'est la *Règle du jeu* de la bourgeoisie culturelle de gauche. C'est l'histoire des *Cahiers* ou de Mai 1968, mais relue à l'aune de la vision impitoyable de *La Règle du jeu.* Ce sont des gens qui jouent à la révolution. Mais, pour que continue cette comédie de la révolution, il faut qu'il y ait une innocente qui meure et un marginal qui retourne à sa marge. Frédérique est l'innocente, l'être qu'on a sacrifié sur l'autel des dieux pour la continuation de ce genre de vie. Et, à l'instar de Marceau et d'Octave, qui se cassent du château de La Colinière après la mort de Jurieux à la fin de *La Règle du jeu*, Colin retourne à son rôle de pseudo-sourd-muet, au *Deauville*, sur les Champs-Élysées.

Ce n'est pas tout. Dans son très beau livre *Jacques Rivette secret compris* (2001), Hélène Frappat nous apprend deux choses importantes sur *Out 1.*

La première, c'est qu'*Out 1* devait initialement avoir une suite : « Out 2, *dans laquelle le spectateur aurait découvert l'identité du mystérieux Igor (rôle prévu pour Sami Frey) et du fascinant Pierre (Alain Cuny).* »

La seconde, c'est que le projet initial de Rivette qui suivait immédiatement *L'Amour fou*, envisagé et abandonné juste avant Mai 1968, était initialement un *biopic* de Jean-Jacques Rousseau. Jean-Pierre Léaud aurait interprété le jeune Jean-Jacques. Charles Denner aurait joué le vieux Rousseau. « *Avant d'être une adaptation balzacienne* », écrit Hélène Frappat, « Out 1 *est une expérience rousseauiste.* »

Oui. Et nous ajouterons : *Out 1* reste rousseauiste sur le fond. Parce que le film retrouve le mouvement même par lequel Jean-Jacques Rousseau a pu démonter ce que des siècles d'hypocrisie nous avaient habitués à considérer comme naturels : se satisfaire de l'état dans lequel certains hommes laissent d'autres hommes donner à l'inégalité sociale une apparence de « normalité ». *Out 1* propose une critique « rousseauiste » de la bourgeoisie culturelle de gauche. Une critique « rousseauiste » du groupe des *Cahiers*. Une critique « rousseauiste » de ce que à quoi se contentent les intellectuels. *Out 1* est même un *crime « rousseauiste »*. Parce que, soyons honnêtes, pour avoir ouvert les yeux de ses lecteurs sur leur condition politique et sociale, leur avoir expliqué que l'inégalité sociale n'est pas une étrange fatalité mais la conséquence d'un choix, celui de certains hommes pour que d'autres hommes peinent et suent à leur place ; pour cela, Rousseau aura été considéré, purement et simplement, comme un criminel.

1751, premier crime. Le *Discours sur les sciences et les arts*, où Rousseau s'attaque, chez les bourgeois cultivés, à ce qui justifie leur statut social : leur fameuse culture pseudo-progressiste. « *La première source du mal est l'inégalité ; de l'inégalité sont venues les richesses. Des richesses sont nés le luxe et l'oisiveté ; du luxe sont venus les beaux-arts et de l'oisiveté les sciences.* » C'est un tollé général. Il y a des tentatives de réponse de la part de plusieurs imbéciles. Et Rousseau, qui dit toujours qu'il ne va pas répondre, répond quand même, et remet le couvert, de lettre en lettre : « *Avant que ces mots affreux de* tien *et de* mien *fussent inventés ; avant qu'il n'y eut de cette espèce d'hommes cruels et brutaux qu'on appelle maîtres, de cette autre espèce d'hommes fripons et menteurs qu'on appelle esclaves ; avant qu'il y n'eût des hommes assez abominables pour oser avoir du superflu pendant que d'autres meurent de faim ; avant qu'une dépendance mutuelle les eût tous forcés à devenir fourbes, jaloux et traîtres ; je voudrais bien qu'on m'expliquât en quoi pouvaient consister ces vices, ces crimes qu'on leur reproche avec tant d'emphase.* »

1755, deuxième crime : le *Discours sur l'origine et les fondements de l'inégalité parmi les hommes*, soit le chaînon manquant entre les « cathares » et la Révolution française. « *Le premier qui, ayant enclos un terrain, s'avisa de dire : Ceci est à moi, et trouva des gens assez simples pour le croire, fut le vrai fondateur de la société civile. Que de crimes, de guerres, de meurtres, que de misères et d'horreurs n'eut point épargnés au genre humain celui qui, arrachant les pieux ou comblant le fossé, eût crié à ses semblables : Gardez-vous d'écouter cet imposteur ; vous êtes perdus, si vous oubliez que les fruits sont à tous, et que la terre n'est à personne.* »

Dans ce livre, Rousseau fait découvrir à ses contemporains l'étendue de leur prison. Une prison dans laquelle ils sont enfermés depuis si longtemps qu'ils la célèbrent comme la forme la plus évoluée de liberté et vont jusqu'à vouloir l'imposer au reste du monde. « *L'homme sauvage* », écrit Rousseau, « *ne respire que le repos et la liberté, il ne veut que vivre et rester oisif. Au contraire le citoyen toujours actif sue, s'agite, se tourmente sans cesse pour chercher des occupations encore plus laborieuses : il travaille jusqu'à la mort, il y court même pour se mettre en état de vivre, ou renonce à la vie pour acquérir l'immortalité. Il fait sa cour aux grands qu'il hait et aux riches qu'il méprise ; il n'épargne rien pour obtenir l'honneur de les servir ; il se vante orgueilleusement de sa bassesse et de leur protection et, fier de son esclavage, il parle avec dédain de ceux qui n'ont pas l'honneur de le partager.* »

Et puis il y aura le *Contrat social* en 1762, où Jean-Jacques Rousseau cherche le meilleur système, celui dont l'autorité ne tirerait sa légitimité que du bien commun – ce qu'il appelle la volonté générale. Troisième crime : « *L'homme est né libre, et partout il est dans les fers. Tel se croit le maître des autres ; qui ne laisse pas d'être plus esclave qu'eux.* » Mais c'est un livre qu'il jugera lui-même « *à refaire* », tant Rousseau n'arrive pas à faire pencher la balance sur la volonté générale face au régime démocratique qui promeut la volonté de tous. La volonté de tous n'est pas la volonté générale. Elle peut aussi, malgré tout, n'être que la somme de tous les égoïsmes et de toutes les illusions. Rousseau y esquisse également une définition de la « *religion de l'homme* » extrêmement proche de celle des Sans Roi : « *sans temples, sans autels, sans rites, bornée au culte purement intérieur du dieu suprême et aux devoirs éternels de la morale [...] pure et simple religion de l'Évan-*

gile [...] Par cette religion sainte, sublime, véritable, les hommes, enfants du même Dieu, se reconnaissent tous pour frères, et la société qui les unit ne se dissout pas même à la mort. » À celle-ci il oppose à la fois la « *religion du citoyen* », avec ses dogmes, ses rites et son culte extérieur prescrit par les lois de la nation, et la « *religion du prêtre* » : « *religion plus bizarre, qui donnant aux hommes deux législations, deux chefs, deux patries, les soumet à des devoirs contradictoires, et les empêche de pouvoir être à la fois dévots et citoyens.* »

Crime, crime, crime et châtiments. « *Voilà la philosophie d'un gueux qui voudrait que les riches fussent volés par les pauvres* », s'indigne Voltaire. On dirait Barruel au sujet de Mani. Le chantre de la tolérance avait ses limites. Il fera publier en 1764 un pamphlet anonyme, le *Sentiment des citoyens*, qui se termine tranquillement par une demande d'exécution : « *Si on châtie légèrement un romancier impie, on punit capitalement un vil séditieux.* » Voltaire n'est pas seul à voir Rousseau comme un danger pour les riches. En 1762, le Parlement de Paris décide de son arrestation, et l'archevêque de Paris lance dans la foulée un mandement contre Jean-Jacques Rousseau, qui doit fuir. Il repart chez lui, à Genève. Cela ne se passe pas mieux avec le Conseil de la ville, qui dénonce le *Contrat Social.* On lui annonce qu'il sera mis automatiquement en arrestation si jamais il compte s'installer ici. Il se sauve sur l'île Saint-Pierre, terre qui relève de Berne, et le Sénat de Berne lui ordonne de partir. Ni les Français catholiques ni les Suisses protestants ne veulent du christianisme *outlaw* et de l'égalitarisme radical de Rousseau, qui devra errer jusqu'en 1778 dans diverses villes de fortune, d'Yverdon à Môtiers. Et les calomnies et persécutions des autres philosophes iront si loin qu'il en deviendra fou, le premier fou officiel de l'Histoire littéraire, avant Nerval, Hölderlin, Nietzsche, Artaud. Mais aussi le premier témoin de ce « *complot contre la conscience* » réalisé alors contre lui par les intellectuels de son temps.

« *Dans l'abîme des maux où je suis submergé* », écrit Rousseau, « *je sens les atteintes des coups qui me sont portés, j'en aperçois l'instrument immédiat ; mais je ne puis voir ni la main qui le dirige, ni les moyens qu'elle met en œuvre. L'opprobre et les malheurs tombent sur moi comme d'eux-mêmes et sans qu'il y apparaisse. Quand mon cœur déchiré laisse échapper des gémissements, j'ai l'air d'un homme qui se plaint sans sujet, et les auteurs de ma ruine ont trouvé l'art inconcevable de rendre le public complice de leur complot, sans qu'il s'en doute lui-même et sans qu'il en aperçoive l'effet. En narrant donc les événements qui me regardent, les traitements que j'ai soufferts, et tout ce qui m'est arrivé, je suis hors d'état de remonter à la main motrice, et d'assigner les causes en disant les faits.* »

Jean-Jacques Rousseau est la première victime de cette affaire d'envoûtement. Il faut dire qu'il aura surtout commis le crime suprême, le geste d'authentique liberté spirituelle et politique qui conditionne tous les autres. Il aura *refusé la pension du roi*. C'est le 18 octobre 1752, au moment de ce qui devait être le début d'une brillante carrière, la représentation de son petit opéra, *Le Devin de village*, à Fontainebleau, devant Louis XV et Mme de Pompadour. Quand le roi et sa maîtresse déboulent, Rousseau préfère fuir que d'avoir à les rencontrer et accepter la pension que le monarque s'apprête à lui octroyer.

« *Je perdais, il est vrai, la pension qui m'était offerte en quelque sorte, mais je m'exemptais aussi du joug qu'elle m'eût imposé. Adieu la vérité, la liberté, le courage. Comment oser désormais parler d'indépendance et de désintéressement ? Il ne fallait plus que flatter ou me taire.* »

Les philosophes des Lumières, Diderot en tête, n'en reviennent pas qu'il ait laissé passer une opportunité pareille. Le nombre de courbettes que ces « grands hommes » étaient prêts à faire pour quelque chose pour laquelle Rousseau n'avait qu'à se baisser. C'est son disciple Robespierre qui le dira si bien, dans un discours prononcé à la Convention, le 18 floréal de l'an II. Les philosophes des Lumières « *déclamaient quelquefois contre le despotisme, et ils étaient pensionnés par les despotes ; ils faisaient tantôt des livres contre la cour, et tantôt des dédicaces au roi [...] fiers dans leurs écrits, rampants dans les antichambres.* » C'est qu'ils ne voient pas la chose vraiment importante : le temps du roi est passé, Rousseau vient d'y mettre fin, il vient de désacraliser l'autorité royale pour toujours.

Cette idée se retrouve chez Gérard de Nerval, et d'une façon tout à fait incroyable. Dans un passage d'« Angélique », dans *Les Filles du feu*, le poète se balade avec un paysan dans les ruines de l'abbaye de Chaalis, pas loin de Montmorency où avait séjourné Jean-Jacques Rousseau entre 1756 et 1762. Le paysan montre à Nerval une ruine et, plus fantaisiste encore que Gérard lui-même, il lui dit : « *Voici la tour où était enfermée la belle Gabrielle… Tous les soirs Rousseau venait pincer de la guitare sous sa fenêtre, et le roi, qui était jaloux, le guettait souvent, et a fini par le faire mourir.* »

Bien entendu, le paysan commet un anachronisme extraordinaire. Bien entendu, deux cents ans séparent Henri IV et sa maîtresse Gabrielle d'Estrées et Jean-Jacques Rousseau. Et la belle Gabrielle ne résidait pas dans une tour située dans l'abbaye de Chaalis, mais dans le château royal de Monceaux que lui avait offert Henri IV, dans l'Aisne. Mais Nerval, qui comprend tout, commente ainsi la parole du paysan : « *Le sentiment qui a dicté cette pensée est peut-être plus vrai qu'on ne croit. Rousseau, qui a refusé cent louis de madame de Pompadour, a ruiné profondément l'édifice royal fondé par Henri. Tout a croulé. Son image immortelle demeure debout sur les ruines.* »

Ce qu'a fait Rousseau, en fuyant le roi pour ne pas recevoir sa pension, c'est en réalité un geste magique. C'est un « *signe qui force les mondes* », au sens du *Grand Jeu* qui cherchait, Roger Gilbert-Lecomte en tête, l'attitude susceptible de bouleverser irrémédiablement le cours des événements – de « *donner le coup de couteau dans les décors en toc du sensible* ». En faisant l'inimaginable, il a produit l'impensable. Et, en moins d'un demi-siècle, tout s'est effondré.

C'est un geste de ce type que vise Colin dans *Out 1*. Certes, la bourgeoisie culturelle de gauche vient de rencontrer son Boojum qui, lentement mais sûrement, sur cinquante ans, va la faire basculer dans la bourgeoisie culturelle d'extrême droite. L'appartenance de classe est ce Boojum. Ce petit monde est passé à côté de son moment révolutionnaire en 1968 et une autre opportunité ne se présentera pas de sitôt. Ce ne serait pas si grave si cela ne devait pas entraîner tant de catastrophes. Ce ne serait pas si grave si certains ne devaient pas mourir pour que continue ce genre de vie. Mais en envoyant balader ses Treize, Colin n'en est encore qu'au rejet de leurs «*fantasmes d'adolescents idéologiquement faux*». Il n'a pas trouvé le geste.

C'est encore un geste analogue que cherche Frédérique. Mais se perdant, comme Colin, comme Nerval avant eux, dans un amour qui est également un piège, elle meurt avant d'avoir trouvé la clé qui lui aurait permis de renverser ce monde menteur. Ce qu'ont cherché Nerval, Gilbert-Lecomte, Colin, Frédérique, c'est un geste qui puisse dire : *Cette fois-ci, ça ne se passera pas comme ça.*

Guerrières du Bonheur et de la Paix

(De Juliet Berto à Hermine Karagheuz)

C'est au Sphinx-Hôtel qu'elle s'installe quand elle arrive à Paris. Elle, ce n'est pas Frédérique. Elle, c'est Nadja, de son vrai nom Léona Delcourt. Elle est née le 23 mai 1902, dans la banlieue de Lille, dans la ville de Saint-André. Elle le rencontre le 4 octobre 1926. Lui, ce n'est ni Étienne ni Renaud ni Pierre. Lui, c'est André Breton.

Dans le livre qu'il va tirer de leur rencontre deux ans plus tard, toute la première partie est construite comme une succession d'annonces de l'advenue de cette femme. La plus importante est une longue évocation de la pièce *Les Détraquées* qu'il a vu au Théâtre des Deux-Masques en 1921. Il raconte la pièce en morceaux sans arriver à restituer correctement l'intrigue. Ce n'est pas si difficile, pourtant. C'est l'histoire d'une passion amoureuse criminelle entre une directrice de pensionnat et une professeure de danse opiomane qui s'achève par la découverte du cadavre ensanglanté d'une petite fille et d'un cri. La petite fille sacrifiée, dans le livre de Breton, ce sera Nadja, bien sûr.

Le récit commence le 4 octobre alors qu'il la rencontre place Frantz-Liszt. Il vient d'acheter un livre de Léon Trotski à la librairie L'Humanité, rue Lafayette. Elle se rendait initialement chez le coiffeur, ce qui l'étonne parce que ses cheveux sont impeccables (il ne connaît pas les codes en vigueur : les coiffeurs étaient alors les relais pour les prostituées occasionnelles qui venaient y trouver le contact de clients potentiels). Ils errent et parlent ensemble dans le quartier de la gare du Nord. Elle lui dit qu'elle aime prendre le métro pour regarder le visage des hommes qui rentrent du boulot. « *Il y a de braves gens* », dit-elle. Il s'énerve contre les gens qui travaillent. Il veut des saboteurs. Ils marchent jusqu'à la rue du Faubourg Poissonnière. Il doit rentrer. Sa femme l'attend.

Ils se retrouvent dès le lendemain à *La Nouvelle France*, 92, rue Lafayette. Il apporte deux livres qu'il a écrit : *Les Pas perdus* et *Poisson soluble*. Elle s'arrête sur un poème de Jarry. Elle évoque ses « protecteurs » : un homme qu'elle a surnommé « Grand ami » et un Américain qui lui donne le nom de sa fille morte, Lena.

Troisième jour. Ils ont rendez-vous à *La Nouvelle France* à 17 heures 30, mais ils se croisent plus tôt dans l'après-midi rue de la Chaussée-d'Antin. Elle est gênée de tomber sur lui. Elle cherchait des « bonbons hollandais » (encore un code qu'il ne comprend pas : les « bonbons hollandais » est un petit nom qu'on donnait à la cocaïne).

Elle lui parle d'un texte d'un des deux livres qu'il lui a donnés, *Les Pas perdus* : « L'Esprit nouveau », où il décrit une femme que lui et ses amis croisent et sur laquelle ils se posent des questions. Elle ne voit pas où il veut en venir. Elle est énervée, impatiente. Ils s'embrassent. Puis elle lui parle du pouvoir magnétique qu'il exerce sur elle. Elle évoque une courte scène dialoguée de l'autre livre, *Poisson soluble*, où apparaît une certaine Hélène. « *Hélène, c'est moi* », dit-elle. Il est surpris : sa voyante, Mme Sacco, lui avait annoncé la venue d'une Hélène, justement. Ils vont dîner ensemble chez *Paul*, 15, place Dauphine. Elle dit qu'il y a un souterrain qui relie la place Dauphine et le Palais de Justice. Elle pense à « *ce qui s'est déjà passé sur cette place et ce qui s'y passera encore* ». Elle annonce le changement de couleur d'une fenêtre, noire, qui devient rouge. Ils longent les quais jusqu'à la Conciergerie. « *Moi aussi j'ai été en prison. Qui étais-je ? Il y a des siècles. Et toi, alors, qui étais-tu ?* » Ils continuent à marcher vers le Louvre. Elle repense à leur baiser : « *un baiser dans lequel il y a une menace.* » Elle parle d'une main qui flambe sur l'eau. À minuit, ils sont aux Tuileries, face à un jet d'eau. Elle compare le jet d'eau à leurs pensées. Il y voit une correspondance avec une phrase du livre qu'il est en train de lire. Ils aboutissent à un bar, au 167, rue Saint-Honoré : le *Dauphin*. Elle remarque qu'ils sont allés de la place Dauphine au

Dauphin. Mais elle s'alarme à la vue de la mosaïque du sol. Bon, il est temps de rentrer.

Quatrième jour. Ils ont rendez-vous à 17 heures mais il sort deux heures plus tôt avec sa femme et, alors qu'ils évoquent Nadja, il la reconnaît à l'entrée de la rue Saint-Georges et la rejoint. Ça ne pose pas de problème à son épouse. Ce n'est pas précisé dans le livre, mais celle-ci a entamé une liaison avec un ami de son mari et leur couple est désormais de l'ordre de la camaraderie. Nadja a besoin d'argent. Il propose de lui en donner. Ils s'embrassent. « *La communion se passe en silence* », commente-t-elle.

Cinquième jour. Il l'attend à *La Nouvelle France* pour lui donner l'argent, mais il ne la voit pas arriver. Il cherche alors l'hôtel où elle vient de s'installer (Nadja déménage tout le temps). C'est l'hôtel du Théâtre, 5, rue de Chéroy : il lui laisse une lettre.

Sixième jour. Elle s'était bien rendue au rendez-vous la veille, mais, dans un acte manqué que, curieusement, il ne relève pas, c'est lui qui s'est trompé de lieu. Le rendez-vous était au *Café de la Régence*, et il est allé à *La Nouvelle France*. Il n'avait peut-être pas envie de lui donner cet argent et son inconscient a pris les commandes. Mais il va le lui donner quand même. Elle pleure.

Septième jour. Ils se retrouvent pour dîner au restaurant *Delaborde*, quai Malaquais. Elle voit une main dans le ciel. Et une main de feu sur une affiche aussi : « *La main de feu, c'est toi [...] André ? Tu écriras un roman sur moi. Je t'assure. Ne dis pas non. Prends garde :*

tout s'affaiblit, tout disparaît. De nous il faut que quelque chose reste... »

La veille, elle a rencontré une vieille dame qui cherchait une certaine Mme Camée et lui a tendu une carte. Elle pense que c'est une sorcière. La carte dit : « *Madame Aubry-Abrivard, femme de lettres, 20, rue de Varenne.* »

Huitième jour. Il envoie un de ses amis à l'adresse de la carte, rue de Varenne, mais il n'y a personne. Un mot dit : « *Mme Aubry-Abrivard rentrera très tard, mais rentrera sûrement.* » La journée est mauvaise. Il s'ennuie.

Neuvième et dernier jour consigné. Il voudrait qu'un de ses amis fasse le portrait de Nadja mais celui-ci a consulté Mme Sacco et celle-ci lui a dit de se « *méfier d'une Nadia* ». L'ami ne fera pas le portrait. Il la retrouve dans un café du boulevard des Batignolles. Elle lui donne un dessin. Ils dînent près du Palais-Royal puis décident de quitter Paris. Dans le compartiment de train qui les emmène à Saint-Germain-en-Laye où ils vont passer la nuit, à l'hôtel, il l'embrasse. Elle crie : « *Il y a quelqu'un. Je viens de voir très nettement une tête renversée.* » Il y a en effet un employé de chemin de fer sur le toit du wagon.

Ici se situe leur nuit d'amour, qu'il décidera de retirer de la réédition de 1963. De cette nuit d'amour, nous ne saurons qu'une chose. Un aveu de Breton à Pierre Naville : « *Coucher avec Nadja, c'est comme coucher avec Jeanne d'Arc.* »

Une fois qu'ils ont passé une nuit ensemble, le ton du livre change du tout au tout. Il s'inquiète de l'état dans lequel ils se sont trouvés, livrés « *à la fureur des symboles* ». Elle lui explique qu'elle s'est prostituée et se prostitue encore pour gagner de l'argent. Comme une espèce d'Henri de Marsay, maintenant qu'il a baisé, il lui dit qu'il ne veut pas poursuivre la relation.

Le récit continue un peu après le 13 octobre. Ils continuent à se voir mais quelque chose est brisé. Elle va de plus en plus mal. Elle est amoureuse et ne supporte pas leur séparation. « *C'est froid quand je suis seule* », écrit-elle le 22 octobre. « *Mon chéri, le chemin du baiser était beau, n'est-ce pas… Mais je redescends toujours seulette l'escalier qui conduit au bonheur.* » Fin décembre : « *J'ai perdu, c'était prévu n'est-ce pas.* » Le 20 janvier : « *Je vous valais quand je vous repoussais, mais maintenant par ce matin si clair d'espérances… je ne puis que pleurer.* » Le 28 janvier : « *Je n'ai qu'une seule idée, une seule image. C'est vous. Je suis comme une colombe blessée par le plomb qu'elle porte en elle.* »

Elle est internée après une crise de démence le 21 mars 1927. Dans le livre qu'il lui consacre et qui porte son nom, Breton fait la critique des hôpitaux et des asiles. Mais il admet aussi n'avoir pas eu le courage d'aller la voir. Il l'appelle : « *Qui vive ? Est-ce vous, Nadja ? Je ne vous entends pas. Qui vive ?* »

Céline et Julie vont en bateau corrigera *Nadja*. Et déjà *L'Amour fou* pouvait se lire comme une relecture de Breton, mais du point de vue de la femme. « *C'est un titre qui renvoie dans plusieurs sens à la fois* », avait dit Rivette à *Positif* en 1969, « *soit qu'on le prenne au pied de la lettre, soit qu'on analyse l'écho qu'il donne du livre de Breton. Et pas seulement de ce livre de Breton mais de tout ce que représente Breton.* »

Dans *Céline et Julie*, le « héros » est une fille, Julie, et celle-ci n'abandonnera pas Céline comme Breton a abandonné Nadja. La pièce que Breton ne revoit qu'en morceaux, *Les Détraquées*, se retrouvera sous la forme du récit qui se répète dans la maison du 7bis, rue du Nadir-aux-Pommes, s'achevant sur la main ensanglantée sur l'oreiller de la petite fille. Céline et Julie vont sentir les signes de leur destin mutuel se multiplier, un peu comme Breton et Nadja, mais elles ne vont pas s'en inquiéter. Elles vont s'en amuser.

Dans le rôle de la marginale sacrifiée pour permettre à une société pourrie de continuer à exister, Juliet Berto mourait sous le nom de Frédérique à la fin d'*Out 1*. Mais c'est pour ressusciter immédiatement sous le nom de Céline. Et « *cette fois, ça ne se passera pas comme ça* ». Parce que le sujet de ce film sera, justement, les conditions requises pour que l'innocente ne soit pas sacrifiée. Le cinéma de Jacques Rivette, traversé de très nombreuses *actrices romanesques*, dont la principale est évidemment l'immense Bulle Ogier, laisse apparaître, à partir d'*Out 1* et le temps de quelques films, deux *actrices poétesses* : Juliet Berto et Hermine Karagheuz.

Juliet Berto, pour commencer. Juliet Berto a 24 ans en 1971 quand elle tourne *Out 1*. Elle est née à Grenoble, « *ville tombeau ville chiotte ville réceptacle ville d'en bas* », écrira-t-elle dans *La Fille aux talons d'argile*, son unique livre, publié en 1982. « *Ville traversée par deux fleuves – l'Isère et le Drac – le dragon et le serpent de la légende – dans cette prophétie il est dit qu'un jour le Dragon et le Serpent envahiront la ville et elle sera immergée dans leurs eaux* ». Juliet est remarquée tout d'abord dans des films de Godard, *Deux ou trois choses que je sais d'elle* (1967), *La Chinoise* (1967), *Week-end* (1967), *Le Gai Savoir* (1969). Mais c'est surtout *Céline et Julie vont en bateau* en 1974 qui va révéler son style. Elle est l'une des deux comédiennes principales et l'une des coscénaristes du film. Elle est surtout, avec Rivette, à l'origine de celui-ci.

Sous-titré « Phantom Ladies Over Paris », *Céline et Julie vont en bateau* commence par un carton qui rappelle les films muets : « *Le plus souvent, ça commençait comme ça.* » Nous sommes dans le square Suzanne-Buisson, en haut de la colline Montmartre, au zénith de Paris. Une jeune femme rousse, jouée par Dominique Labourier, tient dans une main le *Traité méthodique de magie pratique* de Papus. C'est peut-être la première apparition d'un livre de Papus à l'écran. Notre nouvelle « Andrée Breton » trace un pentacle sur le sable. Elle regarde autour d'elle.

Et soudain une autre Nadja apparaît. Brune, aux vêtements colorés, jouée par Juliet Berto, avec un boa de music-hall. Elle se déhanche bizarrement, comme une petite fille ou une poupée, et fait tomber ses lunettes de soleil. La rousse ramasse les lunettes et se met à poursuivre la brune qui se met subitement à courir, et perd un foulard et une poupée. Elle se rend en haut de la rue du Calvaire dans un petit théâtre où elle officie comme magicienne sous le nom de « la Mandragore » et dans un costume qui rappelle celui de Mandrake, le héros de Lee Falk. Avec le « Phantom » du titre, ça fait deux références au même auteur. Grande lectrice de bandes dessinées, Juliet Berto reparlera de Mandrake dans une interview. Ce sera à propos de ses rêves : « *Parce que mes rêves, je ne suis jamais arrivée à les traduire. Je n'arrive pas à décrire la géométrie de l'espace de mes rêves. C'est tellement bien foutu ! J'aimerais bien servir de cobaye. À la Mandrake. Qu'on utilise mes rêves. Je voudrais bien les partager.* »

Un point de montage, et hop : les deux femmes sont en banlieue, à Colombes. Use-t-on ici du Langage des Oiseaux, comme dirait Colin ?

La brune entre dans un hôtel, La Colombe. Elle remplit une fiche : « *Céline Cendrars, née le 15 janvier 1950 à Saint-Gapour – magicienne* ». L'autre, Julie donc, est dehors. Et Céline l'observe depuis la fenêtre de sa chambre, devant un *Café de l'Étoile*.

La colombe, l'étoile. L'alchimie et son Langage des Oiseaux sont déjà là. Le film a démarré depuis treize minutes et tout ce à quoi on a assisté, pour l'instant, c'est à une poursuite pour rire, sans dialogues. Ce pourrait être un rêve, une répétition, un rituel. Ça pourrait aussi être un *remake*, non seulement du début de *Nadja*, mais de la poursuite d'Alice qui ouvre *Alice au pays des merveilles*. Julie serait Alice et Céline le Lapin blanc. Lewis

Carroll était déjà apparu dans *Out 1*. Et il réapparaîtra à nouveau dans le cours du film.

Un nouveau carton apparaît : « *Mais le lendemain matin* ». Carton qui sera répété cinq fois dans le film, au commencement de chaque nouvelle journée. Carton qui évoque l'univers du cinéma muet et deviendra ensuite l'une des « signatures » du cinéma de Jacques Rivette. Julie retourne à Colombes. Elle retrouve Céline au *Bar de la Gare* et lui restitue son foulard et ses lunettes. À part ce passage à Colombes et l'image quasi-finale du bateau sur la rivière, tout le film va se passer à Paris. Mais c'est un Paris estival. Un Paris si vide qu'on ne s'étonnera pas de voir les mêmes figurants dans plusieurs scènes distinctes. Ainsi Jean Eustache, non crédité, qui apparaît successivement dans une bibliothèque (comme lecteur) et dans le petit théâtre (comme dragueur). Eustache pourrait d'ailleurs jouer le même personnage. Une de ces personnes qu'on se met soudain à croiser à répétition, l'été à Paris, quand les rues sont presque vides parce que tout le monde est parti en vacances. Ce Paris estival vide est évidemment celui, péguyste, qui avait déjà nourri *Paris nous appartient*.

Un peu plus tard, alors que Julie rentre chez elle, comme par magie, Céline apparaît dans les escaliers. Comment sait-elle où Julie vit ? Aucune idée. Elle est blessée, mais on ne sait pas d'où vient sa blessure. Elle se dit poursuivie. Elle prend une douche et commence à raconter son histoire. Mais cette histoire, à la différence des sombres complots de *Paris nous appartient* ou d'*Out 1*, est totalement fantaisiste. Elle reviendrait d'Afrique où elle était l'invitée de l'empereur des Pygmées. Elle avait un boa qu'elle mettait autour de son cou. Un vrai boa. L'empereur lui aurait donné la peau du tigre du Bengale. Le Bengale est en Inde, peu importe. En écoutant toutes ces histoires, Julie s'amuse beaucoup. Elle s'amuse déjà moins quand Céline commence à évoquer « *ceux qui la poursuivent* ». Comme si ça lui rappelait quelque chose. Un homme et deux femmes qui l'avaient engagée comme nounou pour une petite fille de sept ans. Julie va lui chercher quelque chose à boire et, nouveau moment télépathique, Céline lui dit « *J'me taperais bien un foutu Bloody Mary* » alors que Julie revient avec le cocktail en question.

« *Mais le lendemain matin* », Julie décide de se rendre dans la maison que Céline dit avoir fui. Difficile de dire comment l'adresse leur est apparue : Julie fait mine de croire que Céline la lui a donnée la veille, mais on l'a vue s'endormir avant. Ce serait le 7bis de la rue du Nadir-aux-Pommes. Le nadir étant, en astronomie, le point le plus bas de la sphère céleste, opposé au zénith dans la direction verticale, le Nadir-aux-Pommes est peut-être l'image d'un en deçà du sommet que représente la butte Montmartre. Le Nadir-aux-Pommes est un lieu surnaturel où on ne cesse de *tomber dans les pommes*. Le mot lui-même a sans doute été trouvé dans le livre de Papus, où le nadir est utilisé pour décrire l'angle septentrional où est située la maison du Cancer, signe du début de l'été.

À la fin de la journée, Julie est expulsée de la maison du 7bis, rue du Nadir-aux-Pommes dont la porte se referme derrière elle. Choquée, elle sort un bonbon de sa bouche tout en se rendant en taxi au petit théâtre de la rue du Calvaire. Pendant le spectacle de la Mandragore, avec deux colombes colorées qui sortent d'un ballon, Julie a des flashs de ce qu'elle a vécu dans l'après-midi. Une fois rentrée, Julie croque dans le bonbon et revoit des séquences plus longues de cette histoire, mais toujours dans le désordre. Ce qu'on perçoit tout d'abord, c'est un veuf, sa fille et ses deux prétendantes. Le veuf, c'est Olivier (Barbet Schroeder). Il est en deuil depuis un an de Nathalie, la mère de la petite Madlyn (Nathalie Asnar). Il prend plaisir à séduire et à dominer deux jeunes femmes : Sophie (Marie-France Pisier) et Camille (Bulle Ogier). Elles rivalisent en séduction pour le conquérir, mais il se refuse à elles par fidélité au vœu de sa femme, qui ne voulait pas que Madlyn connaisse la souffrance du remariage. Céline est morte de rire, jusqu'au moment où elle voit une main rouge imprimée sur le dos de Julie. Elle est à deux doigts de se casser. Finalement, elle reste. Elle décide même de s'impliquer dans cette histoire.

« *Mais le lendemain matin* », cette fois-ci, c'est Céline qui va au 7bis de la rue du Nadir-aux-Pommes. Julie essaie de la rejoindre, mais la porte lui est fermée. Elle tourne autour de la maison et retrouve soudain, dans la maison voisine, sa nourrice d'enfance (Marie-Thérèse Saussure). Sa « *Poupi* » qui l'appelle « *mon petit bengali* ».

Comme le tigre de l'histoire de Céline. Julie a vécu dans cette maison quand elle était enfant. Elle questionne sa « *Poupi* » sur la « *petite* » de la « *maison d'en face* » et celle-ci lui répond comme une espèce de Péguy : « *Eh bien, après ton départ, tu sais qu'elle était très malade, après ton départ, qu'était chétive et tout, après ton départ, un matin, tout le monde est parti, je ne les ai jamais revus. Jamais ils ne sont revenus.* »

Le récit qui semblait inventé de toutes pièces par Céline lorsqu'elle le racontait au sortir de la douche et qui a fini par prendre corps quand Julie est entrée dans la maison trouve désormais une correspondance précise dans sa propre enfance. Céline l'a-t-elle retrouvée par télépathie ? Julie y a-t-elle cru au point de le rendre réel et de transformer son passé ?

Julie retrouve Céline, expulsée de la maison et sous le choc, et celle-ci a aussi la trace d'une main rouge sur le dos. C'est au tour de cette dernière de manger le bonbon et de continuer à raconter des morceaux épars de l'histoire. C'est la même histoire qu'hier. La guerre entre Sophie et Camille pour conquérir le cœur d'Olivier est aussi violente que vaine. Celui-ci est un pervers qui, pendant qu'elle se battent pour gagner son amour, drague également l'infirmière. Et une image terrible apparaît : celle de la petite fille, assassinée, une main rouge de sang sur son oreiller.

Le récit se répétant dans la maison reprend la trame d'un roman de Henry James, *L'Autre maison* (1896), mais son synopsis est transformé. Dans le roman de

James, l'une des deux prétendantes du monsieur veuf assassine la fille de celui-ci en la noyant, comptant accuser l'autre du meurtre. Mais elle échoue car le médecin attribue la noyade à une « mort naturelle » et le monsieur veuf épouse l'autre femme. Dans le récit raconté en morceaux dans *Céline et Julie* et recomposé lentement au fil des visionnages, on ne saura jamais qui, des deux prétendantes, a tué la petite fille.

Ce que *Céline et Julie* décide de mettre en avant, c'est la vaine absurdité de la guerre entre les deux femmes : une absurdité mise en miroir de la joie complice de Céline et de Julie. Dans la maison de la rue du Nadir-aux-Pommes, Céline et Julie se confrontent au monde qu'elles ont quitté : le vieux monde, celui du patriarcat, de la rivalité féminine et de la domination de classe. Un monde sublimé naguère par Hollywood mais qui désormais « *sent la naphtaline* », dit Julie. En se disputant l'amour d'Olivier, Sophie et Camille s'abandonnent à des stéréotypes féminins sordides. Sophie joue la jeune femme sage, pondérée, responsable, garante du vœu de chasteté d'Olivier. Camille joue la régressive, maladive, mélancolique, capricieuse.

Quand Julie retrouve Céline au sortir de la maison de la rue du Nadir-aux-Pommes, celle-ci a deux bonbons dans la bouche. Elles les avalent ensemble et peuvent désormais regarder à deux les souvenirs de la maison, comme des spectatrices de film. Elles n'ont plus peur du tout. Elles sont mortes de rire.

Dans la maison du 7bis de la rue du Nadir-aux-Pommes, tout le monde est malade. Madlyn est chétive et raconte perpétuellement *Alice au pays des merveilles* à Sophie. Sophie ne supporte pas la vue des fleurs, Camille la vue du sang et l'infirmière finit par avouer : « *La seule vue d'un poisson me provoque des amnésies.* » Même Olivier n'a pas tellement bonne mine. En bon dominant, il est lui-même dominé par sa propre domination. Les démons finissent toujours par souffrir de leurs propres méfaits.

Ce que Céline et Julie comprennent, et nous avec elles, c'est que, si cette journée se répète indéfiniment, c'est parce que, bluffés par les impératifs d'une narration toujours plus ou moins téléphonée, comme dans ces films début/milieu/fin auxquels ceux mis en scène par Rivette n'ont jamais appartenu, nous continuons à nous poser de mauvaises questions. Nous nous demandons qui, de Camille ou de Sophie – voire de l'infirmière ou d'Olivier – a tué la petite fille. Une énigme que jamais le film ne permettra d'élucider. Une énigme qui n'est pas son sujet. Une énigme qui fait partie du problème (tout juger par la question de la responsabilité individuelle), pas de la solution (qui est de remonter aux contradictions de la société elle-même). Céline et Julie se posent alors la bonne question, la question émancipatrice : *comment sauver la petite fille.*

Et Céline et Julie s'endorment après s'être dit : « *Il était que cette fois, ça ne se passera comme ça – pas comme les autres fois.* »

« *Mais le lendemain matin* », Céline et Julie décident donc d'*entrer* ensemble, à deux, dans la maison du Nadir-aux-Pommes. Elles se préparent. Elles font de nombreux rituels magiques, placent à leurs doigts des yeux de bébés dinosaures, et elles entrent *lucides* dans la maison comme dans un rêve éveillé. Elles fichent un bazar sans nom dans le Nadir-aux-Pommes, déconnent à plein tube, ridiculisent les fantômes, font sortir une colombe du chapeau, placent un œil de bébé dinosaure au doigt de Madlyn.

Et, abracadabra : elles sauvent la petite fille. Cette fois-ci, ça ne s'est pas passé comme ça. Pas comme les autres fois : *La Règle du jeu*, *Out 1*, *Nadja*, etc. Cette fois-ci, l'innocente n'est pas sacrifiée.

Dans « The Last Summer in Paris », un texte écrit pour le dossier de presse du film, Juliet Berto a raconté la genèse de *Céline et Julie*. Après *Out 1* en 1972, le nouveau projet de Jacques Rivette était initialement un film nommé *Phénix*, autour du mythe de Sarah Bernhardt, mêlé au *Fantôme de l'Opéra*. Ce devait être un film en costumes. L'histoire était située en 1895, avec Jeanne Moreau dans le rôle de Déborah, une actrice de légende, et Juliet Berto dans le rôle de la jeune Constance. Et c'était un film fantastique, suscité, expliquera Rivette, « *par les deux derniers épisodes d'*Out *où le fantastique contaminait peu à peu la vie réelle* ». Mais le scénario était truffé d'allusions politiques, tant aux anarchistes (Caserio, Ravachol, Bakounine) qu'à la grève de Fourmies ou à la montée de l'antisémitisme. Les capitaux nécessaires ne furent pas réunis et, en juin 1973, les autres acteurs ayant trouvé des engagements ailleurs, Jacques et Juliet se retrouvent « *au commencement d'un nouvel été comme deux orphelins dans la ville* », écrit Berto.

Du coup, ils décident de faire autre chose. Rivette dit à Juliet : « *Si au lieu de l'éternelle histoire de la fille et du garçon, on racontait celle de deux filles ?* » Et il propose de l'associer à Dominique Labourier qu'il a vue dans *Le Petit Théâtre de Jean Renoir* et qu'il sait être copine avec Juliet. Juliet Berto et Dominique Labourier écrivent l'histoire de leurs personnages ensemble, avec l'aide du scénariste Eduardo de Gregorio. Juliet Berto et Dominique Labourier ont toutes les deux des comptes à régler avec l'image de l'actrice. Les premières semaines, l'enjeu de leur scénario est de « *réduire dans une histoire d'une heure cinquante tous les personnages féminins du cinéma* ». Soudain, Juliet et Dominique font apparaître une maison mystérieuse et Rivette décide de lui offrir un traitement à part. Et pendant que Berto et Labourier écrivent leur partie de leur côté, Bulle Ogier et Marie-France Pisier, toujours aidées par Eduardo de Gregorio, écrivent la section de la maison de la rue du Nadir-aux-pommes.

Dans son texte pour le dossier de presse, « Vers un lac immobile où deux bateaux se croisent », Marie-France Pisier explique : « *Céline et Julie, comédiennes d'aujourd'hui, confrontées à leur passé, à leur histoire de comédiennes, petites filles aimantes-haineuses de Marlène*

Dietrich, de Gene Tierney et de tant d'autres, vont se révolter. »

Dans *Céline et Julie*, les femmes cessent de se percevoir comme des rivales. Et le film aborde, peut-être pour la première fois, la question d'une *spiritualité politique émancipatrice* à partir des relations entre femmes. Soit la question du « partage du pouvoir magique » et d'une spiritualité non hiérarchisée. Nous ne sommes pas loin du « communisme magique » dont *Buffy contre les vampires* brossera le portrait dans les années 1990 et 2000 et qui est le pendant de la « sororité » des livres de Chloé Delaume comme *Les Sorcières de la République* ou *Mes bien chères sœurs*.

Le lien entre *Buffy* et *Céline et Julie* est d'autant plus évident que, à la différence de tant de récits fascinants mais profondément réactionnaires dans les peurs convoquées – et dont *Les Détraquées* fait évidemment partie, avec ses lesbiennes opiomanes tueuses de petites filles – les « Phantom Ladies », à l'instar de la Tueuse, luttent contre des figures du Mal qui ne sont pas des figures de la *marginalité* mais de la *domination*. Dans *Buffy*, c'est le Maître, le petit ami abusif, le maire de la ville, le complexe militaro-industriel, la star. Dans *Céline et Julie*, c'est le capitalisme, le patriarcat. Mais aussi le rationalisme et la culture académique.

Céline et Julie vont en bateau a influencé un très grand film féministe déconneur nommé *Miso et Maso vont en bateau* et réalisé en 1976 par une sororité composée de Carole Roussopoulos, Delphine Seyrig, Ioana Wieder et

Nadja Ringart. Le film montre les quatre femmes en train de regarder Françoise Giroud et Bernard Pivot pontifier sur la journée de la femme et se foutre joyeusement de leur gueule.

Delfeil de Ton en avait immédiatement parlé dans « Les Lundis de Delfeil de Ton » du 22 mars 1976 : « *Françoise Giroud, les auteurs de* Maso et Miso *ne s'en soucient pas plus que vous, rassurez-vous. Ce qui les intéresse, c'est son discours de femme ministre dans la société aux mains des hommes, discours dominant typique du discours collabo.* »

Delfeil de Ton est évidemment un spectateur de *Céline et Julie vont en bateau* et, dans « Les Lundis de Delfeil de Ton » du 29 septembre 1974, il avait comparé le film à Luis Buñuel et à Sacha Guitry : « *C'est comme dans Buñuel, c'est de la narration qui fout en l'air le système narratif et qui, en même temps, se donne tous les plaisirs de la narration. C'est comme dans Sacha Guitry, c'est fait pour les acteurs et d'ailleurs, comme dans Sacha Guitry qui était la plupart du temps son propre acteur, ça a été fait par les acteurs [...] Avec* Céline et Julie vont en bateau, *Dominique Labourier et Juliet Berto sont entrées au Panthéon des cinéphiles.* »

Delphine Seyrig est évidemment une spectatrice de *Céline et Julie*. Et, en 1975, elle avait déjà invité Juliet Berto dans son film *Sois belle et tais-toi*. Un film où elle pose, à chaque actrice, la question suivante : « *Vous* (actrices femmes) *est-il arrivé d'avoir à jouer des scènes chaleureuses avec d'autres femmes ?* » Ce qui s'est appelé plus tard le « test de Bechdel » : « *Ce film présente-t-il ne serait-ce qu'une scène où deux femmes sont amies, parlent entre elles et parlent d'autre chose que d'un homme ?* » Et qui vient de la bande dessinée *La Règle* d'Alison Bechdel parue en 1985 où elle représente une discussion sur le cinéma entre elle et son amie Liz Wallace. Alors quels films peuvent être cités ? Pas des masses. Pierre Tevanian et Sylvie Tissot ont parlé des *Demoiselles de Rochefort* et des *Hommes préfèrent les blondes*. Et de *Recherche Susan désespérément* de Susan Seidelman : un film inspiré par *Céline et Julie*, des mots mêmes de la cinéaste.

Mais pas grand-chose de plus. Pierre Tevanian a également proposé l'idée de regarder *Céline et Julie* comme l'épisode pilote d'une série télévisée potentielle, avec deux magiciennes qui se rendent dans des lieux de pouvoir pour les désensorceler : « *On attend forcément une suite et même plusieurs* », écrit Pierre Tevanian, « *d'autres aventures, où Céline et Julie font de l'avion, vont en Amérique, voyagent sur la Lune...* » Le récit du 7bis, rue du Nadir-aux-Pommes est celui de la façon dont la culture académique (le « *théâtre de l'Odéon* » évoqué par Julie ; le cinéma hollywoodien ; le roman du XIXe siècle) tente sans cesse d'étouffer la culture populaire. Céline lit Bécassine, se déguise en Mandrake. Julie affiche des bandes dessinées dans son appartement, et pratique l'occultisme, la magie – qui est une forme de spiritualité pop, un ésotérisme *underground*. Quand elles vont cambrioler la bibliothèque municipale pour récupérer des grimoires, elles se déguisent comme Musidora dans *Les*

Vampires de Feuillade. Même le sous-titre, « Phantom Ladies Over Paris », renvoie à l'univers des serials ou des bandes dessinées américaines.

Le combat de Céline et Julie, c'est quatre combats qui n'en font plus qu'un. C'est le combat de l'émancipation féminine contre la féminité stéréotypée, qui permet l'amitié entre femmes. C'est le combat de la culture magique contre la rationalité, qui entraîne la réappropriation d'une puissance disparue. C'est le combat de la culture pop contre la culture académique, qui nous ancre dans notre véritable culture. C'est enfin le combat pour l'émancipation des actrices contre les réalisateurs-démiurges.

« *On a fait* Céline et Julie *nous-mêmes* », dira Juliet Berto à Delphine Seyrig dans *Sois belle et tais-toi*. « *C'est un film, vraiment, de filles. Jacques, qui est une fille en fait, à ce niveau-là, qui n'a pas eu l'attitude d'un homme, nous a laissées absolument créer, écrire, improviser. Il a été là presque comme une machine, comme la caméra est là. Il n'a pas été là en tant qu'homme. Le seul moment où il l'a été, c'est quand il a imposé les autres personnages [...] Jacques a imposé la maison où il y avait les fantômes. Après, ça a été intéressant qu'il y ait eu ça.* »

Juliet Berto s'est exprimée quelquefois sur le féminisme. Mais, à ma connaissance, jamais aussi bien que dans un entretien pour *Marie-Claire* que la journaliste Luciène Mardore a intitulé « Le féminisme, c'est moi ». Dans celui-ci, Berto, magnifique, dit :

« Le féminisme, qu'est-ce que c'est ? J'ai envie de dire : je ne sais pas ce que c'est. Je ne veux plus savoir ce que c'est, parce que c'est trop à la mode et que je n'aime pas les modes. C'est utilisé comme une étiquette, et moi les étiquettes, j'ai passé mon temps, à les arracher ! [...] Le féminisme, ce qui est dur, c'est qu'on l'adule ou on le rejette. C'est injuste. Le féminisme est nécessaire [...] Les rapports de jalousie entre femmes s'expliquent par la course à l'apparence dite "féminine". C'est la joie des hommes et c'est ma tristesse. »

C'était annoncé à la fin de son texte « The Last Summer in Paris », dans le dossier de presse de *Céline et Julie vont en bateau* : le temps était venu pour Juliet Berto d'apparaître dans toute sa poésie. Après avoir évoqué, avec un mélange de tendresse et d'ironie, ses « *deux maîtres* » – Jean-Luc Godard, le « *savant fou qui a ouvert ma voie cinématographique* », et Jacques Rivette, le « *magicien, last samouraï* » –, Juliet Berto écrivait : « *Je n'ai plus ni dieu ni maîtres – je vais essayer de tirer les leçons de mes deux éminents professeurs et partir à ma propre recherche, de ma propre créativité.* »

Juliet Berto aura encore beaucoup de rôles étonnants dans de grands films de grands réalisateurs. Mais sa « *propre créativité* » s'exprimera, tout d'abord, dans des textes publiés dans des revues (*Sorcières*, *Subjectif*, *Le Grand huit*, etc.). On sait encore trop peu que – avant même *Céline et Julie vont en bateau* – Juliet Berto avait commencé à écrire et publier des textes. Elle avait même publié un drôle d'essai-poème, « All About Mister

Rivette », où le cinéaste apparaît comme réalisateur japonais sous le nom d'Ojaka Rivetta : « *contre toute mode, contre toute politique dogmatique, au nom de la folie, au nom du rêve mort, au nom de la non-reconnaissance.* »

Comme *Céline et Julie*, les textes de Juliet Berto sont remplis de poupées : « *cheveux jaune blond vaguement cendrés – des yeux bleu turquoise ouverts tout grands* ». De chats : « *des chattes égyptiennes qui ne ronronnent pas et qui se meuvent dans le temps et l'espace* ». D'images de stars : « *Hey sister Rita Hayworth – where are you now old broken puppet* ». Et de réminiscences carrolliennes : « *Acter, jouer à... comme Alice de l'autre côté de la vie* ». En 1977, elle finit par écrire un livre dans ce style, *La Fille aux talons d'argile*, publié en 1982. Vers la fin du livre, Berto a des phrases visionnaires sur un féminisme à venir. Un féminisme libertaire, poétique : « *Le Pouvoir des Femmes n'existera pas car Elles refusent le Pouvoir – Elles de la terre les Amazones du plaisir et de la jouissance – guerrières du bonheur – de la paix.* »

Puis il y a ses trois longs-métrages. *Neige*, tout d'abord, en 1981, où elle joue le rôle principal, Anita, une patronne de bar au grand cœur que sa générosité pour les grandes âmes junkies de son quartier va entraîner dans une confrontation perdue d'avance avec des flics sans foi ni loi. *Neige*, c'est un film policier qui est bien plus qu'un film policier. Un film musical et rythmique où tout résonne et réagit, avec une intensité archaïque, presque mythique. Et un film politique visionnaire sur ce que va devenir Paris dans les années 1980. Comme le dit très bien Pierre Tevanian : « *Gentrification, nettoyage social et racial, via la drogue, le* deal, *la police, la guerre à la drogue et la bavure…* Neige *montre en fait une foule de choses qui s'amorcent en 1980 et qui mettront une décennie à triompher, et le montre avec une simplicité, une efficacité, une économie de moyens impressionnante.* »

Puis c'est *Cap Canaille*, en 1982. Un film policier-politique sur les incendies de forêt provoqués par les promoteurs immobiliers. Comme *Neige*, le film montre « *une foule de choses qui s'amorcent en 1980 et qui mettront une décennie à triompher* ». À savoir les magouilles immobilières dans le Var qui culmineront publiquement dans l'affaire Yann Piat dans les années 1990. Juliet Berto joue Paula, la fille d'un membre de la pègre qui rentre en guerre contre ceux qui ont brûlé sa forêt. Parmi les complices des incendies, on trouve un couple de notables de la ville, amis de son père, qui l'ont connue toute petite : Les Kebadjan, joués par Jean-Claude Brialy et Bernadette Lafont. Deux acteurs qui ont joué dans les premiers films de quasiment tous les réalisateurs de la Nouvelle Vague. Le fait de donner à ces deux acteurs des rôles d'amis de la famille n'est sans doute pas anecdotique, même si le contexte du film rend cet hommage pour le moins ambivalent.

Enfin, ce sera *Havre* en 1986, le seul des trois films qui ne soit pas cosigné par Jean-Henri Roger. Le plus étonnant de tous. Le plus libre et le plus visionnaire. Et le seul où elle ne joue pas. *Havre*, pour reprendre les mots de Pierre Tevanian, annonce « *une foule de choses qui s'amorcent en 1980* » mais qui ne mettront, elles, pas dix ou vingt mais carrément trente à quarante ans à apparaître. *Havre* se passe parmi les dockers. Deux spiritualités sauvages s'y opposent. Tout d'abord « La croyance régénératrice » : une secte misogyne, raciste et sexophobe qui annonce les incels trente-cinq ans en avance. Leur leader, le « *directeur de conscience* », fait la guerre à Lili, une jeune « *sorcière blanche* » jouée par Frédérique Jamet, la nièce de Juliet Berto.

Lili vient de perdre son petit ami : Pablo, un geek avant l'heure qui travaillait sur un jeu vidéo, « La chasse aux sorcières » (pas dans le sens où il faut les brûler, dans le sens où il faut en retrouver une, à savoir Lili). Le jeu vidéo est inachevé mais il a laissé des instructions avant de mourir que décrypte un enfant, Paulo. Même mort, Pablo continue à apparaître. Et on ne sait pas si son jeu vidéo suit le récit initiatique de Lili ou si c'est elle qui le suit. Lili brûle toutes les images de Pablo qui, alors, cesse de revenir.

Dans le rôle du docteur Digitalis, on voit Joris Ivens féliciter Lili d'avoir brûlé les images et lui dire : « *La mort, ce n'est pas la fin. La mort, c'est un nouveau commencement. Comme un long voyage, une grande promenade la nuit. C'est un courant énorme, des millions, des milliards de gens, des milliards de ciels, de planètes. La relation entre le grand et le petit dans l'espace, le cosmos et nous, c'est la même chose. Si on comprend ça, la vie et la mort c'est naturel.* »

Lili est muette pendant la majeure partie du film. Elle ne commence à parler qu'après avoir dansé, être entrée en transe et avoir crié. Lorsqu'elle retrouve la voix, elle peut partir, mystérieusement, à l'instar de Céline et Julie, sur un bateau.

Havre ne ressemble à rien de connu. Il est entièrement ésotérique, magique, à la fois enfantin et cru. Et c'est un film beaucoup moins sombre que les deux précédents. Juliet Berto, qui fait une apparition-éclair avant le générique de fin et traverse le hall de la gare du Havre au milieu du casting du film, morts et vivants réunis, meurt en 1990. Beaucoup, beaucoup trop tôt.

Mais nous n'en sommes pas encore là. Nous en sommes encore à la césure que représente *Céline et Julie vont en bateau* dans l'histoire de la société française comme dans la filmographie de Jacques Rivette. À partir de *Céline et Julie* en 1974, l'une et l'autre peuvent aller dans un sens ou dans un autre.

Et tout d'abord, la filmographie de Jacques Rivette va partir dans le sens du fantastique. En 1990, Rivette dira avoir voulu laisser la fiction « *plus libre d'elle-même par rapport au contexte politique et social de l'époque* ». Il dira également n'avoir plus eu « *envie de regarder la France des années 1970* ». Il retrouve son producteur de l'impossible, Stéphane Tchalgadjieff, à qui il propose une idée folle : enchaîner plusieurs tournages groupés afin d'accélérer son rythme de production.

C'est une sorte de « série » là aussi. Une collection de films qui seraient tournés à la suite les uns des autres et formeraient une tétralogie folle, qu'il nomme d'abord « Les Filles du feu », puis finalement « Scènes de la vie parallèle », reprenant cette référence à Balzac qui lui colle à la peau. Des quatre volets prévus, il n'en tournera que deux : *Duelle* et *Noroît*, les deuxième et troisième, sortis en 1976. Alors qu'il commençait le tournage du premier volet, *Marie et Julien*, avec Leslie Caron et Albert Finney, Rivette arrête tout au bout de quelques jours. Et le quatrième n'est pas même clairement élaboré. Une comédie musicale avec Anna Karina qui n'a, à ma connaissance, pas eu de titre.

Duelle raconte le combat entre la fille du Soleil, Viva, jouée par Bulle Ogier et Leni, jouée par Juliet Berto, la fille de la Lune. Viva et Leni sont à la recherche d'une pierre précieuse, la « Fée Marraine », qui leur permettrait de s'approprier la Terre qui deviendrait alors le lieu de domination intégrale d'une des deux lumières. Durant leur combat, Viva et Leni rencontrent plusieurs êtres humains dont elles tentent de faire des alliés momentanés et dont elles se débarrassent ensuite : Max Christie, tout d'abord, un personnage qu'on ne verra pas (comme Assunta, Juan, Pierre, Igor ou Georges). Puis Sarah Stern (Claire Nadeau, qui jouait le premier rôle féminin dans *Les Compagnons de Baal*, la série citée dans *Out 1* où Juliet Berto faisait une courte apparition). Puis Pierrot (Jean Babilé) et Elsa (Nicole Garcia). Toutes et tous mourront des événements magiques qui naissent de la rencontre avec les deux déesses. Des contre-mondes ou des temps alternatifs qu'elles produisent. Tous, sauf Une.

Cette Une, c'est Lucie, jouée par Hermine Karagheuz, qui s'empare de la « Fée Marraine » et comprend que c'est en répandant une goutte *de son propre sang* qu'elle peut faire disparaître les déesses destructrices. Lucie, c'est la Sans Roi du film. C'est l'étoile, indépendante du changement d'époque ou de mœurs, lumière angélique présente au cœur de toutes et tous. Seule, certes, mais reliée toujours à tous les autres, elle incarne la justice au sens de Simone Weil, c'est-à-dire en tant qu'elle s'oppose à la nécessité ou qu'elle résiste à la force. Le film s'achève sur Lucie, ayant « sauvé le monde » à la manière de Buffy dont elle pourrait être la grande sœur, comme *Out 1* s'achevait déjà sur Marie, porte Dorée, attendant sa future mission.

Rivette a beau enchaîner avec *Noroît*, il ne peut pas continuer le cycle de tournages qu'il avait amorcé. Son cinéma passe par une première crise. Il reprend avec *Merry-go-round* en 1978. Après *Merry-go-round*, c'est une deuxième crise, et ce sera au *Pont du Nord* de faire le point sur les attentes déçues des années 1970. On en restera là.

On en restera là mais n'en restons pas là.

Parce que, tout indéchiffrable *Merry-go-round* soit-il, il fait réapparaître, sous le nom de « *L'Autre* », Hermine Karagheuz comme une étoile dans le creuset qui fait tout tourbillonner autour d'elle. Elle poursuit un homme à travers la forêt, court dans des dunes, combat des serpents. C'est encore un plan sur elle, assise sur une dune et souriant mystérieusement à l'homme face à elle, qui conclue le film. Dans *Merry-go-round*, pour la troisième fois, après *Out 1* et *Duelle*, c'est sur l'image d'Hermine Karagheuz que le film s'arrête. Et comme « *ce que je dis trois fois est absolument vrai* », cette insistance nous amène à voir en Hermine Karagheuz une figure clé de cette émancipation simultanée du cinéma de Rivette, de ses actrices et de ses spectateurs. Libérant les films, le cinéma de Rivette libère la vie. Et après Juliet Berto, Hermine Karagheuz est la deuxième *actrice poétesse* que fait apparaître, dans toute sa liberté, le cinéma de Jacques Rivette.

Née en 1938, Hermine Karagheuz a déjà 37 ans quand elle tourne *Duelle*. Elle en fait dix de moins. Au bas mot. Elle fera dix à vingt ans de moins que son âge toute sa vie. Elle est née et a grandi dans la communauté arménienne d'Issy-les-Moulineaux et elle est partie à Paris une fois majeure, par le métro, avec sa copine Monique, pour aller à la rencontre des artistes à Saint-Germain-des-Prés. Elle a d'abord vécu de la vente de poèmes dans les cafés. Mais aussi de petits vols, comme Frédérique, le personnage joué par Juliet Berto dans *Out 1*. Hermine Karagheuz était pauvre et débrouillarde, libre et sérieuse, joyeuse et concentrée. Une fois parisienne, elle a très vite rencontré Roger Blin et Jean Babilée, qui seront ses grands amours successifs et ses amis pour toujours.

C'est à cette époque que Jacques Baratier la fait apparaître dans *Le Désordre à vingt ans*. Elle est là, regard intense, dès les premières minutes du film. Il lui demande comment elle est arrivée. Elle répond : « *Par le métro. Mairie d'Issy – Saint-Germain-des-Prés. On change à Montparnasse.* » Qu'est-ce qu'elle y fait ? « *Marcher, marcher, marcher. Voir, chercher, rencontrer.* » Jacques Rivette avait-il vu ce film ? Parce qu'Hermine y réapparaît périodiquement et, un peu comme Colin dans *Out 1*, elle interpelle les passants aux terrasses des bistrots : « *Bonjour, vous voulez m'acheter un poème ? Tout le monde me refuse aujourd'hui. J'ai pas de chance.* »

Le film sort en 1967 mais, dans la vie d'Hermine, on est encore en 1966, très peu de temps avant ses débuts de comédienne au théâtre, dans *Monsieur Fugue* de Liliane Atlan, puis dans *Je ne veux pas mourir idiot* de Wolinski mis en scène par Claude Confortès. Pendant vingt ans, elle va alterner les films magnétiques et les pièces mythiques. Et puis les spectacles musicaux avec Ghédalia Tazartès. Comme Juliet Berto incarne à elle seule le neuvième arrondissement, Hermine est le douzième en personne. Et elle le transporte avec elle dans le cinéma. Hermine ferme *Out 1* devant la statue d'Athéna. L'aquarium de la porte Dorée est un des décors de *Duelle*.

En 1976, parallèlement à *Duelle*, on voit apparaître Hermine Karagheuz et Juliet Berto dans *Monsieur Klein* de Joseph Losey. Juliet Berto joue Florence, la maîtresse évanescente de Klein. Évanescente mais pas du tout à côté de la plaque, elle seule s'inquiète pendant le spectacle antisémite que Klein applaudit. Hermine apparaît en petite ouvrière. C'est la seule qui ne rit pas et essaie d'aider Klein lorsque celui-ci recherche Françoise, la petite amie de son homonyme juif avec lequel il finira par se confondre.

On retrouve Hermine dans *Lumière* de Jeanne Moreau. Elle y joue une comédienne qui hante les cafés et dit «*J'angoisse quand je ne joue pas*». Il y a Ghedalia Tazartès à la table à côté. Et il y a à nouveau Ghedalia Tazartès dans *Mon cœur est rouge* de Michèle Rosier, en 1977, où Hermine apparaît en petite loubarde. Elle surgit dans l'image à moto, a un accident et demande à Françoise Lebrun de l'emmener à Lariboisière. « *C'est vrai que le cerveau des femmes est plus petit que celui des hommes ?* », demande Lebrun, pince-sans-rire, à un médecin. « *C'est faux* », répond celui-ci, sérieux comme un jeune homme. «*Alors, dans mille ans, si on se bagarre un peu, on y arrivera, hein ?*», commente Hermine.

En 1975, Hermine jouait carrément Alice Guy, la réalisatrice de *La Fée aux choux*, le tout premier film de fiction de l'histoire du cinéma, dans *Qui est Alice Guy ?* de Nicole Lise Bernheim. En costume d'époque et canotier à voilettes, on la voit dire «*J'ai inventé le film de fiction*» à un vendeur de gaufres. « *C'était sans doute une idée dans l'air, mais je l'ai eu la première* », ajoute-t-elle. «*Au sucre, hein, la gaufre !*»

Toutes ses apparitions sont des fulgurances. Mais la plus folle est peut-être dans *La Mémoire courte* d'Eduardo de Gregorio en 1979. Hermine y est Irène, l'épouse de Marcel Jaucourt, un personnage joué par… Jacques Rivette. C'est un traducteur de l'espagnol, présenté comme le premier traducteur de Borges, qui découvre l'existence d'un réseau de nazis exfiltrés en Amérique du Sud et se fait assassiner parce qu'il en sait trop : le seul véritable rôle de composition de Rivette dans le film d'un autre.

L'année suivante, Hermine réapparaît dans *Guns* de Robert Kramer, où elle retrouve Juliet Berto. Elle joue une réfugiée traumatisée qui a vu son enfant tué à coups de marteau devant ses yeux et qu'on voit retrouver lentement l'appétit, la parole et le mouvement. Elle explique son histoire dans un monologue en anglais. Avec *Le Désordre à vingt ans*, les films mis en scène par Rivette et *La Mémoire courte*, c'est son apparition la plus forte, la plus marquante. « *Ses yeux sa voix sont un rébus* », pour reprendre les mots mêmes d'Hermine Karagheuz dans « Flash 1 », un poème inédit.

Et puis, lentement, Hermine Karagheuz, qui a toujours écrit, a commencé à publier. Encore plus timidement que Juliet Berto. Pour des écrits aussi essentiels. Tout d'abord, elle écrit une pièce de théâtre qu'elle met en scène en 1982 : *De quelle falaise dites-vous ?* Et puis *La Lune avait l'épaisseur d'un cil.* Et puis elle écrit des articles dans *L'Autre journal*, où ses textes croisent ceux de Delfeil de Ton et les dessins de Gébé.

Enfin, c'est ce livre sur son ancien compagnon, Roger Blin, *Une dette d'amour*, en 2002. Roger Blin est mort en 1984. Dix-sept à dix-huit ans, c'est tout ce temps qu'il a fallu à l'Univers pour qu'une personne vienne demander à Hermine d'écrire ce livre. C'est Michel Archimbeau qui le lui a proposé pendant une conversation – en lui disant qu'il l'éditerait. Et, dès la première phrase, ça y est, on y est : « *J'ai toujours voulu raconter les derniers jours de Roger, comment Roger Blin a quitté la vie, à tous ceux qui l'ont connu, que je connais ou ne connais pas, à tous ceux qui l'ont aimé.* » Le livre commence sur les derniers jours de Roger Blin. Roger Blin est en train de s'éteindre à l'hôpital. Hermine l'accompagne, le veille, l'écoute raconter ses sorties de corps. « *Un voyage à travers des villes somptueuses, des architectures grandioses et bizarres, baignées d'une lumière crépusculaire de fin du monde. Le voyage s'est achevé dans les souterrains de la Comédie-Française, où l'on torture me confie-t-il…* » Roger s'étonne : « *Mais comment ai-je pu quitter mon lit, je ne peux pas bouger ?* » « *C'est ton double* », lui répond Hermine. « *Où va ce quelque chose qui resterait de nous, après la mort ?* », se demande Hermine Karagheuz dans *Une dette d'amour*. « *Le voyage souterrain des âmes ; les quarante jours d'errance dans le labyrinthe, tunnel, purgatoire,* no man's land… *avant d'accéder à la délivrance, à l'autre monde […] Roger semblerait l'avoir pleinement vécu dans ses différents lits d'hôpitaux. Et si cela est, c'est d'un coup, plus ailé qu'un oiseau, qu'il serait monté très haut.* »

2002, c'est l'époque où Hermine se retire plus ou moins de la scène. Ses apparitions jusqu'à sa mort en avril 2021 seront essentiellement des lectures de poètes. Rainer-Maria Rilke : les *Élégies de Duino* qu'elle avait commencé à dire en 1986. Mais aussi René Daumal et Roger Gilbert-Lecomte, qu'elle lira à Paris, à Reims et à Toulouse.

Ses deux dernières apparitions en public furent en 2016 et 2018 à Bourges et à Paris. En 2016 à Bourges dans une salle appelée *Le Nadir*, une lecture d'Antonin Artaud, avec Eyvind Kang et Jessika Kenney. Et, seule, *Aurélia* de Gérard de Nerval. En 2018 à Paris, au Centre Pompidou, c'est une lecture de Delfeil de Ton, en sa présence.

Artaud, Nerval, Delfeil. Lire Artaud, disait-elle, était « *une nécessité* », « *comme une prière* ». C'était lié à Blin, bien sûr. Roger Blin, qu'Artaud avait choisi, et qui apparaissait, comme elle, dans *Le Désordre à vingt ans* de Jacques Baratier, où il racontait la séance d'Artaud au Vieux-Colombier à laquelle il avait assisté en 1947. Nerval, qui est l'alpha et l'oméga de toute cette histoire. Et Delfeil de Ton qui avait si bien compris la spécificité de Rivette dans le paysage cinématographique français des années 1970.

Lire les poètes était devenu quasiment la seule activité apparente d'Hermine. Mais elle avait une activité secrète, secrète jusqu'à ses proches. Une écriture poétique qu'on ne connaît pas encore et qui, un jour, comptera. Certains poèmes contiennent « *les parfums et vibrations essentielles des éternelles enfances* » (« Oh La La »). D'autres l'expérience de l'âge, de la maturité : « *illusions perdues adieu place à tout le reste* », « *une femme vraie est triste son rire le confirme* » (« Si Fa Fa »). D'autres enfin expriment une radicale liberté qu'on n'avait plus entendu depuis les surréalistes :

Lâchez les chimères pour l'ombre
L'ombre au soleil
Lâchez le soleil pour la lumière
Les lumières
Lâchez la lumière
Pour rien rien du tout
Lâchez tout

Tous parlent d'une expérience déterminante :

Métamorphose et toujours à la même place
Il ne s'est rien passé pourtant est différemment perçu
Tout est différent

Et tous préparent à l'entrée dans l'autre pays :

Se déchausser
Entrer dans sa nuit
Millénaire
Le cri des enfants
Sur la place désertée

Surréalisme ? Non. Hermine est de la famille de Daumal, de Gilbert-Lecomte :

Faites entrer les dieux
Les nouveaux et les anciens
Les nouveaux sont très anciens
Comme eux de tout temps comme eux
Nous les fîmes ils nous font je suis faite
Ils me font me défont et m'harnachent
Je les quitte les appelle
Ils me trouvent et se prouvent je les boude
Libre arbitre
N'en faire qu'à sa tête et y laisser sa vie
Nous connaissons les règles du Grand Jeu

Out 1 n'a pas rencontré immédiatement ses spectateurs, mais *Céline et Julie* et *Duelle* ont rencontré leurs actrices. Et ce fut l'ambition la plus sainte du cinéma de Jacques Rivette. En émancipant ses actrices comme Breton n'a pas su émanciper Nadja, il s'est émancipé lui-même. Et en se libérant, il a libéré ses spectateurs. La Révolution Sans Roi du cinéma de Rivette, c'est celle des *actrices poétesses* : Juliet Berto, Hermine Karagheuz. Guerrières du Bonheur et de la Paix qui connaissent les règles du Grand Jeu.

Le terrorisme est une comédie

(De Rainer Werner Fassbinder au metaverse)

Un cinéaste aura vu et aimé *Out 1* dans les années 1970. C'est Rainer Werner Fassbinder. Dans sa première interview américaine, pour *Film Comment* en novembre 1975, John Hugues l'interroge sur *Céline et Julie vont en bateau.* Et Rainer Werner Fassbinder répond : « *Je ne connais pas* Céline et Julie *mais j'ai vu* Out 1 : Spectre. *C'est un très beau film.* » Est-ce encore à *Out 1 : Spectre* que pense Fassbinder, dans un entretien donné à la revue *Filmfaust* et publié un mois avant sa mort, lorsqu'il évoque les cinéastes qui ne font des films « *qu'avec leur génie* » : « *Jacques Rivette et Fellini* » ?

Il n'y a hélas, à ma connaissance, pas davantage de témoignages sur le rapport que Fassbinder entretenait avec les films mis en scène par Rivette ; comme beaucoup de choses concernant le cinéaste, ce point reste encore très mystérieux. Mais un clin d'œil très appuyé apparaît dans son dernier film, *Querelle.* Un personnage secondaire, absent du roman de Genet et qu'il nomme – fidèle à cette vieille habitude, prise dès ses premiers films, de donner à des personnages de patronymes de cinéastes aimés (Walsh, Curtis, etc.) –, « Vic Rivette ».

Né le 31 mai 1945 en Bavière, mort le 10 juin 1982 à Munich à l'âge de 37 ans, Rainer Werner Fassbinder a réalisé 41 films en treize ans, entre 1969 et 1982 – parmi lesquels des téléfilms en plusieurs parties, voire carrément deux feuilletons de respectivement cinq et quatorze épisodes. Si on ajoute deux courts-métrages réalisés en 1966, l'ensemble de son œuvre filmée représente près de 93 heures de cinéma.

On divise généralement son œuvre en trois périodes. C'est réducteur mais tant pis. La première période, qui démarre avec ses courts-métrages *Le Clochard* et *Le Petit Chaos* en 1966 puis, en 1969, le long-métrage *L'amour est plus froid que la mort*, est marquée par l'influence du théâtre d'avant-garde et de la Nouvelle Vague.

À cette époque, Fassbinder intègre une troupe de théâtre, l'Action Theatre, dont il reprend assez vite la direction sous le nom d'Antithéâtre. En 1968, il met en scène une réinvention d'*Ubu Roi* d'Alfred Jarry : *Orgie Ubuh*, avec une « *fête de famille qui dégénère en partouze, mais une partouze très coincée et très étrange.* » « *C'était un peu dégoûtant* », dira Fassbinder, « *parce que le sujet était dégoûtant, mais c'était aussi très drôle parce que le sujet était drôle.* »

Les membres de l'Antithéâtre, comme Harry Baer ou Hanna Schygulla, vont devenir les acteurs d'une grande partie de ses films, et certains sont des membres de son équipe technique et de son équipe de production. Cette période est courte mais abondante : 14 films, dont 10 ont été tournés en une seule année.

Plusieurs films rejouent le côté « faux film noir » des premiers Godard et ils sont remplis de citations littéraires et de dédicaces. En particulier à Artaud, cité dès l'ouverture des *Dieux de la Peste* en 1969 et jusque dans *Théâtre en transe* en 1981, entièrement rythmé par la lecture du *Théâtre et son double* par Fassbinder. Il lui dédiera *Despair* en 1978, à égalité avec Van Gogh. Le premier film de Fassbinder, *L'amour est plus froid que la mort*, est dédié à plusieurs cinéastes, dont Chabrol. Chabrol est une des grandes admirations du jeune Fassbinder, qui dévore alors tous ses films, mais qu'il critiquera ensuite très sévèrement. Il critiquera également bon nombre de ses premiers films.

C'est que, entretemps, il a changé. La raison de son changement, c'est la découverte du cinéma de Douglas Sirk. Douglas Sirk qui lui fera prendre conscience de la puissance politique du mélodrame. Encore une chose dont Simone Weil avait eu l'intuition, dans un passage de *L'Enracinement* : « *Le peuple a le monopole d'une connaissance, la plus importante de toutes peut-être, celle de la réalité du malheur ; et par là même il sent bien plus vivement combien sont précieuses les choses qui méritent d'y être soustraites, combien chacun est obligé de les chérir, de les protéger. Le mélodrame reflète cet état de la sensibilité populaire. Pourquoi c'est une forme littéraire tellement mauvaise, c'est une question qui vaudrait la peine d'être étudiée. Mais loin que ce soit un genre faux, il est très près, en un sens, de la vérité.* » C'est une forme littéraire mauvaise mais qui deviendra un genre cinématographique tellement sublime. Fassbinder fera des mélodrames très vrais sur des personnes qui vivent avec une idée très fausse de leur liberté ou de leur désir qui les plonge dans le malheur.

L'influence de Sirk, sans être exclusive, traverse toute la deuxième période du cinéma de Fassbinder, de 1972 à 1976, depuis *Le Marchand des quatre saisons* jusqu'à *Je veux seulement que vous m'aimiez.* C'est à l'aune du cinéma de Sirk qu'il pourra dire que, ce qui manque au cinéma de Chabrol, c'est qu'il n'essaie pas de comprendre les motivations des hommes. On le compare à un entomologiste mais Fassbinder n'est pas d'accord : ce n'est pas un entomologiste parce qu'il ne comprend pas ce qu'il regarde. Il n'essaie même pas. Chabrol est un enfant qui joue à se faire peur : « *Aucune question sur les vrais besoins et les vrais sentiments. Aucune référence au fait que les besoins que l'on considère comme siens ne sont pourtant que ceux que l'on doit considérer comme tels. Il ne fait pas de recherches. Sinon, il pourrait et devrait trouver des raisons à la brutalité des êtres et les faire connaître.* »

Fassbinder est sans doute le plus grand artiste réaliste depuis Balzac, et, comme Balzac, son réalisme est absolument antinaturaliste : les personnages sont outrés, parfois allégoriques, le flirt avec le fantastique ou l'onirisme est constant, les histoires d'amour sentimentales prennent une place disproportionnée et finissent presque toujours mal. Mais ce qui est réaliste justement, c'est la lucidité exercée sur nos imaginaires du bien et du mal. Ce qui est réaliste, c'est la mise en scène des rapports de force. Être le « *Balzac du XX*e *siècle* » est un rôle que Fassbinder a refusé à Chabrol. « *La France n'a pas en la personne de Chabrol un critique, un Balzac du XX*e *siècle, pour lequel il se prend lui-même volontiers* », écrira Fassbinder avec colère, « *mais la France a un cynique immanent au système en la personne de Chabrol.* » S'il lui a refusé ce rôle, c'est peut-être parce qu'implicitement il voulait se l'attribuer. L'Allemagne a eu en la personne de Fassbinder un Balzac du XXe siècle, dans l'ampleur de son travail, comme dans la constance de son implacable lucidité.

Parmi les quinze films de la période marquée par Douglas Sirk et réalisés entre 1972 et 1976, certains font partie des plus beaux de Fassbinder, comme *Le Droit du plus fort* et *Maman Küsters s'en va au ciel.* Dans ceux-ci, Fassbinder est impitoyable à l'égard de ce qu'il juge inacceptable dans son propre milieu. Publiquement bisexuel, il parle, dans *Le Droit du plus fort*, de la violence des rapports de classe entre homosexuels. Notoirement inscrit à gauche, son film *Maman Küsters s'en va au ciel* montre la veuve d'un ouvrier – qui s'est suicidé après avoir tué son patron – tout d'abord instrumentalisée par un couple de grands bourgeois communistes, puis abandonnée par eux et s'associant, par désespoir, à un groupe terroriste.

Ces deux films seront extrêmement critiqués par les milieux de gauche comme homosexuels. « *Ce sont deux films que l'on peut, si l'on veut, interpréter à contresens* », répondra Fassbinder. « *On peut dire, à propos du* Droit du plus fort, *que c'est un film contre les homosexuels, à propos de* Maman Küsters *que c'est un film contre les communistes – ce qui n'est vrai ni de l'un ni de l'autre [...] Je n'ai jamais, par principe, fait de films en faveur de la réaction et celle-ci sait bien, de toute façon, ce que je pense d'elle.* »

Dans ses films, Fassbinder ne s'épargne pas non plus en tant que cinéaste. Le film *Prenez garde à la sainte putain* réinvente l'histoire d'un de ses tournages. Dans celui-ci, Jeff, un réalisateur bisexuel révolutionnaire *destroy* dans lequel on peut voir sans trop de mal un autoportrait parodique de Fassbinder, déclare solennellement à son équipe : « *Le plus dégueulasse, c'est de s'apercevoir à quel point on est resté bourgeois.* » Hanna, une comédienne jouée par Hanna Schygulla, lui répond : « *Tu découvres ça maintenant ? Tu devrais regarder tes films !* »

Rainer Werner Fassbinder est obsédé par la façon dont les hommes sont façonnés par la société et poussés à se faire mutuellement du mal, même ceux qui croient travailler pour le bien commun ou l'intérêt général. Il est obsédé par l'incapacité des hommes à se libérer de leurs névroses, de leur conditionnement, et à être heureux. Mais aussi et surtout par la façon dont cette incapacité peut se transformer en violence et en crime. Il voit dans le poids de leur éducation le frein à leur émancipation et il tente de rendre compte de la manière dont leur inconscient et leur situation sociale dirigent leurs actions, en particulier dans le domaine amoureux. « *Ils sont méchants parce que les conditions dans lesquelles ils vivent le sont* », dira Fassbinder. « *Ça n'existe pas, les gens mauvais par nature. L'homme en soi est bon, bien sûr. Tout est un problème de conditionnement. Vous pouvez dire comme Rousseau que c'est la société qui l'a rendue mauvais [...] On vit dans un système qui ne donne pas la possibilité aux gens d'établir des contacts, de communiquer. La façon dont les différentes générations sont éduquées ne conduit qu'à cette absence de communication. Une communication réelle entre les gens serait révolutionnaire.* »

C'est là où il complète Balzac, mais autrement que Renoir. Deux lignes doivent être suivies pour traverser le labyrinthe de ses films. Ce sont toujours les « *serpenteaux* » de l'or et du plaisir, mais ces serpenteaux passent désormais les uns à travers les autres, créant un labyrinthe à l'intérieur du labyrinthe : celui des mécanismes de pseudo-émancipation qui finissent par renforcer l'oppression. Les hommes essaient de se libérer mais ils le font à partir des images que leur éducation leur fournit, et ils attribuent à ce qui les oppresse la force de ce qui libère. Ne pas étudier la façon dont fonctionnent les mécanismes de pseudo-émancipation qui finissent par renforcer l'oppression, c'est se condamner à ne pas comprendre les hommes. Et ne pas comprendre les hommes, pour Fassbinder, c'est ne pas les aimer. Et c'est là où il complète Welles, mais différemment que Rivette. Ce n'est pas seulement la disparition de l'innocence qui obsède Fassbinder, c'est surtout l'inconscience de cette disparition.

Une troisième et dernière période commence avec *Roulette chinoise* en 1976. D'après Fassbinder, son premier film où « *la narration n'est plus basée sur les acteurs* ». Cette période est marquée par une mise en scène très sophistiquée et pleine d'artifices, des couleurs éclatantes, des miroirs partout, des travellings incessants et des mouvements de caméra souvent contraires aux déplacements des acteurs. Et puis une bande-son riche, avec des superpositions de musiques et de voix. C'est une sorte de réinvention punk de la « grande multiplicité stylistique », du « maximalisme » esthétique à l'œuvre chez Orson Welles ou Federico Fellini. Les films deviennent également plus énigmatiques, remplis d'ambiguïtés. La dimension politique, toujours présente, se fait plus indirecte, puisque le sujet dominant devient l'absurdité insupportable de la condition humaine.

La dernière période du cinéma de Fassbinder ne contient presque que des chefs-d'œuvre, en particulier *L'Année des treize lunes*, *Despair* et la série fleuve *Berlin Alexanderplatz*. Dans ces films, ce qui empêche les personnages d'être libres n'est non seulement pas compris, mais même plus *ressenti* par eux. Ils sont allés beaucoup trop loin dans leur propre aliénation.Mais cela peut et doit être ressenti par le spectateur.

« *Les gens* », disait Fassbinder de façon simple mais forte, « *les gens, avec leur éducation orientée dans un cer-*

tain sens et avec leurs rêves manipulés dans la tête, ils sont tous foutus. »

C'est durant cette dernière période que Fassbinder réalise *La Troisième Génération*, sorti au cinéma en mai 1979, moins de trois ans avant la mort du cinéaste.

La Troisième Génération s'ouvre sur une image de l'église du Souvenir à Berlin. C'est une église construite à la fin du XIXe siècle, conçue pour littéralement dominer la ville. Bombardée à la fin de la Seconde Guerre mondiale, ses ruines ont été conservées et complétées par un nouveau bâtiment. Mais, à mesure que le générique avance, nous comprenons que celle-ci est vue depuis un bureau qui est placé bien plus haut qu'elle. L'église du Souvenir ne domine plus Berlin. Ce qui domine, c'est le bureau du PDG d'une compagnie d'informatique. C'est une image qui doit être entendue d'un point de vue allégorique, mais c'est aussi une manière de faire entrer la fiction dans le film que nous nous apprêtons à voir. Voire la science-fiction. D'autant plus que le titre et les crédits sont rythmés sur un mode stroboscopique, avec un son répétitif imitant le battement d'un cœur lors d'une opération chirurgicale, et des sons de synthétiseur qui évoquent sensiblement le cinéma de science-fiction.

Au générique, le film se présente ainsi : « *Une comédie sur des jeux de société, pleine de suspense et de logique, d'horreur et de folie, comme les contes que l'on raconte aux enfants pour les aider à supporter leur vie jusqu'à la mort.* » Le générique laisse également apparaître une dédicace énigmatique : « *Dédié à un vrai amant, comme à aucun probablement ?* » Et celle-ci est suivie d'une citation de Helmut Schmidt, alors chancelier de la RFA : « *Je ne peux que remercier les juristes allemands, dans cette affaire, (il s'agit du raid antiterroriste de Mogadiscio, et peut-être d'autre chose au-delà de Mogadiscio ?) de ne pas avoir instruit selon le droit constitutionnel.* » C'est un extrait d'un entretien accordé par Schmidt au *Spiegel* en janvier 1978. La remarque entre parenthèses n'est pas du chancelier. Elle est sans doute de Fassbinder lui-même. Enfin, les informations sont données à grande vitesse alors que nous sommes immergés dans un environnement sonore composé d'une multitude de musiques simultanées. Dont celle du *Diable probablement* de Robert Bresson, diffusé sur une télévision reliée à un magnétoscope. On voit d'ailleurs, bien en évidence, deux écrans : une télévision, qui montre le film de Bresson, et un ordinateur éteint. Les deux forces qui s'opposent. Mais s'opposent-elles ?

Le film se passe à Berlin-Ouest en hiver 1978-1979. P. J. Lurz, le PDG d'un groupe informatique spécialisé dans la surveillance, fait face à une crise importante dans les ventes de ses ordinateurs. P.J. Lurz est joué par Eddie Constantine, ce qui n'est pas un choix anodin. Acteur connu pour avoir incarné le personnage du détective Lemmy Caution dans des films grand public, il a aussi repris ce rôle dans *Alphaville* de Jean-Luc Godard en 1965. Fassbinder le fait revenir pour la troisième fois dans son cinéma, après *Prenez garde à la sainte putain* en 1971, où il jouait son propre rôle, et une apparition dans *Le Monde sur le fil* qui avait surtout valeur de symbole. Réalisé en 1973, *Le Monde sur le fil* est un film qui annonce la science-fiction « gnosticisante » des années 1990, de *Dark City* à *Matrix*. C'est une adaptation de *Simulacron 3*, un roman de Daniel F. Galouye, où le personnage principal, un informaticien qui développe un programme de monde virtuel, se rend progressivement compte qu'il évolue lui-même dans un monde virtuel aux apparences identiques au nôtre. *Le Monde sur le fil* a été tourné partiellement à Paris, dans le XVe arrondissement et le quartier de La Défense. C'étaient, aux yeux de Fassbinder, les seuls lieux susceptibles de donner une idée de l'Europe du futur.

Une particularité du personnage de P. J. Lurz dans *La Troisième Génération*, c'est son amour du cinéma. Sa secrétaire Susanne regarde *Le Diable probablement* sur ses conseils. Il parle également de *Solaris* d'Andrei Tarkovski et dit : « *C'est un des meilleurs films que j'ai vus.* » Enfin, il évoque le cinéma comme son « *utopie minimale et unique* ».

« *Ça ne vous va pas, ces idées* », lui dit Gerhard qui vient le visiter. En effet, ces idées ne vont pas avec sa fonction de PDG. Mais Lurz est double. Il est à la fois l'incarnation du capitalisme à venir et l'expression mélancolique de l'utopie anarchiste fassbinderienne. Il a d'ailleurs, à sa manière, un rôle de metteur en scène, puisqu'il va secrètement orienter les autres personnages de l'histoire afin de se faire faire « son film ». De là à dire que, à l'instar du cinéaste *destroy* de *Prenez garde à la sainte putain*, le personnage de Lurz est un « autoportrait critique » de Fassbinder, on n'en est pas loin. Au téléphone, il explique : « *L'informatique est très attaquée en ce moment. Et puis ces derniers temps, il n'y a pas eu la moindre action terroriste, donc pas d'argument de vente. La situation est moins propice que ces dernières années. On ne peut pas vendre un seul ordinateur pour le moment. Mais ça va changer.* » Le film va montrer comment tout cela « *va changer* ».

On découvre la cellule terroriste annoncée dans le titre du film : la « troisième génération ». Il y a Rudolf (Harry Baer), qui travaille dans un magasin de disques et a recueilli chez lui Ilse (Y Sa Lo), une héroïnomane perdue. Il y a Edgar (Udo Kier), le fils de Gerhard (Hark Bohm), un commissaire de police cynique. Il y a Susanne (Hanna Schygulla), la femme d'Edgar, qui est également la secrétaire de Lurz et couche avec Gerhard, le père de son mari. Il y a Petra (Margit Carstensen), une femme au foyer en guerre contre son mari banquier. Il y a enfin Hilde, une professeure d'histoire – et celle-ci est jouée par Bulle Ogier, dont ce sera le seul film avec Fassbinder. Si P. J. Lurz est un double inquiétant du réalisateur, la cellule terroriste est à sa manière une réinvention parodique de la troupe de Fassbinder. C'est une réinvention de l'Antithéâtre.

Les membres initiaux de la « troisième génération » seront rejoints par Paul (Raúl Gimenez), un tireur d'élite, et par Franz (Günther Kaufmann), le fiancé d'Ilse, un ancien militaire désormais sans emploi. Cependant, ils rejettent avec mépris l'ami de Franz, Bernhard (Vitus Zeplichal), qui se trouve être le seul parmi les personnages du film à étudier sérieusement la pensée anarchiste. Les membres de la « troisième génération » sont tellement aliénés et se croient tellement cools qu'ils n'ont que du mépris pour un jeune homme qui lit sérieusement des livres de pensée politique. Ils sont incapables de voir qu'il pourrait leur expliquer des choses. Leur leader est un mystérieux August (Volker Spengler), qui leur confie des missions qu'ils exécutent sans discuter. Leur signe de ralliement est le code « Le monde comme volonté et représentation », du nom de l'ouvrage principal d'Arthur Schopenhauer – un livre dont ils ignorent souverainement le contenu.

Il semble que Schopenhauer ait beaucoup compté pour Fassbinder à cette époque, qui le fait également apparaître dans *L'Année des treize lunes*. Alors que ses contemporains oscillaient notoirement entre Marx et Nietzsche, les deux penseurs qui apparaissent dans les dialogues du film de Fassbinder sont Schopenhauer et Bakounine. Mais, à ma connaissance, aucun des deux n'a été évoqué par le réalisateur en interview, et on ne peut que spéculer sur ce qu'ils représentaient pour lui. Là encore nous sommes obligés de supposer des intentions qui nous restent obscures. Peut-être sont-ils des incarnations philosophiques du « pessimisme » et de l'« anarchisme » ? Les deux tendances entre lesquelles oscillait Rainer Werner Fassbinder dans sa vision du monde.

L'Histoire traverse le film, en particulier par les radios et les télévisions, qui diffusent des documentaires et des débats, dont un plateau télévisé où apparaissent Daniel Cohn-Bendit et Rudy Dutschke, un activiste qui avait été victime d'une tentative d'assassinat en 1968 par l'extrême droite ; mais aussi lors d'un cours d'histoire donné par Hilde, avec l'évocation de la révolution de 1848 en France et ses conséquences en Allemagne : la création de l'Assemblée nationale à Francfort, qui fut notoirement inefficace, celle-ci étant majoritairement monarchiste.

Les étudiants de la classe de Hilde expliquent alors pourquoi les révolutions ont échoué. La bourgeoisie préserve toujours ses intérêts de classe, quitte à mettre en péril la démocratie, ce qui autrefois a mené au IIIe Reich. Cette remarque agace Hilde, qui dit que « *le IIIe Reich n'est pas notre sujet* ». Mais c'est bien le sujet, au contraire, et Fassbinder a dit exactement la même chose dans une interview : « *Le national-socialisme n'était pas un triste hasard, mais la conséquence logique des valeurs de la bourgeoisie allemande. Ces valeurs sont restées les mêmes aujourd'hui.* »

Pendant une heure de film, les apprentis terroristes ne font strictement rien. Ils se retrouvent chez Rudolf, jouent au Monopoly, critiquent le fait que leur hôte abrite une héroïnomane qui ne range pas sa chambre. Ils parlent colifichets, fantasment sur les camps d'entraînement militaire et se moquent de Bernhard qui souligne des passages dans ses livres de Bakounine. Et puis soudain, à une heure de film, ça s'accélère. August, qui joue en réalité double jeu et a des rendez-vous fréquents avec Lurz qui finance secrètement leur groupe, les bombarde de missions. Ils volent des papiers encore vierges à l'état civil. Puis August envoie la cellule braquer une banque. Il prévient la police que Franz est allé au cimetière visiter la tombe de sa bien-aimée et celle-ci le descend. Petra part seule à la mairie de Schöneberg pour y poser une bombe, mais la police, encore une fois informée par August, la descend avant qu'elle n'ait le temps de commettre son attentat.

Enfin, les quatre derniers membres encore vivants, Edgar, Hilde, Rudolf et Susanne, décident par eux-mêmes, sans même avoir besoin qu'August ne le leur suggère, de kidnapper P. J. Lurz pour exiger, en échange, la libération de tous les prisonniers politiques du pays. C'est la bonne idée de Susanne et d'Edgar, totalement inconscients que l'industriel n'attendait que ça depuis le début. « *Pourquoi ?* », demande Rudolf qui n'est pas immédiatement conquis. « *Parce que c'est ce qui se fait* », répond Edgar.

Ils enlèvent Lurz le mardi 27 février 1979. L'industriel peut enfin enregistrer sa vidéo de rançon au milieu des terroristes qui refont maladroitement la prise, dans des déguisements de clowns. Le 27 février 1979, c'est Mardi Gras. C'est la fin de la période de carnaval, l'entrée dans « Carême », la période de jeûne. On comprend la symbolique de cette conclusion : le moment « festif » du terrorisme est fini. Désormais, la répression et la surveillance policière, assistées par l'informatique, vont pouvoir vraiment commencer.

Pour comprendre *La Troisième Génération*, il faut retourner légèrement en arrière, deux ans avant. En 1977, Fassbinder participe au film à sketchs *L'Allemagne en automne*, qui sortira en mars 1978. Il fait un court-métrage d'une demi-heure tourné en deux jours et qui est totalement unique dans sa filmographie. Son sketch est une sorte d'autofiction, dans laquelle il annonce quasiment l'atmosphère de la téléréalité. On y voit, dans leurs propres rôles, Fassbinder, son compagnon Armin Meier (qui se suicidera en mai 1978, le jour de l'anniversaire de Fassbinder) et sa mère Liselotte, dite Lilo, dans un quotidien à peine réinventé. Le cinéaste se bat avec son compagnon et pleure dans ses bras. On le voit se saouler, vomir, appeler son dealer, sniffer des rails de cocaïne en travaillant sur un nouveau scénario, puis, effrayé par des sirènes de police dans la rue, jeter la cocaïne qu'il vient d'acheter dans les toilettes. On le voit surtout parler de l'actualité avec son amoureux, avec sa mère et avec plusieurs autres personnes au téléphone.

Le 5 septembre 1977, Hanns Martin Schleyer, président du patronat allemand et ancien haut dignitaire SS, responsable de la fourniture des travailleurs forcés pour le Reich, est enlevé par le commando Siegfried Hausner, un groupe de la « deuxième génération » de la Fraction armée rouge. Ses ravisseurs exigent en échange la libération d'Andreas Baader, de Gudrun Ensslin et de Jan-Carl Raspe – trois figures clés de la « première génération ». Andreas Baader avait fait partie du milieu qui tournait autour de la troupe de théâtre de Fassbinder en 1968. Moins par intérêt artistique que pour trouver des complices parmi le public « politisé » des pièces, voire parmi les membres de la troupe. Et il en avait trouvés. Le décorateur du théâtre, Horst Söhnlein, allait devenir artificier pour Baader et, en compagnie de ce dernier, le 1er avril 1968, ils incendient le théâtre de Fassbinder dont Söhnlein avait construit la scène de ses propres mains, avant de partir, avec un minibus chargé de bombes artisanales, faire exploser le grand magasin Schneider. Baader, Ensslin et Söhnlein créeront la Fraction armée rouge en 1969. Même si Baader n'est pas « son ami », Fassbinder se sent, à juste titre, directement concerné par les événements que traverse alors l'Allemagne.

Un mois plus tard, le 13 octobre, un avion de la Lufthansa est détourné à Majorque par un commando palestinien qui le fait atterrir à Mogadiscio, en Somalie. Le chef du commando, capitaine Mahmoud, exige également la libération d'Andreas Baader. Le court-métrage de Fassbinder commence pendant la prise d'otage. On voit le cinéaste rentrer chez lui et demander à Armin des nouvelles du détournement d'avion. Armin lui dit qu'il ferait volontiers sauter lui-même l'avion, histoire d'avoir la paix. Il voudrait aussi qu'on abatte les membres de la Fraction armée rouge qui sont actuellement en prison.

Fassbinder est hors-de-lui. Il se jette sur lui pour lui casser la figure et menace de le chasser de chez lui.

Puis on voit Fassbinder se réveiller et téléphoner à son amie Ingrid Caven pour lui parler de la mort de Baader, Ensslin et Raspe en prison et exprimer ses doutes sur la thèse du suicide. Entretemps, ce qui s'est passé c'est que, dans la nuit du 17 au 18, peu après minuit, une brigade antiterroriste a pris l'avion d'assaut, sauvant les passagers et abattant capitaine Mahmoud et deux de ses complices. L'annonce de ce raid victorieux a entraîné par ricochets le meurtre de Schleyer, dont on retrouve le cadavre dans le coffre d'une voiture à Mulhouse, rue Charles-Péguy, avec trois balles dans la tête. Puis c'est le « suicide », dans la même nuit, dans la prison de haute sécurité de Stammheim, des trois membres de la Bande à Baader. Baader et Raspe auraient utilisé des pistolets, Ensslin est retrouvée pendue avec un câble.

La prison de Stammheim avait la réputation d'être la prison la plus sûre du monde, chaque cellule étant soumise à une fouille rigoureuse plusieurs fois par jour. Tout cela est beaucoup trop pour Fassbinder qui y voit la montée d'un État autoritaire, rendu acceptable par la présence du terrorisme.

C'est ce qu'on comprend lorsqu'on le voit parler avec sa mère, tous les deux éméchés et énervés. Lilo exprime sa crainte de trop de discussions publiques sur le sujet. Elle aimerait que des intellectuels responsables s'expriment, parce que la « *masse ne comprend pas encore la démocratie* ». Mais Fassbinder lui reproche de ne pas encourager la discussion critique, seule garante, pour lui, d'une bonne santé démocratique. Lilo défend l'idée de la démocratie représentative. Elle reconnaît qu'il y a des raisons de s'indigner mais elle pense que ce n'est pas le bon moment. Fassbinder lui reproche d'avoir dit, hors champ, que, pour chaque victime de terroriste, elle voudrait voir un complice des terroristes exécuté publiquement. « *Et ça, c'est démocratique ?* », lui demande Fassbinder. « *Mais ils ne sont pas démocratiques non plus* », lui répond Lilo. « *Ce sont des assassins* » « *Oui, à mon avis aussi* », répond Fassbinder. « *Mais il n'y a pas de lois spéciales pour les assassins et il ne doit pas y en avoir.* » « *La démocratie est le moindre mal* », dit Lilo. Mais ce qu'elle préférerait, admet-elle en conclusion du film, « *c'est un maître autoritaire qui serait très bon, gentil et juste.* »

Voilà le contexte dans lequel Fassbinder écrit, réalise, cadre, coproduit et sort *La Troisième Génération*. Voilà ce à quoi il veut répondre. Et il va y répondre, chose extraordinaire, par une *comédie*.

La Troisième Génération présente le terrorisme comme un « *jeu de société* ». Et on voit des jeux tout le long du film, que ce soit le yoyo de Hilde ou le poster de labyrinthe dans l'appartement de Petra. Lurz joue aux échecs. La cellule joue au Monopoly. L'opération menée par August est même appelée « Opération Monopoly ».

Le jeu qui revient le plus souvent dans le film, c'est le pendule de Newton, présent dans quasiment tous les appartements des personnages. Le pendule de Newton est un objet de décoration intérieure composé de cinq billes métalliques de même masse suspendues par deux fils à deux barres rigides. Lorsqu'on lance une bille d'un côté du pendule, de l'autre, une autre bille se met en mouvement. Lorsqu'on en lance deux, deux billes se mettent en mouvement. Son fonctionnement est fondé sur le principe des actions réciproques et de la conservation de la quantité de mouvement et d'énergie. Le pendule de Newton est également une assez bonne image des relations entre le capitalisme, le terrorisme et la police. Lorsqu'on lance une action terroriste d'un côté, de l'autre une action policière se met en mouvement. Le tout permet de conserver la quantité de mouvement et d'énergie nécessaire à la survie du capitalisme.

Le film est un «*jeu de société*» dans le sens où les terroristes passent leur temps à s'inventer de nouvelles identités et à se déguiser. Mais aussi dans le sens où ils sont intégralement «*joués*» par le capitalisme. Ils se croient libres mais ils ne voient pas à quel point ils répondent à un programme de vie déterminé par des mécanismes de pseudo-émancipation qui renforcent l'oppression. Rudolf est obsédé par la discipline et veut partir en camp d'entraînement, mais, lors de la seule action concrète à laquelle il participe, le vol des papiers d'identité, il se pisse dessus de peur.

Edgar est en colère contre son père, mais il vit toujours chez lui, dans son espèce de vieille demeure bourgeoise. Et lorsqu'il découvre que celui-ci dirige le raid qui a fusillé son complice Paul, il part pleurer comme un enfant dans le bureau de sa femme Susanne qui le reçoit en baillant. Susanne travaille pour Lurz, mais elle n'est absolument pas attentive au fait qu'il dise devant elle que son industrie marche moins bien depuis la fin des attentats, et que ça va changer. Hilde donne des cours d'histoire, pourtant elle ne comprend pas la remarque de l'étudiant au sujet de la classe bourgeoise, dont l'obsession de conserver ses privilèges a entraîné la montée du IIIe Reich. Elle tient des propos féministes mais, une fois violée par Paul sous ses hurlements, elle se transforme en femme au foyer soumise. Petra est obsédée par la violence de son mari, que le spectateur perçoit surtout comme un type perdu qui essaie maladroitement de garder de bonnes relations avec elle, mais elle est complètement aveugle à la violence réelle de Paul et le met dans « *le même sac* » misogyne que l'inoffensif Rudolf. Cette mise en scène de la différence entre le discours et la vie est une des constantes du cinéma de Fassbinder. Ceux qui y voient une attaque contre le féminisme se trompent autant que ceux qui ont vu dans *Le Droit du plus fort* un film contre l'homosexualité. La question de Fassbinder c'est plutôt : sommes-nous capables de vivre selon les idéaux que l'on défend ? Ou faisons-nous presque systématiquement le contraire ?

De tous les membres de la cellule, Petra est peut-être la plus déconnectée d'elle-même. Elle dit exactement sur le même ton « *C'est génial* » lorsque Hilde lui présente un chemisier pas cher, quand August annonce qu'ils doivent aller braquer une banque ou quand elle va aller, seule, poser une bombe. Son engagement politique a beau s'achever de façon dramatique, il est purement et simplement cosmétique.

« *Je pensais qu'en tournant* La Troisième Génération *comme une farce* », expliquera Fassbinder en interview, « *j'arriverais mieux à démontrer que ces terroristes sont au fond des personnages ridicules, parce qu'ils n'ont pas le moindre mobile sérieux. Malgré toutes les graves implications de leurs actes, j'ai trouvé ces gens comiques, surtout si on considère que ce qu'ils font est visiblement contre-productif.* »

Tous les personnages de *La Troisième Génération* sont, comme on dit, à côté de leurs pompes. Ils sont dans des états contradictoires où ce qu'ils croient vouloir et ce qu'ils aimeraient penser entrent en conflit. Aucun n'arrive à poser un diagnostic sur son état. Seul Bernhard, le personnage le plus pur du film avec Franz et Ilse, essaie de comprendre la phrase de Bakounine qu'August lit avec mépris à haute voix et qui est une des « clés » de la lecture très pessimiste du terrorisme que présente le film de Fassbinder : « *Les enfants de la bourgeoisie héritent des excès, des préjugés, de l'égoïsme de leurs pères.* » « *Tu comprends tout ?* », demande August à Bernhard. « *Au moins je fais un effort* », répond Bernhard.

Même Gerhard, le flic cynique, a un problème avec son propre père et il en parle à Bernhard alors qu'il joue névrotiquement avec un Mickey à ressort et avec un jeu de fléchettes. Du reste, la chambre de la junkie ne contient quasiment que des jouets, dont un chien gonflable plus grand que les hommes. La perquisition de l'appartement de Rudolf par la police est encore plus dérisoire que la préparation des actions terroristes. Le flic cynique et Bernhard entrent dans un dialogue totalement absurde sur la nécessité d'arrêter une casquette, un magnétophone, une affiche, de la brioche, la plante, un téléphone ou les numéros qu'on peut appeler par celui-ci.

Et tous passent à côté des êtres vraiment purs qui les entourent : le chômeur désespéré, l'anarchiste idéaliste et la jeune héroïnomane. Pour ces trois authentiques marginaux, l'empathie de Fassbinder semble totale. Et le traitement mélancolique de Franz et d'Ilse ou plein de sympathie de Bernhard coexiste avec le ton de farce macabre du reste du film.

Enfin l'ensemble se termine pendant Mardi Gras, et l'enlèvement de Lurz se fait sur le rythme d'un numéro de clowns, ce qui était déjà annoncé à travers le nom même de l'agent provocateur qui fait le lien entre l'industriel et le groupe, August. August, après tout, est le nom d'un type de clown.

Le terrorisme est un jeu de société et, à ce jeu, tout le monde perd. Seul le capitalisme gagne, mais indépendamment des capitalistes eux-mêmes, comme Lurz, qui est un capitaliste non jouisseur, comme Marx aimait à les décrire – la jouissance individuelle de la plus-value étant un reste de féodalisme. La critique la plus vive qu'on puisse faire du terrorisme n'est pas de savoir s'il est violent ou s'il touche des victimes innocentes. L'État est violent. La société touche, tous les jours, des victimes innocentes. La critique la plus vive qu'on puisse lui faire est de savoir s'il sert à quelque chose. De savoir s'il mine ou s'il renforce l'État. S'il fait partie du problème ou de la solution. Justifiant l'État dans sa police auprès des populations civiles touchées par ses actions, il fait clairement partie du problème. Le capitalisme sortira grandi des années Baader.

C'est paradoxalement depuis la France qu'on peut voir à quel point le terrorisme a été « utile » en Allemagne comme en Italie. Mais utile pour renforcer le pouvoir, pas pour le déstabiliser. C'est en regardant comment la presse de droite piaffait d'impatience de le voir arriver ici (et comment elle s'est régalée depuis). C'est en lisant *Les Lundis de Delfeil de Ton* de la fin des années 1970 qu'on comprend tout ça mieux que dans n'importe quel livre. En France, ce sont alors les années Giscard, avec tous les enlèvements, les assassinats, les affaires, et l'impression de stagnation politique terrible qui plane dans tout le pays. La France est la banlieue de l'Italie et de l'Allemagne. En Italie, en Allemagne, ce sont les années de plomb : le terrorisme et la répression policière. En France, on en vit l'écume. On a le gangstérisme. Il y a l'affaire du baron Empain, par exemple, enlevé et libéré, sans motif politique. Delfeil de Ton cite un article de *L'Aurore* : « *Dans le rapt du baron, les policiers ont eu la chance de tomber sur des gangsters fichés. Ils sont beaucoup moins bien partagés lorsqu'ils ont affaire à des groupes extrémistes plus difficiles à pénétrer, bénéficiant de complicités innombrables. Le véritable danger est là, hélas. Il faudra bien un jour parvenir à cette union nationale réalisée en Italie contre le terrorisme, en espérant qu'elle se formera avant que l'on en vienne aux excès transalpins.* » Et Delfeil de commenter, avec une justesse de vue qui n'a d'égale que son économie de mots : « *Si on doutait du rôle assigné, aux gangsters d'abord, aux terroristes ensuite, on en a là une preuve écrite. Le gangstérisme, Dieu merci, existe. Le terrorisme existe dans certains pays mais, hélas, pas chez nous. Tant pis : faisons comme si. Union nationale dans la délation, le quadrillage de la population.* »

Cela, les héros du film de Fassbinder s'en contrefichent. Mais ils ont une excuse. Les terroristes du XXe siècle ne s'en rendaient pas compte non plus. Parce que, même si le terrorisme en Allemagne s'est déroulé sur trois générations, il ne faut pas oublier qu'il a un fameux précédent à la fin du XIXe siècle. Et un auteur français que Fassbinder avait joué avec l'Antithéâtre en avait nourri sa littérature. Cet auteur, c'est Alfred Jarry.

Entré dans le monde des lettres en 1894 avec *Les Minutes du sable mémorial*, Jarry avait été contemporain de la célèbre vague d'attentats terroristes qui transformèrent en profondeur la IIIe République. C'est ce que les anarchistes alors appelaient la « *propagande par le fait* ». Une propagande qui commence cette année-là quand Émile Henry commet un attentat au bar *Le Terminus* le 12 février. Henry est guillotiné le 21 mai suivant après avoir expliqué que le rôle de cette bombe était de « *montrer à la bourgeoisie que désormais il n'y aurait plus pour elle de joies complètes, que ses triomphes insolents seraient troublés, que son veau d'or tremblerait violemment sur son piédestal, jusqu'à la secousse définitive qui la jetterait bas dans la fange et dans le sang.* »

La propagande continue le 4 avril au restaurant *Foyot*, où dînait le polémiste Laurent Tailhade, et où une bombe explose. Tailhade, qui s'était réjoui de l'attentat d'Auguste Vaillant en 1893 (« *Qu'importent de vagues humanités pourvu que le geste soit beau !* ») perd un œil à la suite de l'explosion. La presse ne se fait pas seulement l'écho de la peur produite par les attentats : elle l'exacerbe, prédisant sans cesse la venue de prochains attentats, au point qu'on ne « *saura bientôt plus où poser le pied dans Paris* » sans « *disparaître par émiettement comme une chandelle romaine* », peut-on lire dans *L'Écho de Paris*. Carrément ? Carrément.

Enfin le 24 juin, le président de la République Sadi Carnot est assassiné à Lyon par Caserio. La Chambre des députés adopte alors la dernière des lois scélérates, sanctionnant tout propos vantant les mérites de l'anarchisme. Entrant dans une logique de police préventive, elle pénalise en amont « *toute entente établie dans le but de préparer ou de commettre des attentats contre des personnes ou des propriétés* ».

Et si, à l'instar des écrivains de son époque et de son milieu, Jarry embrasse alors plus ou moins la cause des anarchistes, il lui oppose cependant dès son essai *Être et vivre* (1894), une déflagration poétique mallarméenne qui resterait suspendue avant sa réalisation : « *L'Anarchie*

Est ; mais l'idée déchoit qui se résout en acte ; il faudrait l'Acte imminent asymptote presque. » Il ne faut pas longtemps, quelques mois, quelques années tout au plus, pour que l'anarchisme énerve suffisamment Jarry pour que ce dernier, dans un geste dialectique, ne présente plus le Père Ubu comme une image de tyran mais comme le symbole de celui qui prétend nous en débarrasser : « *Monsieur Ubu est un être ignoble, ce pourquoi il nous ressemble (par en bas) à tous. Il assassine le roi de Pologne (c'est frapper le tyran, l'assassinat semble juste à des gens, qui est un semblant d'acte de justice), puis étant roi il massacre les nobles, puis les fonctionnaires, puis les paysans. Et ainsi, ayant tué tout le monde, il a assurément expurgé quelques coupables, et se manifeste l'homme moral et normal. Finalement, tel qu'un anarchiste, il exécute ses arrêts lui-même.* »

Dans « Les Paralipomènes d'Ubu », texte publié dans *La Revue blanche* en décembre 1896, Jarry ne prend plus de gants : Ubu n'est pas exactement « *Monsieur Thiers, ni le bourgeois, ni le mufle* ». C'est plutôt « *l'anarchiste parfait, avec ceci qui empêche que nous ne devenions jamais l'anarchiste parfait, que c'est un homme, d'où couardise, saleté, laideur, etc.* »

« *Le film est une comédie* », dira Rainer Werner Fassbinder quatre-vingts ans plus tard au sujet de *La Troisième Génération*, « *parce que ces gens travaillent à proprement parler pour l'ordre établi, pour confirmer et pérenniser l'état des choses. Et j'espère naturellement qu'au-delà du rire, le film produira chez le spectateur une sorte d'effroi. Parce qu'en réalité, ça n'est pas comique.* » C'est d'autant moins comique que plusieurs de ces personnages ont des instants de lucidité sur eux-mêmes et presque des visions du « plan plus large » qui apparaissent comme des pistes inexploitées dans leur tentative de sortir de leur labyrinthe. Susanne, lorsqu'elle est lucide sur sa haine de soi qui la pousse à coucher avec son beau-père. Ou encore Hilde qui avoue, à la mort de Paul, qu'elle envie son sort : « *Plus de douleur. Plus de grande peur. Plus de désespoir pour la fin infinie.* » Ici Hilde rejoint les personnages des films précédents de Fassbinder, dont le désespoir pousse à embrasser la folie ou la mort. Hermann Hermann dans *Despair*, qui trouve dans la folie la seule grandeur que la vie peut encore lui offrir. Et surtout Elvira, l'héroïne transsexuelle de *L'Année des treize lunes*, amoureuse d'un homme qui la rejette, et qui ne voit d'autre issue au labyrinthe dans laquelle elle erre que le suicide. Dans *L'Année des treize lunes*, l'irréalité du monde apparaît totale. Fassbinder, dont l'obsession pour le récit du *Monde sur le fil* s'est déployée dans le cinéma de sa troisième période au point de contaminer la totalité de sa représentation du monde, l'écrit dans le synopsis du film : « *Le monde dans lequel précisément Elvira se trouve n'est que la maquette d'un monde supérieur où on teste des réactions au moyen d'êtres vivants apparemment véritables.* »

Cette vision cybernétique et mystique, qui apparaît évidemment dans le dernier épisode extatique de *Berlin*

Alexanderplatz, est également présente dans *La Troisième Génération*. Ce qui explique le rôle de PDG d'informatique d'Eddie Constantine, son amour pour *Solaris* d'Andrei Tarkovski et la saturation permanente de la bande-son. Comme si, ce que le film avait à dire, c'est que ce monde était désormais en cours de *déréalisation*. Le monde comme « illusion » dont parlent les Sans Roi est en train de se dévoiler concrètement avec l'apparition de l'informatique, ce qui complique encore les possibilités de le combattre politiquement par la révolution. Ou par le terrorisme. Le cinéma de Fassbinder parle déjà du metaverse. Les terroristes de *La Troisième Génération* sont déjà des influenceurs.

C'est le côté totalement désespéré du cinéma de Fassbinder qui peut emporter certains de ses derniers films. Mais qu'il faut circonscrire aux films eux-mêmes puisque, dans un même mouvement dialectique, Fassbinder considère que c'est en présentant des films désespérés qu'on peut faire naître l'idée inverse chez le spectateur, qui cherchera la solution que le réalisateur n'a pas trouvée. De toute façon, dans tout film, dans toute fiction, le monde dans lequel les personnages se trouvent n'est que la maquette d'un monde supérieur, où l'on teste des réactions au moyen d'êtres apparemment véritables.

« *Le fait que le film ait une fin fataliste*, dit Fassbinder, *fait naître dans l'esprit du public le besoin de rechercher une idée utopique. Donc plus un film est fataliste, plus il est plein d'espoir. Si un film a une fin terrible, une conclusion avec laquelle on ne peut pas vivre, il faut s'évertuer à en trouver une autre.* »

Le monde des films de Fassbinder est un « *labyrinthe de malheurs* ». Comme celui du plus ancien poème attribué aux Sans Roi : le Psaume des Naassènes.

L'âme souffre, jouet et esclave de la mort
Tantôt, investie de la royauté, elle jouit de la lumière
Tantôt, précipitée dans le malheur, elle pleure
Tantôt elle se réjouit et tantôt elle pleure
Tantôt elle pleure et tantôt elle est jugée
Tantôt elle est jugée et tantôt elle meurt
Tantôt, enfin, elle ne trouve plus d'issue,
Âme infortunée, ses courses errantes l'ont amenée dans un labyrinthe de malheurs
Alors Jésus dit : Regarde, ô Père
En butte au malheur, elle erre encore sur la Terre loin de Ton souffle
Elle cherche à fuir l'odieux chaos et elle ne sait comment le traverser
C'est pourquoi, Père, envoie-moi
Je descendrai portant les sceaux
Je traverserai la totalité des éons
Je lui révélerai tous les mystères
Je lui montrerai les formes des dieux
Et je lui transmettrai sous le nom de gnose les secrets de la sainte voie.

Comme dans le Psaume des Naassènes, les personnages de Fassbinder, esclaves et jouets de la mort, pleurent, sont jugés, meurent, ne trouvent plus d'issue. C'est au spectateur de traverser le labyrinthe de leurs malheurs et d'y retrouver la sagesse, la gnose ou les secrets qui y résident, cachés derrière les simulacres enchaînés.

Rainer Werner Fassbinder avait vu et aimé *Out 1 : Spectre*. Et si le personnage de P. J. Lurz peut être vu comme un « autoportrait critique » du cinéaste, et le « groupe terroriste » de *La Troisième Génération* une réinvention parodique de l'Antithéâtre, on peut se demander dans quelle mesure *La Troisième Génération* n'est pas, très consciemment, et même *objectivement*, un *remake* macabre d'*Out 1*. D'où la présence de Bulle Ogier.

Consciemment ou inconsciemment, *Out 1* était déjà un *remake* soixante-huitard de *La Règle du jeu*. *Out 1* était une méditation sur l'échec de Mai 1968, mais aussi une rêverie inquiétante sur ce qu'était devenu le groupe des *Cahiers*, la Nouvelle Vague.

Une décennie plus tard, *La Troisième Génération* est le film de Fassbinder qui traite directement de l'échec de sa génération à produire une révolution.

Rivette avait-il lu l'interview de Fassbinder dans *Film Comment* en novembre 1975 ? Après avoir croisé le Boojum des espoirs de sa génération, au mitan des années 1970, le cinéma de Rivette passa par une crise. Mais il ne s'évanouit pas pour autant.

Lorsqu'il sort de cette crise avec *Le Pont du Nord* en 1980, chose inouïe, Rivette fait revenir un spectre de *La Troisième Génération.* Il va reprendre sa flèche et continuer à explorer son metaverse. Fassbinder et Rivette frapperont si fort contre ce monde qu'ils en révéleront sa texture de trompe-l'œil et sa nature de prison.

Sinon qu'on n'en meurt pas

(De Pascale Ogier à Jean Carteret)

Après un générique avec des sons d'hélicoptère, *Le Pont du Nord* commence par un étrange carton : « *Octobre ou novembre 1980, il y a déjà longtemps.* » Déjà longtemps ?

On voit une ville qui ressemble fort à Paris, en travaux. Des grues menaçantes entourent le périphérique. Après avoir consulté sa boussole d'orientation et alors qu'elle entre dans la ville, une motarde androgyne, un foulard sous les yeux, dit à voix haute : « *À nous deux, Babylone* ». La motarde androgyne, c'est Baptiste, jouée par Pascale Ogier, la fille de Bulle. Baptiste rejoue alors à la fois le premier film mis en scène par Rivette, *Paris nous appartient*, et sa source, le fameux « *À nous deux, maintenant* » qui clôt le *Père Goriot.*

Dans l'émission *Le Cinéma des cinéastes,* au micro de Claude-Jean Philippe, Jacques Rivette raconte la genèse du film : « *On sait que tous les films témoignent de leur époque. Quand on voit* La Marseillaise *de Jean Renoir, c'est effectivement un film sur le début de la Révolution française, mais c'est aussi un film sur le Front populaire. Ce que je dis là, ce sont des lieux communs. En dépit de ce que je viens de dire, j'ai quand même, de temps en temps, la tentation de faire un film qui essaie d'être un reflet, déformé bien sûr, de l'époque dans laquelle je vis. Ça a été le cas de* Paris nous appartient. *[...] Et puis dix ans après* Paris nous appartient, *j'ai eu envie de faire une sorte de critique de* Paris nous appartient *et en même de faire un bilan, deux ans après, de l'après Mai 1968 et ça a été* Out, *mais qui était surtout une sorte de critique ironique de* Paris nous appartient. *C'est-à-dire que le thème de l'organisation et du complot qui était pris très au sérieux, Dieu sait, dans* Paris nous appartient, *dans* Out *est pris au contraire avec, je l'espère, plus de recul [...] Et puis donc, il y a deux ans, en parlant avec Bulle, on avait de nouveau envie de faire un film ensemble et on s'est dit : Bon, ben voilà, fin des années 1950 :* Paris nous appartient ; *fin des années 1960 :* Out. *Si on faisait un film sur la fin des années 1970 qui serait le troisième, si j'ose dire, de ma petite chronique tous les dix ans de la vie contemporaine.* »

Troisième film de la petite chronique de la vie contemporaine, *Le Pont du Nord* est un huis clos en extérieur. Baptiste rencontre Marie, jouée par sa mère, qui revient d'un an de prison. Marie a été arrêtée pour le braquage du Crédit lyonnais de Saint-Ouen, et en a contracté une claustrophobie qui fait qu'elle ne supporte plus les endroits fermés. Le film sera aussi claustrophobe qu'elle et l'on restera toujours en extérieur.

C'est à propos de Marie que Rivette dit, toujours au micro de Claude-Jean Philippe en 1981 : « *Bulle a eu l'envie de reprendre un personnage, qui ne serait pas exactement celui qu'elle interprétait dans le film de Fassbinder,* La Troisième Génération, *mais comme un double de ce personnage, un sosie de ce personnage, un rêve de ce personnage qui aurait survécu et qui serait revenu en France.* »

Marie est Hilde et elle ne l'est pas. Elle est un rêve de Hilde. Mais les films de Fassbinder mettant en scène la vie de ses personnages comme des « *maquettes d'un monde supérieur où on teste des réactions au moyen d'êtres vivants apparemment véritables* », on peut considérer que c'est le même personnage qui passe d'une maquette berlinoise virtuelle où elle s'appelle Hilde à une maquette parisienne virtuelle où elle s'appelle Marie. C'est d'ailleurs un Paris tellement peu réaliste que les monuments célèbres y apparaissent à des endroits incongrus et les arrondissements se mélangent sans aucun souci de cohérence. Toutes les rues sont hors de leurs gonds.

Dans ce Paris-Babylone, Marie essaie de joindre un certain Julien, en vain. Elle achète des cartes postales, dont une qu'elle envoie à la prison de la Santé, à un certain Mathias Doinel. Un personnage qu'on ne verra pas, comme Juan dans *Paris nous appartient* ou Igor dans *Out 1*. Un nom de famille qui renvoie à Jean-Pierre Léaud, qui n'a pas seulement joué Antoine Doinel chez Truffaut mais également un deuxième Doinel, Paul, dans *Masculin Féminin* de Godard, et qu'on pourrait imaginer être le personnage invisible de ce film. Mathias Doinel est peut-être le rêve de Colin Maillard.

Quant à Baptiste, c'est un des personnages les plus opaques à apparaître dans les films mis en scène par Rivette. « *Je ne sais pas d'où il vient* », dit également Rivette dans l'émission *Le Cinéma des cinéastes*. « *Je ne sais pas du tout. C'est un personnage sur lequel on s'est posé des questions, nous aussi. On a différentes hypothèses sur lui. C'est un personnage qui garde volontairement son mystère. Il est très vraisemblable que son mystère ne soit pas très mystérieux, contrairement à ce que disait Paulhan. Mais son silence fait partie de lui, profondément. Si ce personnage disait plus de choses de lui, d'une certaine façon, il cesserait d'exister.* »

Baptiste est un être d'un nouveau genre : une guerrière mystique, mais complètement désorientée. Baptiste croit à un « grand complot » (« *une surveillance absolue* »), qui n'est pas tout à fait celui des terroristes du complot et pas non plus le « *complot de la conscience* » d'Artaud et de Nerval. C'est plutôt un cauchemar de science-fiction. Elle suit un chemin de signes, mais ce chemin va l'amener à se transformer en alliée de ceux que, initialement, elle combattait. Elle déteste et traque partout les yeux (du pouvoir ?) et s'apprête à attaquer ceux d'une affiche de film de Kurosawa, mais Marie l'en empêche. Elle se rattrape avenue René-Coty sur une affiche de publicité pour des lunettes.

Puis Baptiste défend un enfant contre d'autres enfants qui se battent pour un disque du groupe Police. Ce qui ne sert à rien vu que les autres le reprennent dès qu'elle s'en va. Elle voit Marie qui hésite à entrer hôtel Baudin, rue Pierre-Semard. Paris est explosé : le XIIIe et le IXe arrondissements se mélangent en permanence ; toutes les rues sont éparpillées façon puzzle. Marie confie alors à Baptiste la tâche de demander à l'hôtel si Julien habite toujours ici.

Non seulement Marie a fait de la prison, mais elle a déplacé la prison avec elle : tous les espaces qu'elle traverse sont trop étouffants pour elle. Marie partage la vision Sans Roi d'un monde conçu comme une geôle de la taille du monde. Vision qui se déduit également de tous les lions que Baptiste observe sur les places : Denfert-Rochereau, République, etc. Le lion est une des représentations principales du Démiurge dans les textes Sans Roi, en particulier la Pisti Sophia où la Sophia est confrontée régulièrement à lui : « *Ils la jetèrent dans le chaos, dont la moitié est de flamme et l'autre moitié de ténèbres et il y avait un archonte à face de lion, et c'est le Démiurge dont je vous ai parlé bien des fois.* »

Puis Marie poste ses cartes postales, observée par un « Max », le nom que Baptiste donne aux flics qui les observent, même si « flics » n'est pas peut-être pas le bon terme pour des « entités » pareilles, plus proches des Archontes du mauvais Démiurge. Le nom de Max est-il une référence à *Mad Max* sorti en 1979 ? Le « Max » en question est joué par Jean-François Stévenin ; il y en aura plusieurs autres.

Baptiste revient, voit Max et suit Marie. Sur la place Gustave-Toudouze, dans une cabine téléphonique, Marie réussit à joindre Julien et à prendre rendez-vous. Pendant ce temps, Baptiste boit à une fontaine Wallace, puis décapite une statue pour voler son casque. Puis elle rejoint Marie. À la Céline et Julie, en un raccord, elles basculent de la place Gustave-Toudouze à un pont de l'autre côté de Paris. Elles se sont déjà croisées trois fois auparavant. « *Une fois, c'est un accident* », commente Baptiste. « *Deux fois, c'est le hasard. Mais trois, c'est le destin.* » « *Le destin, ça n'existe pas* », répond Marie. C'est leur première discussion philosophique. Baptiste croit au destin et Marie au hasard. « *De A à Z, tout est écrit* », raisonne Baptiste. « *Vous avez une étoile au-dessus, là.* »

Elles arrivent place de l'Étoile, justement. Et Marie se rend sur la terrasse de l'Arc de Triomphe pour retrouver sa « mauvaise étoile » : Julien, joué par Pierre Clémenti, dont c'est l'unique film avec Rivette. Clémenti devait apparaître dans *Phénix* (le projet abandonné avant *Céline et Julie*) mais il a joué, également en 1981, une réincarnation moderne de Nerval dans *La Véritable Histoire de Gérard Lechômeur* de Joaquín Lledó, un film très étrange oscillant entre marxisme et ésotérisme. Julien et Marie sont deux prénoms qui reviennent également du projet abandonné des années 1970, *Marie et Julien*.

« *J'ai quelque chose à régler* », dit ce nouveau Julien à cette nouvelle Marie. « *Dans trois jours, ce sera terminé. Je t'aime Marie.* » Baptiste erre et observe. Elle voit Max qui les épie, avec une mallette qui ressemble à celle de Julien et avec laquelle il voudrait bien procéder à un échange standard, mais le temps lui manque. Julien et Marie s'embrassent. Puis Julien s'en va, et Baptiste rejoint Marie. Et elles se remettent à déambuler et à parler. Marie évoque son année en prison. Elle explique qu'elle ne supporte plus aucun espace fermé, ce qui l'empêche de prendre une chambre d'hôtel quelque part.

Le lendemain matin, Baptiste et Marie se réveillent dans un parc. Baptiste fait des échauffements de karaté, un peu comme un personnage de film japonais. Ou de la série *San-Ku-Kai*, programmée sur la télévision française dès 1979 et qui est insérée dans l'émission pour enfants *Récré A2* en 1980, l'année où se passe le film. Les deux femmes vont au marché. « *Les gens sont très petits ce matin, tu as remarqué ?* », dit Marie.

Puis Julien et Marie s'embrassent dans un parc. Le premier continue à enfariner la deuxième : « *Il faut tenir le coup, Marie, crois-moi. Après on ne se quitte plus. Je t'ai déjà dit : dans trois jours.* »

Julien va faire une petite partie de bonneteau : « *Laisse-moi jouer un peu avec ma chance.* » Baptiste en profite alors pour faire l'échange standard de serviettes que Max n'avait pas réussi à faire la veille. Julien perd tout son argent, évidemment. « *Bonneteau, jeu d'idiot* », commente Marie. Il lui donne rendez-vous tout à l'heure à Stalingrad.

Sur le pont de Bir-Hakeim, Baptiste et Marie regardent dans la serviette de Julien. Elles trouvent une carte de Paris avec les contours d'un jeu de l'oie tracés au marqueur noir. Puis un dossier avec des coupures de presse, avec des lettres inscrites sur le côté : des lettres grecques que Marie prend pour de l'hébreu. Ce sont essentiellement des faits divers des années Giscard, et leur accumulation a quelque chose de très inquiétante, elle aussi. C'est une deuxième prison, psychique, celle des actualités. Il y a l'arrestation de l'escadron noir ; l'arrestation de Hyvert, le ravisseur de Maury-Laribière ; le rapt Pitoun ; des coups de feu dans l'immeuble du député Jean-Pierre Pierre-Bloch ; le rapt de Lyon ; l'affaire De Broglie ; la mort d'Alexandre Sanguinetti ; l'affaire Pierre Goldman ; l'affaire Boulin ; l'affaire Mesrine et l'information selon laquelle Mesrine voulait enlever Philippe Bouvard (ça fait rire Marie) ; la libération du baron Empain et son épouse Sylvana (dont avait parlé Delfeil de Ton dans *Les Lundis*) ; Jacques Dutronc qui « *fonce dans le brouillard suisse* » (un article sur *Sauve qui peut (la vie)* ; clin d'œil à Godard) ; l'attentat de la rue Copernic ; la mort de Fontanet…

Et puis soudain, au milieu des autres affaires : l'arrestation de Mathias Doinel et Marie Lafée. « *Tiens, je suis dans le coup* », commente Marie. « *Je me demande ce que je fais là-dedans.* »

Marie raconte alors à Baptiste l'histoire du cambriolage du Crédit lyonnais de Saint-Ouen. Elle revenait de l'étranger. Elle était allée en Allemagne, en Italie, puis elle est tombée sur « *une bande de gens très sympathiques* » qui lui ont expliqué « *qu'il fallait prendre l'argent là où il était* ».

Mathias et Marie ont braqué le Crédit lyonnais de Saint-Ouen pour eux, et ils se sont fait prendre. « *C'étaient nous, les victimes* », commente Marie, « *parce qu'on n'était pas des spécialistes. Je suis presque sûre que ces gens se sont servis de nous deux. Ils nous ont laissé tomber, mais c'est normal. On n'était pas des professionnels dans ce type de genre de truc de machin du Crédit lyonnais de Saint-Ouen.* »

Maintenant elles sont à Stalingrad. Marie retrouve Julien pour lui rendre la serviette. Il est en colère. Il avait besoin de ces papiers. Il s'explique. Un type aurait perdu contre lui au poker et il lui aurait confié cette serviette comme gage et maintenant il veut la récupérer pour que le type le paie. C'est très peu crédible mais Marie, complètement fracassée par l'amour, ne discute pas. Julien prend un taxi pour rejoindre le type. Marie rentre dans le taxi avec lui, mais sa claustrophobie est telle qu'elle ne supporte pas de rester dedans. Elle ressort et retrouve Baptiste. Elles reprennent leur déambulation.

Pendant celle-ci, Baptiste indique à Marie la présence des Max autour d'elles. « *C'est un Max. Un garde, quoi. On n'arrête pas d'en croiser, vous êtes aveugle ?* » « *Qu'est-ce qu'ils font ?* », demande Marie. « *Ils se renseignent, ils observent* », répond Baptiste. « *De temps en temps, ils passent à l'action. La ville est une vraie toile d'araignée.* »

Elles ouvrent une porte avec une indication : n° 58. « *Denfert et damnation* » commente Baptiste alors qu'elles entrent. On entre dans un tout petit cimetière, isolé au milieu des habitations. C'est le cimetière des Juifs portugais de Paris, aujourd'hui inaccessible, dans le quartier de la Villette. Et c'est là où Julien était. Il y a un cadavre : celui d'un « Max ». Pas Stévenin, mais celui qui l'accompagnait dans les scènes précédentes, joué par Benjamin Baltimore. Et les coupures de journaux sont toutes là, étalées au sol. Marie et Baptiste trouvent aussi une nouvelle carte, noire celle-là, avec des nombres inscrits dessus. « *L'amour rend aveugle, Marie* », commente froidement Baptiste. « *Julien n'est peut-être pas un Max. En tout cas, il est sur la bonne pente.* »

« *Pour toi, tout est simple,* répond Marie. *D'un côté les bons, de l'autre les méchants.* » C'est une deuxième discussion philosophique qui commence. Et Marie raconte à Baptiste une histoire de son enfance. Petite, à la campagne, elle a crié « *Il est beau, le cheval blanc.* » Tout le monde s'est moqué d'elle. Baptiste ne comprend pas, et Marie explique. Il n'y a pas de cheval blanc ni de cheval noir dans la nature, seulement des nuances de gris : « *Dans la nature, y a pas de bien et y a pas de mal.* »

C'est une citation de *Jean Renoir le patron*, le film que Rivette avait consacré au réalisateur en 1966. Rivette y interrogeait l'auteur de *La Règle du jeu* sur l'absence de condamnation morale dans ses films : l'idée que « *tout homme a ses raisons* ».

« *Lorsque je suis arrivé dans la cavalerie* », lui expliquait alors Renoir, « *j'ai appris une chose essentielle : essentielle pour le cinéma, pour la littérature, pour l'art en général.*

J'ai appris qu'il n'y a pas de chevaux noirs et qu'il n'y pas de chevaux blancs. Ce sont les civils ou les fantassins qui disent : un cheval blanc ou un cheval noir. Le vrai cavalier dit : un cheval bai brun, ou un cheval gris clair. Dans le blanc, il y a toujours quelques petits poils noirs. Dans le noir, il y a toujours quelques petits poils roux. Rien n'est absolu. Il n'y a pas de méchants absolus ; il n'y a pas de bons absolus. »

La vision nuancée de Renoir semble recouper l'intuition fondamentale de Mani, à qui ses adversaires chrétiens modernes attribueront une idée exactement inverse en le transformant trompeusement en adjectif : « *manichéen* ». C'est une inversion accusatoire encore active aujourd'hui et qui aura été remarquée et critiquée notamment par Simone Pétrement, la meilleure amie de Simone Weil : « *Des écrivains et des journalistes de plus en plus nombreux appellent maintenant manichéen tout ce qui est intolérant, fanatique, simpliste, toute conception qui divise les êtres en tout bons et tout méchants, tout blancs et tout noirs. Cet emploi du mot "manichéen" est nouveau et ne me semble pas légitime. Pour les Manichéens, tout dans le monde était mélange et seuls les principes originels étaient purs. Dans les* Kephailos *manichéens, on lit :* "Le bien et le mal habitent dans chaque homme." *Les Manichéens étaient d'ailleurs des non-violents. Même en ce qui concerne les idées, ils n'étaient pas particulièrement intolérants ; ils enseignaient qu'il y a quelque chose de bon dans presque toutes les religions, et cherchaient à conformer leur langage à celui de religions ou de traditions très diverses. Quelqu'un a écrit que la mentalité manichéenne est une mentalité d'inquisiteur ; c'est vraiment renverser l'histoire. Ce ne sont pas les Manichéens qui ont invité l'inquisition ; ce sont eux qui en ont été les victimes, dans la mesure où on peut leur assimiler les Cathares.* »

Le monde de Mani ne se divise pas entre bons et méchants mais chaque homme y est lui-même un labyrinthe de lumières et d'ombres. La même idée se retrouve chez Shakespeare. Renoir, qui, comme Welles, aimait Shakespeare plus que tout, a peut-être trouvé chez le dramaturge anglais cette manière particulière de caractériser ses personnages. On peut penser à la pièce *La Nuit des rois* où le personnage de Malvolio, qui incarne tout ce que Shakespeare déteste et redoute – le puritain qui s'attaque à la représentation carnavalesque du monde – devient très émouvant quand il est humilié par les héros de la pièce et annonce qu'il se vengera, rappelant à son public qu'il n'y a rien de plus dangereux qu'un adversaire sur lequel on s'est acharné.

La représentation de Schumacher, le garde-chasse de *La Règle du jeu*, est peut-être un écho de Malvolio. Schumacher incarne ce que Renoir déteste le plus : la violence, le manque d'humour, la cruauté avec les animaux, l'obsession de la possession à l'égard de sa femme. Mais il émeut les spectateurs comme il émeut son rival Marceau lorsque, temporairement renvoyé par le marquis, on le retrouve en train de pleurer. Et, même si c'est par mégarde, en tuant Jurieux il obtient un simulacre de vengeance sur l'humiliation qu'il aura vécue tout le long du film.

Mais, dans le contexte du *Pont du Nord*, les deux héroïnes se trompent : Marie dans ses nuances de gris, qui l'amènent à excuser sans cesse un homme égoïste qui la tuera, et Baptiste dans sa division binaire entre blanc et noir, qui l'amène à inverser les deux. Aucune des deux n'est capable de se hisser à la vision manichéenne pour laquelle le monde est le lieu d'un combat entre la lumière et les ténèbres, et où il faut libérer la lumière de tous les lieux où elle réside : Baptiste veut détruire tous les lieux où elle repère la présence des ténèbres, Marie, elle, décide d'ignorer cette présence sous prétexte qu'il résiderait également des traces de lumière.

Troisième jour. Marie et Baptiste étudient la carte de Paris recouverte du tracé d'un jeu de l'oie, qu'elles avaient conservé de la serviette de Julien. « *C'est quand même bizarre cette espèce de toile d'araignée sur Paris* », dit Marie, qui reprend à son tour cette image, initialement convoquée par Baptiste. « *Non, c'est pas une toile d'araignée* », corrige Baptiste, « *c'est un grand dragon enroulé autour de sa queue.* » Marie reconnaît la structure du jeu de l'oie et ses cases pièges, qui seront représentées dans le film : 58, le tombeau, qu'elles ont vu la veille ; 42, le labyrinthe ; 19, l'auberge ; 52, la prison ; 6, le pont. La seule case qu'on ne verra pas, c'est : 31, le puits, la case qui effraie le plus Marie. « *De toute façon, c'est un jeu qui fait très peur* », dit Marie.

Le jeu de l'oie fera l'objet d'une longue exégèse de la part d'un des penseurs les plus importants de la deuxième moitié du XXe siècle, le folkloriste Claude Gaignebet. Jacques Rivette était parti de son livre séminal sur le Carnaval pour l'écriture de *Duelle*, même si on retrouve peu de choses de cette influence dans le film achevé. La vision de Gaignebet du jeu de l'oie, déployée dans la *Lettre à Julien sur Rabelais, le Tiers Livre et le jeu de l'oie* écrite en 2006 et publiée en 2007, articule les notions de prédestination et de libre arbitre et implique un Langage des Oiseaux qui fait du jeu de l'oie le modèle secret du *Tiers Livre* de Rabelais où Panurge, voulant se marier, cherche « l'oie blanche » dont il sera cocu. Gaignebet y fait également des histoires de cocus des histoires de « coucous » : encore une espèce d'oiseau.

Ce jeu *« qui fait très peur »* date du XVIe siècle. François de Médicis en avait envoyé un en cadeau à Philippe II d'Espagne. Mais la forme en spirale et les différentes épreuves qui le composent – un labyrinthe, un puits, un pont, une prison, la mort – laissent imaginer une origine plus ancienne, le jeu de l'oie officiant peut-être comme un substitut ou une préparation au voyage initiatique. Ce n'est pas pour rien qu'il a si souvent été comparé à l'image du *samsara* en Inde, roue de la naissance et de la mort, dont la victoire est l'extinction des réincarnations dans un cycle temporel. Dans *Le Pont du Nord*, on peut y voir aussi l'idée que le Paris-Babylone dans lequel les deux héroïnes errent est un « monde virtuel » comme ceux de Fassbinder – un metaverse – et donc que tout ce qu'elles vivent n'a pas plus de réalité que celle d'une « *maquette d'un monde supérieur où on teste des réactions au moyen d'êtres vivants apparemment véritables* ».

Curieusement, ce n'est pas au sujet du *Pont du Nord* mais de *Céline et Julie vont en bateau* que le cinéaste Bertrand Mandico parlera de son impression d'assister à des personnages en train de jouer à un jeu vidéo : « *Je vois le film comme un trip et un parcours initiatique. Presque comme un jeu vidéo où un personnage doit manger un bonbon pour passer dans un autre univers.* » La même chose peut être dite au sujet du *Pont du Nord*, où les personnages doivent passer par des cases pour trouver des objets. Marie et Baptiste partent ainsi au « labyrinthe », la case 42, dans le quartier de Bercy, alors en construction. Max est là avec un autre Max, un troisième. Albinos, sans âge, il est joué par une des figures les plus mystérieuses de l'époque : Steve Baës.

Cousin de Bulle Ogier, Steve Baës sera à l'origine de *Tricheurs* de Barbet Schroeder, un film de 1984 dans lequel il joue un patron de casino tandis que Jacques Dutronc joue un personnage inspiré par Steve Baës lui-même. Il apparaît également dans le roman autobiographique *Hollywood* de Charles Bukowski sous le nom de François Racine. Et enfin sous le nom de Steve Cosmos dans une longue chronique pour *High Times* publiée en octobre 1984 et rééditée dans l'ouvrage posthume *Le Retour du vieux dégueulasse*.

«*Avant de commencer*», écrit Bukowski, «*laissez-moi vous avertir que rien n'est vrai dans ce qui suit puisqu'il s'agit d'une fiction.*» Très bien, mais c'est surtout cette phrase qui n'est pas vraie. En lisant à la fois *J'ai oublié*, l'autobiographie de Bulle Ogier, et la chronique de Bukowski, énormément de choses se recoupent. Steve Baës a commencé à jouer vers 18 ans. Il a d'abord gagné énormément, puis il a tout perdu. Il s'est mis à tricher, et il a gagné énormément en trichant, mais il a alterné la triche et le jeu, parce qu'il aimait jouer, et, en jouant, à nouveau il a tout perdu. Il a aussi exercé d'autres activités illégales, pour éponger ses dettes de jeu, qui lui ont valu des arrestations, et ont entraîné sa fuite dans divers pays. Bukowski présente Steve Cosmos comme «*l'un des dix hommes les plus recherchés par les polices européennes*». «*J'aimais beaucoup mon cousin Steve*», dit de son côté Bulle Ogier. «*J'ignore si l'on se reverra, s'il est toujours vivant [...] Aux dernières nouvelles, qui commencent à dater, il était de nouveau dans de sales draps.*»

Le Max joué par Stévenin va parler à Marie: «*J'ai aucun intérêt à vous dire ça mais j'ai envie de vous aider. Vous avez un ami, il est en train de faire des bêtises, des grosses bêtises.*» Il en dit trop ou pas assez.

Marie retrouve Julien un peu plus loin, habillé beaucoup plus chic, comme un gangster ou un maffieux. Il culpabilise Marie au sujet de la serviette. Il y manquait le plan de Paris avec le tracé du jeu de l'oie. Marie lui dit qu'elle va aller le récupérer pour lui mais, en échange, il doit lui promettre qu'ils partiront ensemble de Paris. Julien promet, il donne rendez-vous à Marie et il lui confie un flingue.

Puis Marie retrouve Baptiste devant « l'auberge », équivalent de la case 3 du jeu de l'oie. Elles partent, au milieu des travaux, jusqu'à un terrain vague. Elles voient un phare derrière deux citernes. Max et l'autre Max réapparaissent. Max Baës va voir Baptiste, pendant que Max Stévenin retrouve Marie. « *Le jour appartient au Pouvoir, la nuit à la Puissance* », dit Marie deux fois à Max Stévenin, un message codé donné par Julien. C'est une phrase de Jean Carteret publiée dans le n° 2 de la revue *Les Cahiers Obliques*, datée du premier trimestre 1980. Un numéro en hommage au penseur métaphysique qui venait de disparaître.

« *Oubliez tout ça* », lui dit Max Stévenin. Il lui conseille de partir. C'est tout ce qu'elle veut, répond-elle, mais elle veut partir avec Julien. Et soudain il parle en allemand. Il lui dit : « *Ce n'est pas aussi terrible que ce qui s'est passé autrefois.* »

Et Marie se remémore : « *Ce que nous avons fait autrefois ? On n'a rien fait. Si. On s'est tous fait avoir les uns derrière les autres. Werner à la sortie de l'Acropolis à Francfort. Heinrich, il s'est suicidé dans sa cellule. Maria Cara, elle a sauté dans sa voiture à Campo di Fiori.* »

Ce ne sont pas les prénoms de *La Troisième Génération*. Mais ce sont peut-être des rêves des personnages de *La Troisième Génération*. Werner pourrait être Rainer Werner Fassbinder. Ou Werner Schroeter. D'autant plus que, si l'on ne connaît pas les liens qui unissaient personnellement Fassbinder et Rivette, Bulle Ogier évoque dans *J'ai oublié* une rencontre entre Rivette et Werner Schroeter : « *Une magnifique expédition improvisée dans un Berlin-Est gris plombé avec Werner Schroeter et Jacques Rivette, qui pouvait réciter des heures entières* Les Chants de Maldoror *de Lautréamont.* » Comme Fassbinder lira Artaud dans *Théâtre en transe* (1982), Schroeter avait lu à haute-voix un passage des *Chants de Maldoror* dans *La Mort de Maria Malibran* (1972) – un film cité par Rivette dans *Positif* dans sa liste de films préférés.

Heinrich pourrait être Heinrich von Kleist. En 1979, Pascale Ogier avait joué *La Petite Catherine de Heilbronn* de Kleist sous la direction d'Éric Rohmer aux Amandiers à Nanterre. Et, précédemment, en 1978, Éric Rohmer et Pascale Ogier étaient allés le voir, mis en scène par Werner Schroeter à Heidelberg. C'est Kleist qui fournira à Rivette la réponse à l'interrogation de son premier article « Nous ne sommes plus innocents ». Il le dira à Serge Daney dans *Jacques Rivette le veilleur* : « *C'est vraiment la chose qui m'avait frappé quand j'ai vu brusquement les grands films muets des années 1915-1920 : cette force de regard sur la réalité qui à ce moment-là a été possible. Comme s'il y avait eu un état d'innocence, une fois, qui ensuite a irrémédiablement disparu. Plus l'histoire du cinéma se déroule, plus le temps passe, plus on s'éloigne de l'innocence. Mais là on va être obligé de citer la fameuse phrase de Kleist : pour retrouver l'innocence, il faut faire justement le grand détour par le savoir. C'est la seule chance.* »

Maria Cara, on ne sait pas. Est-ce une allusion à Maria Schneider, qui jouait dans le précédent film mis en scène par Rivette ? Campo di Fiori est la place romaine où Giordano Bruno a été brûlé en 1600. Un authentique Sans Roi.

Pendant ce temps, Baptiste suit Max Baës jusqu'à un lieu bizarre où il la piège. « *Tu vas pouvoir dormir* », lui dit Max Baës. « *Tu es sauvée.* » Pouvoir dormir veut dire être sauvée ? Max Baës recouvre Baptiste de toiles d'araignée, donnant une littéralité à l'image donnée précédemment par celle-ci puis par Marie pour décrire la ville de Paris. Il l'endort peut-être « pour son bien », dans sa propre acception d'archonte.

Heureusement, Marie vient la libérer. Elle lui donne un petit coup à boire pour qu'elle se remette. « *Qui sommes-nous ? Où allons-nous ? D'où venons-nous ?* », demande Baptiste qui dit venir d'ailleurs. « *Ailleurs ?* », demande Marie : « *Ailleurs, c'est grand !* » C'est le moment d'une troisième conversation philosophique, mais elle est un peu plus confuse que les précédentes. C'est la fin de la journée et Marie est bourrée. Les deux héroïnes errent sur la Petite Ceinture. « *Tout ça, Baptiste, ça n'existe pas* », dit Marie. « *Ça n'existe plus. Le grand méchant loup ; ma mère l'oie ; le roi des chats ; le vieux sage de la montagne ; toute la ménagerie, quoi.* » « *Vous oubliez les lions et les yeux* », lui dit Baptiste. « *Ça y est j'ai compris* », dit Marie alors qu'on entend des sons de tonnerre qui ne correspondent pas au ciel très clair de l'image. « *Le jeu de l'oie, c'est pour le canard.* » « *C'est quoi, cet oiseau ?* », demande Baptiste. Le langage secret revient. « *Rappelle-toi, la fin du jeu : la case 63* », dit Marie. « *C'est là où sont les papiers, les dossiers, les autres…* » Puis Marie lui montre le flingue que lui a donné Julien : « *Et puis quand c'est le moment, je t'explique : voilà ce qu'on fait. Regarde : Tac, tac, tac. C'est mieux que de tirer sur les ombres.* » « *Attention, Marie* », dit Baptiste. « *Il est peut-être chargé.* » Baptiste confisque le flingue de Marie : très mauvaise idée. Les deux héroïnes se retrouvent dans la ville. Baptiste chante la chanson de Laurel et Hardy, ouvre une voiture et elles s'endorment dedans.

Quatrième et dernier jour. Baptiste dit à Marie qu'elle a fait un drôle de rêve, « *étrange et pénétrant* ». Mais non, ce n'était pas un rêve : « *Les toiles d'araignée, c'était la prison, Marie. Parce que : 1, le tombeau. 2, le labyrinthe. 3, l'auberge. 4, la prison. Le pont, le puits ? Où va-t-on ?* » Elles vont chercher le pont, dans le quartier de Bercy en travaux. « *Lequel est-ce, ton pont ?* », demande Marie. « *Y en a partout* », commente Baptiste.

Soudain, Baptiste voit un dragon de fête foraine. Le dragon est le gardien du pont. Baptiste va l'affronter pour arriver au trésor : « *Dragon perfide, dragon bifide, je te défie.* » Pendant ce temps, Marie prend les plans de Paris et va téléphoner. Un type squatte la cabine ; une sorte de touriste. Dans une scène à la *San-Ku-Kai*, Baptiste éteint le feu du dragon avec son cri. Victoire, donc. Mais c'est une victoire ambiguë. Le dragon, si l'on pense à la ville de Paris, est un symbole de la révolte. C'est ce fameux dragon du IVe siècle, qui apparaît dans le tombeau d'une femme voluptueuse et fait son bonhomme de chemin jusque dans le quartier des Gobelins où l'évêque de Paris, Saint Marcel, le chasse en frappant sur sa tête trois fois avec un bâton : « *Ou t'en va au désert, ou t'en va jeter à la mer !* » Éteindre le dragon met déjà Baptiste dans la position d'une auxiliaire de police.

Lorsque Baptiste rejoint Marie, elle sort l'espèce de touriste de la cabine avec violence « *Encore un Max !* », crie-t-elle. Elle s'énerve contre lui, et le braque avec le flingue donné à Marie par Julien et qu'elle a récupéré la veille quand Marie était bourrée. Marie en profite pour appeler Julien. Elle lui donne rendez-vous tout de suite, près du canal, quai de l'Oise. Le pauvre type qui squattait la cabine ne comprend pas le français. Il tente de fuir. Baptiste tire et le tue. Comme dans *La Règle du jeu*, la fantaisie devient dramatique. On aurait dû s'en douter.

« *Tu es complètement folle !* », dit Marie, effrayée. Et elle se met soudain à fuir Baptiste, sans se retourner. Puis elle avance sur le quai en se parlant à elle-même : « *Tirer un trait sur le passé, repartir à zéro, comment on dit déjà ? Faire table nette ? Table rase ? Marie tu vas faire table rase. Il fait très beau aujourd'hui. Je sais pas pourquoi je me sens glacée.* » Et Julien arrive, dans un costume de gangster. Elle lui donne immédiatement les plans de Paris qu'il lui a demandés. « *Je t'aimais Marie* », dit Julien avant de lui tirer dessus à bout portant. Marie est morte, tuée par son amour.

Ça aussi, on aurait dû s'en douter. Marie vient de rejoindre la cohorte des innocents tués pour qu'une société pourrie puisse continuer : Jurieux, Nadja, Frédérique, Franz, Ilse, Bernhard…

La mort de Marie rappelle surtout celle de Frédérique dans *Out 1*. À cette différence que Renaud ne savait peut-être pas que Frédérique se cachait sous le loup noir, tandis que Julien sait très bien ce qu'il fait quand il tire à bout portant sur la pauvre Marie. C'est glaçant.

Baptiste se retrouve face à Max. Le Max principal, joué par Stévenin. Ils commencent à se battre et, progressivement, Max Stévenin lui donne un cours de karaté. Le combat se métamorphose en cooptation, vu à travers une caméra de surveillance. Baptiste est dans le collimateur du Démiurge. Ça aussi, on aurait dû s'en douter. Alors que le film s'achève, Max et Baptiste se saluent mais la caméra, à l'instar de celle de Renoir dans *La Règle du jeu*, ne s'arrête pas sur leur image. Elle se déplace et les perd au milieu des ruines du vieux Paris. Les travaux ont remplacé les ombres.

« *Le film n'a pas été tourné du tout dans cette ambiance d'euphorie des années 1980* », dira Jacques Rivette dans *Le Veilleur*, « *mais avec l'impression d'être dans un pays, la France, bloqué. Alors peut-être que la mort de Bulle c'était quand même très inconsciemment de ma part ce que disait Renoir, qu'il faut tuer un innocent pour que les choses puissent continuer.* »

Cette inscription historique et politique, Jean Narboni l'aborde lumineusement dans le numéro des *Cahiers du cinéma* consacré au *Pont du Nord* : « *Rivette lui-même nous indique qu'un sentiment le pousse à inscrire certains de ses films, par opposition aux autres, sous le signe d'une date ou d'un moment :* Paris nous appartient *(entrepris aux lendemains de l'écrasement de la révolte hongroise de 1956, et coupé en deux, dans son tournage, par l'avènement de la cinquième république),* Out 1 *(marqué par la désorientation et les tentations de repliement postérieurs à Mai 1968) et aujourd'hui ce* Pont du Nord, *entièrement tourné dans les rues de Paris et qu'il vient d'achever. Il peut sembler abusif d'aborder sous l'angle de l'histoire les films, ou même certains films, d'un cinéaste dont on connaît (il s'est plus d'une fois exprimé sur ce point) la suspicion que lui ont toujours inspiré les injections forcées de politique dans le cinéma et les cautions faciles qu'elles fournissent [...] Mais peut-être commençons-nous à disposer du recul suffisant pour apercevoir comment les cinéastes de la Nouvelle Vague, parfois dans le refus et le désintérêt apparent, ont pris leur temps, et négocié son passage. [...] Comment chez Rivette, puisqu'il est question de lui ici, c'est sous la forme de la machination et du complot que se déploie la tentative initiatique, apparemment coupée du monde et fixée vers un ailleurs, de capter du temps où il vit quelque chose qui pourrait être son* chiffre, *dans l'acception ésotérique du mot, sa formule magique, ou l'invisible et intraitable conjonction d'astres qui le gouvernent.* »

« *Le jour appartient au Pouvoir, la nuit à la Puissance* », avait dit Marie deux fois à Max. Revenons à cette phrase, tout juste publiée dans *Les Cahiers Obliques*, dans ce numéro en hommage à Jean Carteret qui venait de mourir. Elle apparaît dans le texte d'ouverture, écrit par Michel Camus, le directeur de la revue : « *Le jour il dormait, la nuit il veillait, ainsi allait-il depuis vingt ans et plus. Il disait* Le jour appartient au Pouvoir, la nuit à la Puissance. » Des références en nombre qui traversent *Le Pont du Nord*, de Balzac à Fassbinder, en passant par Renoir, *Sauve qui peut (la vie)* et Laurel et Hardy, c'est sans doute la plus inattendue. Est-elle apparue « par hasard » ? Ou pour *faire signe* ? Vient-elle de Rivette, de Jérôme Prieur, de Suzanne Schiffman, de Bulle Ogier ? S'agit-il ici, pour utiliser les mots de Colin Maillard, de Langage des Oiseaux *?*

N'ayant pas écrit mais uniquement parlé, Jean Carteret a moins une biographie qu'une légende et il vit avant tout dans les souvenirs de ceux qui l'ont connu. Né le 27 mars 1906 à Charleville, il arrive à Paris en 1929 où il commence des études de psychologie à la Sorbonne, à Paris. Il se rapproche du psychanalyste René Allendy, par lequel il rencontre Antonin Artaud et Roger Gilbert-Lecomte. Carteret travaille alors à une phénoménologie du costume et du geste : « *Quand je voyais les gens, je ne les voyais plus comme des objets, mais comme un langage à déchiffrer. Mon père a passé sa vie à habiller les gens, moi je passe la mienne à déshabiller le monde. C'est pourquoi j'aime beaucoup les énigmes et le mystère. Le mystère il faut le vivre et l'énigme il faut l'élucider.* »

Il voyage beaucoup. Aux Baléares en 1933. Aux Canaries et au Maroc en 1934. En Italie, Grèce, Turquie en 1935. De nouveau en Grèce en 1936. En Laponie en 1937 et de nouveau en 1938. Pendant la guerre, en raison d'activités antifascistes, il est enfermé et passe trois mois en prison à Montpellier, où il rencontre un codétenu communiste qui bouleverse sa conception du monde : « *Avant, j'avais une ouverture révolutionnaire mais naïve ; en prison j'ai découvert la nuit sociale de l'homme et là j'ai fait une véritable prise de conscience révolutionnaire. La prison a été une nouvelle naissance.* » Jean Carteret articulera désormais la philosophie et l'ésotérisme, la psychologie et la voyance, mais à travers une dialectique qui doit autant à Hegel et à Marx qu'à l'astrologie et au Tarot.

À partir des années 1950 et jusqu'en 1980, il ne quitte presque plus Paris, à part des étés à Saint-Tropez, et un voyage en Inde, à Poona, en 1977. Il a également, en six mois, deux graves accidents de voiture qui l'ébranlent profondément. À une de ses amies, Carteret s'était comparé à Artaud, en disant qu'il vivait des angoisses analogues. Selon un autre de ses amis, quand Carteret était en crise, il ajoutait : « *Quand ça ne va pas, ça va* ». Car il voyait, dans ses plus grandes crises, les plus grandes possibilités de vie. Le but était de « *faire de l'or avec de l'ordure* ».

Jean Carteret vivait au dernier étage du 25 de la rue de la Tour-d'Auvergne, dans trois petites pièces pleines à craquer. On entrait chez lui par une porte toujours ouverte et protégée par un papillon. Il recevait dans un désordre fou. Entre un traîneau bleu de Laponie, des chopes à bière de Munich, des rideaux de perles d'Algérie, de la menthe séchée d'Inde, une bouteille d'eau de la mer Noire, un squelette d'oiseau de Tahiti et un tableau ramassé dans les poubelles. Il vivait la nuit où on venait le visiter. « *Le jour* », disait-il, « *c'est l'homme qui fait l'amour avec le monde. La nuit, c'est le monde qui fait l'amour avec l'homme.* »

Jean Carteret déployait une vision très singulière des relations entre l'art et la réalité. Pour Carteret, l'espace et le temps sont, tous deux, doubles. Ou plutôt, il y a deux espaces et deux temps. Il y a un espace *quantitatif* : c'est l'espace de tous les jours, l'espace de la réalité, que l'on peut mesurer en mètres, en kilomètres. Et cet espace laisse parfois surgir un temps *qualitatif*, irréversible. C'est celui de l'Histoire et c'est celui où la conscience se forge. C'est le temps de la Révolution. Face à cet espace et à ce temps, il y a l'espace *qualitatif* de l'art, qui est celui du théâtre, de la scène, du jeu. Cet espace est ordonné, avec grâce ou rigueur, et il ne s'inscrit pas dans l'Histoire. À l'intérieur de celui-ci, nous éprouvons un temps *quantitatif*, non historique, réversible, analogique. C'est celui du *fleuve*, de l'être. « *L'espace intérieur n'est pas le petit espace personnel où le moi trouve son jardin* », disait Carteret, « *il est l'espace intérieur du monde. Cet espace intérieur, on le trouve dans la symbolique du geste, du vêtement, dans l'astrologie, dans l'ordonnance du Tarot. L'espace intérieur est fondamentalement un espace de langage.* »

C'est là où on peut comprendre comment le cinéma de Rivette s'inscrit littéralement dans la dialectique de l'art et de la politique. Lui aussi propose, face à l'espace quantitatif de l'Histoire, un espace qualitatif de l'art, face à l'espace qualitatif de la Révolution, un espace quantitatif du consentement au monde – pour parler comme *Le Fleuve* de Renoir.

Mais c'est là aussi où *Céline et Julie vont en bateau* aura révolutionné jusqu'à l'espace du dedans. Puisque les héroïnes entrent, fort du temps révolutionnaire, dans un espace où le temps est réversible pour lui faire changer son cours.

C'est encore pourquoi *Céline et Julie vont en bateau* était une victoire de l'innocence, la petite fille sauvée. Mais le film ne s'achevait pas sur cette image. Il s'achevait sur le *retour du monde qu'on venait de vaincre.* Alors que, sur un « *lac immobile* » – ou une image du fleuve renoirien qui revenait également de la fin de *Paris nous appartient* –, Céline, Julie et Madlyn s'éloignaient, les trois protagonistes de la rue du Nadir-aux-Pommes revenaient dans la peau des oppresseurs de demain. Tout était à refaire.

Et c'était l'autre sens de la présence de Montmartre dans *Céline et Julie vont en bateau.* Montmartre n'est pas que le Zénith de Paris et le lieu de l'exécution de Saint

Denis square Suzanne-Buisson. C'est aussi la colline où fut bâti le Sacré-Cœur : symbole de la répression sanglante de la Commune, des massacres décidés par Adolphe Thiers ; symbole des pulsions criminelles de la bourgeoisie d'hier et d'aujourd'hui. La maison du 7bis de la rue du Nadir-aux-Pommes, ce n'est pas seulement le monde du passé, c'est aussi un monde qui allait revenir. C'est le Sacré-Cœur enterrant l'ère glorieuse qui va des mouvements de la jeunesse des années 1960 au mitan des années 1970. C'est déjà le monde du *Pont du Nord*. C'est encore le nôtre.

Beaucoup de choses rapprochent la parole de Jean Carteret du cinéma de Jacques Rivette, en particulier la place des femmes. C'est la parole d'un homme, mais qui annonce une prise de conscience de la puissance féminine : « *C'est la femme, et elle seule, qui doit apporter la révolution, sa substance réelle. En s'accomplissant et en conquérant ce qu'elle n'avait pas au départ.* » Mais la phrase qui recoupe absolument *Le Pont du Nord* et annonce *La Bande des quatre* a également été prononcée dans ses derniers instants : « *Tant qu'il restera un homme en prison, je ne me sentirai jamais tout à fait libre.* »

Ce n'est pas tout. Il y a encore ce titre, *Le Pont du Nord*, qui renvoie à une chanson. Une chanson qui fait aussi peur que le jeu de l'oie. Une chanson que Desnos trouvait admirable et qui se confondait, lorsqu'il était enfant, avec le souvenir de l'insurrection de juin 1832 : « *Révolution, tendresse, passion, je méprise ceux dont vous ne bouleversez pas la vie, ceux que vous n'êtes pas capables de perdre et de sauver.* »

Sur le pont du Nord un bal y est donné
Adèle demande à sa mère d'y aller
Non non ma fille tu n'iras pas danser
Monte à sa chambre et se met à pleurer
Son frère arrive dans un bateau doré
Ma sœur ma sœur, qu'as-tu donc à pleurer
Maman ne veut pas que j'aille au bal danser

Ils sont partis dans le bateau doré
La première danse Adèle a bien dansé
La seconde danse le pont s'est écroulé
Oh dit la mère j'entends le glas sonner
C'est pour Adèle et votre fils aîné
Voilà le sort des enfants obstinés

Marie et Baptiste sont ces enfants obstinés. La première meurt tuée pour avoir cru à la sincérité de son amoureux. La seconde est recrutée par les nouvelles polices, les archontes de la société. Le pont de la révolution des années 1970 s'est écroulé. Et le puits dans lequel on coule débouche sur un fleuve qui continue à charrier les cadavres des innocentes qui se feront tuer.

Pourtant Marie et Baptiste avaient du potentiel. Mais elles croyaient peut-être trop aux héros et aux sages, dont le temps est révolu, pour être ces Guerrières du Bonheur et de la Paix que Céline et Julie avaient été. Elles croyaient trop aux fictions, de l'amour et de la société. Marie croyait à une fiction de l'amour et Baptiste à une fiction du complot.

Notre époque, depuis les années 1980 jusqu'à nos jours, n'est pas un fleuve. C'est une mer déchaînée. Au port où l'on doit aborder, on ne peut être que révolutionnaire, mais on doit l'être en toute verticalité : « *parce que le monde est seul, incommunicable, et malade* », comme l'écrivait Colette Thomas.

« *D'une prison à l'autre* », avait également écrit Colette Thomas à l'homme qu'elle aimait, « *parfois il y a communication.* »

Constance claire de la marge

(De Colette Thomas à la *Bhagavad Gita*)

La première apparition publique de Colette Thomas a lieu lors de l'hommage rendu à Antonin Artaud au théâtre Sarah-Bernhardt, aujourd'hui Théâtre de la Ville, le 7 juin 1946. Une « matinée » qui, doublée d'une vente aux enchères, a permis de financer la libération d'Artaud de Rodez et son retour à Paris.

Jean-Louis Barrault, Roger Blin, Maria Casarès, Alain Cuny, Charles Dullin, Louis Jouvet, Madeleine Renaud : tous les noms qui accompagnent Colette Thomas ce soir-là sont des légendes vivantes. André Breton introduit la soirée. Artaud a confié à Colette Thomas son texte le plus récent, un extrait de « Fragmentations » : « Les enfants de la mise en scène principe ». Il l'a fait répéter, de sa sortie de Rodez le 26 mai au 7 juin. Il lui a appris une manière particulière de respirer et de crier, en ne laissant tomber le cri qu'à l'anéantissement. Alors que Colette apparaît sur la scène et commence à dire le texte, l'électricité saute et la salle se retrouve dans l'obscurité, Colette continuant à expectorer le poème devant une audience stupéfiée.

« *Le lieu exact où Nerval est mort est le trou du souffleur du théâtre* », note Ilios Chailly dans *Le Surréalisme ou la fin de l'ère Artaud.* « *Qui sait ? Peut-être que c'était Nerval qui ce 7 juin dictait à Colette Thomas "Fragmentations" dans le noir.* » Dès le compte rendu publié le lendemain dans *Combat*, tous les grands noms de la scène s'effacent, deviennent presque anecdotiques, et on peut lire, sous la plume de Charles Estienne, une évocation stupéfiée de Colette Thomas : « *Nous serons nombreux à entendre résonner longtemps encore cette voix solitaire.* »

« *Et Colette Thomas, en transe, dit un texte inédit*, écrit Jacques Prevel dans son journal. *Sa bouche martèle les mots. Elle a travaillé avec Artaud. C'est Artaud qui parle. Éclair magnésium et obscurité. Cette voix tremble et vibre, fantastique. Applaudissements et bravos. Elle est rappelée plusieurs fois.* »

Colette Thomas a 28 ans lorsqu'elle rencontre Antonin Artaud. C'est le 10 mars 1946 à Rodez. Mais une lettre à Jean Paulhan datée du 18 septembre 1945 montre qu'Artaud obsède déjà Colette avant même qu'ils ne se soient vus : « *Je sais qu'il est de mon devoir d'aider Artaud. Il a donné aux gens qui s'inquiètent de théâtre bien plus par son petit livre que nous ne pourrons jamais lui donner – Il ne nous a pas créés mais il a créé pour nous au-delà de nous-mêmes – au-delà de ce pas que nous n'osons pas franchir.* »

Dès son retour de Rodez, elle écrit à Roger Blin, qu'elle a connu au sein de l'Atelier de Charles Dullin dans les années 1930 : « *Comment ? La même société considère l'œuvre de cet homme comme celle d'un génie et traite sa personne comme elle traiterait un fou indigent.* » Quant à Artaud, le lendemain, il écrit à Henri, le mari de Colette : « *Il faut que Colette Thomas se fasse sa place dans le théâtre sans que les questions de copulation charnelle interviennent comme un barrage avant.* » Commence alors une relation qu'on peine à définir mais qui est sans doute ce qui, dans la vie d'Artaud comme celle de Colette Thomas, s'approche le plus de l'amour. Une relation qui, selon les mots de Colette Thomas, pose radicalement la question du « *sens de la rencontre sur la terre* ».

« *Colette Thomas* », écrira Antonin Artaud dans une lettre, « *est la plus grande actrice que le théâtre qui s'en fout ait vue, c'est le plus grand être de théâtre que la terre qui ne s'en fout pas mais qui a peur ait vu.* »

C'est que Colette Thomas n'est pas seulement la plus grande interprète qu'Artaud ait connue, mais également une poétesse, qui confie à Antonin Artaud ses écrits dès juillet 1946 et au sujet desquels il note, dans ses cahiers : « *Les textes de Colette Thomas présagent la formation d'un autre univers. Ils sont tout ce qui reste d'un monde qui a sombré, asphyxié par l'être, le serpent.* » Parmi ses contemporains, si l'on met de côté la relation ambivalente qu'il entretenait avec André Breton, Antonin Artaud n'aura célébré que deux poètes : Roger Gilbert-Lecomte et Robert Desnos. « *Il y a dans la poésie de Roger Gilbert-Lecomte comme le regret d'une tradition perdue, et l'écho lointain de certains grands cris mystiques* », avait-il écrit dans un article consacré au premier. Et il avait parlé de *La Place de l'Étoile* de Robert Desnos après la mort de ce dernier. Mais ce sera surtout, admettra-t-il, pour le faire revenir : « *Je voudrais qu'en le lisant, on comprenne enfin quelque chose qui est que je veux revoir un jour Robert Desnos pour lui demander ce qu'il pense de sa fin et de tout ce qu'il a souffert et que je suis sûr que je le reverrai.* » Robert Desnos, Roger Gilbert-Lecomte, Colette Thomas : c'est tout.

« *Admirables textes de Colette Thomas* », écrit encore Artaud dans ses carnets, « *pas une page à supprimer, le drame psychologique y est entier. Une personnalité jamais vue se révèle, une psychologie spéciale que toutes ses paroles cernent, et elle donne un autre sens aux mots.* »

En février 1947, Artaud achève l'écriture de *Suppôts et suppliciations*. Un livre qui restera inédit jusqu'en 1978, l'éditeur initial, Louis Bordas, pris brusquement de scrupules religieux, renonçant à le publier. En conclusion du texte d'ouverture, il annonce : « *Et il y a aussi Colette Thomas, pour souffler les gendarmes de haine de Paris à Nagasaki. Elle vous expliquera sa propre tragédie.* » Cette sentence peut être comprise comme la prophétie du livre de Colette à venir.

Elle le peut, parce qu'à cette même époque, Colette Thomas prépare également un texte pour la publication, « Le débat du cœur », prévu pour *Les Cahiers de la Pléiade* dirigés par Jean Paulhan, et qui se compose de lettres initialement écrites à Artaud – comme *Suppôts et suppliciations* comprend, en grande partie, des lettres écrites à

Colette Thomas. Colette fait lire son texte à Artaud qui le corrige. Dans *Suppôts et suppliciations*, Artaud expliquera sa propre tragédie, et Colette expliquera la sienne dans « Le débat du cœur ». Et ces deux textes s'éclaireront chacun à la lumière de l'autre.

Mais « Le débat du cœur » ne paraîtra pas non plus. Les épreuves renvoyées par Paulhan à Colette dans le courant de l'année étant restées sans réponse : elle était alors internée dans une clinique du Vésinet. C'est en 1951, quand elle sort de cet internement où elle a subi, comme Artaud précédemment, la barbarie des électrochocs, et alors qu'Artaud est déjà mort depuis trois ans, qu'elle découvre la lettre qui lui avait été envoyée. Elle décide alors, non pas de laisser Paulhan publier « Le débat du cœur » tel quel, mais de l'inclure dans un ensemble plus grand, qui comprendra également un essai sur le théâtre, des poèmes, des contes et des prophéties. Ce sera *Le Testament de la fille morte*. Il sera publié par Paulhan chez Gallimard en 1954. Dans celui-ci, Colette évoque la grandeur d'Artaud : « *Il existe un homme plus vrai que le Christ.* » Elle précise : « *Si j'avais vécu du temps du Christ et que je l'eusse rencontré je l'aurais appelé mon frère et l'aurais protégé.* » Mais elle annonce également la façon dont elle va accomplir à son tour sa propre mission : « *Oui, il nous rachète, mais notre propre douleur en est le prix. Et moi je préfère la terre que j'achèterai avec du Bonheur.* »

Le livre rend compte d'une traversée de la folie. Comme de toutes choses, Colette Thomas en donne une définition nouvelle : « *On peut dire que la Folie n'est autre que l'amour absolu réfracté par la Haine du monde. Celui qui a senti l'amour absolu et qui ne peut l'exprimer devient fatalement fou.* » Ce qui n'est pas nouveau, c'est le fonctionnement de cette société. Colette Thomas connaît son labyrinthe comme Balzac et Fassbinder l'ont connu : « *Ce monde qui roule sous cette loi : donner de l'argent contre du plaisir – et c'est tout.* » Et, à l'instar d'Artaud et de Rivette, elle lui oppose un théâtre qui n'est pas celui de la représentation théâtrale mais de la discipline d'acteur : « *Seul l'acteur contrairement aux prêtres et aux initiés travaille sans autre ressource que lui-même – donc ne risque de commettre aucune fraude et par conséquent va plus loin.* »

À toutes formes de spiritualité préexistantes, Colette Thomas substitue l'advenue de la femme, qui fermera ce cycle de manifestation et ouvrira le suivant. « *C'est la femme qui ouvre le cycle du devenir et qui le fermera. La tradition est une femme sans devenir et pourtant féconde. La femme qui veut accomplir la faute dont elle n'est pas responsable.* »

Le Testament se présente comme l'accomplissement de la prophétie d'Arthur Rimbaud dans la « Lettre du Voyant » : « *Quand sera brisé l'infini servage de la femme, quand elle vivra pour elle et par elle, l'homme – jusqu'ici abominable – lui ayant donné son renvoi, elle sera poète, elle aussi ! La femme trouvera de l'inconnu.* »

« *Et voici que maintenant je dis ce qu'il attendait qu'une femme dise* », écrit Colette Thomas. « *Maintenant*

Rimbaud est "consommé" – je veux dire "apaisé" – "réalisé" – "vainqueur". Moi je te restitue ton nom entier en échange – ta virilité dont les malheureux adolescents tardifs te veulent arracher petit Rimbe. Me voici toi-même retourné – la Femme. »

Le Testament de la fille morte est une réponse aux poètes qui, de Nerval à Artaud, ont eu tort de douter de la femme. C'est la femme qui accomplira leur vœu : à savoir la substitution de la parole poétique à la parole religieuse ou politique.

« *Gérard de Nerval a vu des vérités* », écrit Colette Thomas, « *mais les poètes depuis longtemps ont cessé d'être des hommes – et ils n'ont plus eu la résistance physique leur permettant de supporter la vérité. Les poètes mangent et oublient de nourrir l'humanité. Aussi sont-ils impuissants. Le pouvoir passe aux mains des forces brutes et la guerre sévit. Les hommes ne peuvent plus transmettre à la femme par la chair leur spiritualité c'est pourquoi on a inventé Dieu pour bénir les unions et essayer de réintroduire la réalité qui a quitté le monde. Mais tout a été vain. Le tour de la femme est venu d'aller chercher au fond de la terre la force régénérée. – C'est à la femme maintenant parce que le monde est seul, incommunicable, et malade.* »

À sa sortie, le *Testament de la fille morte* ne fait aucun bruit. Le livre est oublié. Et Colette se tait, disparaît. Elle meurt le 10 octobre 2006, dans sa maison de La Nartelle. Elle avait 87 ans.

Pourtant Colette Thomas est bien la grande sœur de Juliet Berto et d'Hermine Karagheuz. Celle qui ouvre le bal des Guerrières du Bonheur et de la Paix dont on trouve des incidences dans toute la seconde moitié du XXe siècle.

Jacques Rivette n'a peut-être pas connu *Le Testament de la fille morte.* Mais tout son cinéma y tend comme une corde sur laquelle on pourrait danser. En particulier, tous ses récits d'actrices émancipées, de *L'Amour fou* à *Va Savoir*, en passant par *L'Amour par terre.* Enfin évidemment celui qui est certainement le plus politique d'entre eux, celui dans lequel il fait le point pour la quatrième fois sur la vie politique du pays et transmet un enseignement ; celui d'un théâtre qui s'oppose à toutes les polices et toutes les passions : *La Bande des quatre.*

Tout commence quinze ans plus tôt, juste après *Out 1*, par un premier film pas fait : *Phénix* (1972-1973) avec Jeanne Moreau dans le rôle d'une actrice inspirée par Sarah Bernhardt, et Juliet Berto dans le rôle de la jeune Constance.

Ça continue avec un deuxième film pas fait, vers 1981-1982, après *Le Pont du Nord.* Ça devait à nouveau être avec Jeanne Moreau et une jeune comédienne, et le scénario était coécrit avec Suzanne Schiffman et Marilù Parolini. Rivette était influencé par les cours de Louis Jouvet publiés par Gallimard. Et par le spectacle de Brigitte Jacques *Elvire Jouvet 40.*

La direction « *très morbide* » prise par le scénario aurait, dira-t-il en 1989 dans l'émission *Microfilms*, gêné Rivette. Il décide d'interrompre le projet. Cette interruption donne naissance à *L'Amour par terre*, une comédie. Et *L'Amour par terre* est suivi de *Hurlevent*, d'après Emily Brontë. Après *Hurlevent*, où il fait jouer de jeunes acteurs, Rivette décide de reprendre l'histoire de la grande comédienne retirée qui donnera des cours de théâtre à une ou plusieurs jeunes comédiennes. Jeanne Moreau est à nouveau prévue pour le rôle de la grande comédienne. Le film doit être tourné en avril 1987. La production a du mal à se monter. On retarde le tournage, et, soudain, Jeanne Moreau disparaît. Rivette n'a aucune nouvelle pendant trois mois, après quoi l'agent de celle-ci appelle pour dire qu'elle cesse de faire le film.

Mais désormais la production est enclenchée et les comédiennes sont déjà trouvées. Rivette change alors le centre du film. On n'ira jamais dans l'appartement de la professeure, situé au-dessus de la salle de répétition, mais on va faire de la maison où vivent en colocation plusieurs de ces jeunes comédiennes le deuxième lieu clé. Parmi les sources d'inspiration du film, pour la création du personnage de Cécile, une actrice amoureuse d'un homme recherché par la police, il y a également le combat pour la libération de Roger Knobelspiess mené par son amoureuse, la comédienne Marie Rivière qui publie *Un amour aux assises* en 1988, et auquel le film fait probablement allusion dans sa dédicace finale : « *Aux prisonniers – à ceux et celles qui les attendent – à l'une d'entre elles.* »

Rivette propose alors à Bulle Ogier le rôle de la professeure dont le prénom est Constance, le nom de Juliet

Berto dans *Phénix,* et le nom de famille Dumas – en accord avec l'ambiance très *Trois Mousquetaires* du récit. Épaulées par les coscénaristes Pascal Bonitzer et Christine Laurent, les comédiennes vont chercher et inventer leurs personnages. Elles vont leur imaginer des passés, des personnalités. En deux mois, le nouveau film est écrit, avec ce titre : *La Bande des quatre.* Un titre « *très Bibliothèque rose ou verte* », dira Rivette.

Très Bibliothèque verte, très Alexandre Dumas ou très « *années 1970 militantes françaises* » ? La Bande des quatre est le nom qu'on donnait initialement à ce quatuor de dirigeants chinois liés à la fin du règne de Mao Zedong, dont l'objectif déclaré était de « *lutter contre le rétablissement du capitalisme sous toutes ses formes* », et qui furent arrêtés et démis de leurs fonctions juste après la mort du Grand Timonier en 1976. Le groupe était centré autour de la femme de Mao, Jiang Qing. Les trois autres étaient trois de ses proches : Zhang Chunqiao, Yao Wenyuan et Wang Hongwen. Après la mort du Grand Timonier, la Bande des quatre a été accusée d'être l'instigatrice de la révolution culturelle, ayant, selon leurs adversaires, plongé la Chine dans le chaos et les massacres. La défaite politique du groupe marque la fin définitive de la révolution culturelle. Les quatre de la bande mourront en prison. La femme de Mao se suicidera par pendaison en 1991, Wang Hogwen mourra de maladie en 1992, Zhang Chunqiao et Yao Wenyuan également, en 2005. En 1989, tous sont déjà oubliés lorsque leur « nom » devient celui d'un groupe de quatre filles vivant dans un pavillon de Montfermeil.

Et, comme les trois mousquetaires sont quatre, la Bande des quatre est une bande de cinq. Ce titre est aussi, dit Rivette, un « *clin d'œil à Godard... Je ne sais pas si ça l'a fait rire.* » Un clin d'œil à *Bande à part ?* Ou au maoïsme ? On ne saura pas. Et puis, va savoir pourquoi, la « Bande des quatre » est une expression que certains journalistes – même Serge Daney dans *Le Veilleur* – utiliseront pour parler du noyau des *Cahiers*, de la Nouvelle Vague. Truffaut, Rivette, Godard, Chabrol et Rohmer : cinq, eux aussi.

La Bande des quatre commence par un carton : « *Paris, de nos jours (comme on dit) : fin novembre ou début décembre, en début d'après-midi* ». Après, le film débute dans un café. C'est à la *Grappe d'or*, dans le quartier de Montorgueil. La première héroïne qu'on rencontre, c'est Anna (Fejria Deliba). On la voit boire un café, reprendre et relire une page de son livre. Elle termine son café, paie, remet sa veste, sort tranquillement et marche à son rythme. Puis elle passe par une ruelle qui semble assez éloignée de l'immeuble où elle se rend, ouvre une porte qui ressemble à une sortie de secours, une sortie des artistes ou l'arrière d'une église, monte un escalier, traverse un couloir, entre dans une salle, pose sa veste et attend. Et une autre fille, Raphaëlle (Caroline Gasser), arrive alors à toute vitesse et lui donne la première réplique. C'est une pièce de Marivaux, *La Double Inconstance*. Au bout de quelques instants, une professeure en voix off reproche à cette dernière de ne pas savoir son texte. Et la répétition reprend pendant plusieurs minutes, jusqu'à ce que Raphaëlle se plante à nouveau.

Au bout de cinq minutes exactement, alors qu'elle hurle « *Stop !* », on découvre le personnage de la professeure, Constance Dumas, jouée par Bulle Ogier, et ses autres élèves éparpillées dans la salle. Mais que voit-on dans ces cinq premières minutes ? Un début totalement impossible, totalement irréel. Et pourtant, on l'accepte. On l'accepte si bien qu'on va l'oublier. On va s'oublier dans ce que raconte le film, et oublier tout ce que ce début a de totalement incongru. À savoir que, même si les élèves du cours de Constance Dumas peuvent prendre un temps de préparation mentale avant de jouer leur scène, même si elle leur autorise et peut-être même leur conseille un temps de concentration, c'est totalement inimaginable que celle qui s'y prépare puisse partir dix, quinze minutes, pendant lesquelles les autres l'attendent en silence.

Dans l'émission *Microfilms*, Rivette expliquera à Serge Daney que sa décision quant aux cours de théâtre, histoire de ne pas refaire artificiellement du Louis Jouvet, était de faire l'impasse sur le côté technique de l'enseignement. Le rôle de Constance sera donc de dire « *trois, quatre choses que je crois vraies* », dit Rivette. Pour l'art et pour la vie.

Le début de *La Bande des quatre* rappelle un autre début de film de Jacques Rivette. Celui de Julie lisant

Papus square Suzanne-Buisson, au début de *Céline et Julie vont en bateau*, jusqu'à ce que Céline entre mystérieusement dans son histoire et qu'elle se mette alors à la poursuivre : *Alice au pays des merveilles*. Mais ici, c'est plutôt Alice qui passe de l'autre côté du miroir. Alice qui entre dans un théâtre qui est un lieu mental. Un lieu qu'on ne reverra, tout le long du film, que de cette étrange manière : au fond d'une ruelle au milieu de Paris, et dans lequel on entre directement en scène, comme on entre dans une « maison magique ». Comme Céline et Julie entrent dans la maison du 7bis de la rue du Nadir-aux-Pommes. Mais Céline et Julie entrent dans la maison de la rue du Nadir-aux-Pommes en tant que spectatrices. Ici, on y entre comme actrices.

Le début de ce film indique donc la véritable nature des cours de Constance Dumas. Il s'agit de préparer, non seulement des comédiennes, mais des magiciennes. Et quelle meilleure initiatrice alors que Bulle Ogier. Bulle Ogier dont c'est le sixième film avec Rivette et qui est *de facto* la plus éprouvée de ses comédiennes, contre trois films pour Juliet Berto comme pour Hermine Karagheuz. Bulle Ogier a commencé comme « actrice » dans *L'Amour fou*, pour être ensuite « conspiratrice » dans *Out 1*, « fantôme » dans *Céline et Julie*, « déesse » dans *Duelle* et « ex-prisonnière » dans *Le Pont du Nord*. Est-ce le même personnage qui passe à travers plusieurs incarnations possibles ? Aucune idée. La seule chose certaine, c'est que, désormais, Bulle Ogier va former les nouvelles actrices poétesses, les nouvelles guerrières du bonheur. Elle va enseigner avant de passer la main. Elle ne reviendra ensuite que de façon très fantomatique dans un film mis en scène par Rivette : *Ne touchez pas la hache*, dans le rôle de la princesse de Blamont-Chauvry.

Qui sont les postulantes guerrières, actrices et magiciennes qui composent son cours ? Il y a Anna et Raphaëlle, donc. Mais aussi Claude, Joyce, Lucia, Cécile, Pauline, Corinne, Jeanne, Valérie, Marina, Sophie et Louise. Elles sont treize, évidemment. À Raphaëlle, Constance Dumas lui dit qu'elle « *ne sait pas où elle est, mais elle n'est pas là* ». Elle jouera d'ailleurs un rôle tout à fait secondaire dans le film. Lorsque la répétition reprend, Constance va la remplacer par Lucia (Inês de Medeiros), qui aura, elle, un rôle tout à fait central. Constance feint de ne pas être maîtresse des mystères du film, mais elle dispose ses personnages en ordre d'importance. Elle les met en scène. Et simultanément elle commence à les interroger sur ce qui manque encore dans le jeu d'Anna. Ce sera le temps de la première « *chose vraie* ». Il faut « *sentir la situation* », « *éprouver le sentiment* ». « *Ici, on ne croit pas, on sent. Faut éprouver. Le théâtre, c'est une série d'épreuves.* » Et cela résonne avec le récit d'apprentissage, voire le récit initiatique, que vont vivre les héroïnes du film.

D'Anna, la première de la bande, on aura quelques éléments biographiques. Pas beaucoup. Elle gagne sa vie comme photographe. Elle a un petit ami depuis trois ans, Thomas, qui vit à Los Angeles. Elle veut faire du théâtre mais plutôt des rôles comiques. C'est la fille raisonnable, équilibrée, courageuse. C'est un peu la « Athos » du groupe. Elle a également un mystère, non élucidé : une sœur qui a disparu il y a trois ans, Anna, et dont elle a usurpé l'identité dans l'espoir de trouver des indices pour la retrouver. Elle ne s'appelle donc pas Anna mais, en réalité, Laura.

La deuxième des quatre, c'est Joyce (Bernadette Giraud). C'est elle qui a initialement trouvé le pavillon de Montfermeil et elle semble s'en occuper un peu plus que les autres, débarrassant les feuilles mortes du jardin, faisant la cuisine. Joyce est enceinte d'un homme dont on ne saura rien, avec qui elle vivait avant le début du film, et qui est parti. Peu à peu, les autres filles se sont installées dans sa maison. Elle est d'origine irlandaise et ses parents sont retournés vivre à Limerick trois ans plus tôt. Elle est un peu râleuse et très bonne copine. Comme Anna, elle déteste le romantisme, la tragédie. Elle a une sorte de fonction « Porthos » dans la bande.

De Lucia, on en saura encore moins. On ne saura même presque rien. C'est le membre le plus jeune du groupe et, à la différence des autres qui assistent au cours de Constance Dumas depuis deux ans, ça ne fait qu'un an qu'elle est là. Elle est partie du Portugal deux ans plus tôt, après avoir refusé d'épouser son fiancé. Elle dit à ses parents qu'elle fait des sciences alors qu'elle veut devenir comédienne. Elle est volontairement austère, mystérieuse, mystique, réfléchie, peut-être un peu plus stratège que les autres. Elle a une sorte de fonction

« Aramis » pour filer le jeu des comparaisons avec les *Trois Mousquetaires* : un jeu très aléatoire, certes.

Claude (Laurence Côte), enfin, est la grande romantique de la bande. Elle a un caractère entier et innocent. Dans sa chambre, il y a des photos de Chaplin et la Une du numéro de *Libération* publié le jour de la mort de Rita Hayworth, avec le titre : *A Star is dead.* Au début du film, elle est très amoureuse d'une certaine Sarah, une femme qui vivait avec son père, toujours entourée d'une cour d'admirateurs et qui la rend très malheureuse. Sarah est un prénom qui revient d'*Out 1*. Comme dans *Out 1*, on va beaucoup entendre parler de cette Sarah au début du film, mais on ne la verra pas. Une minute de bonheur avec Sarah, Claude la paie, dit-elle, « *trois mois de galère* ». Lucia, peut-être encore plus extrémiste qu'elle dans le romantisme, lui dit : « *Une minute de bonheur, même une minute, ça vaut le coup.* » Claude est la moins cynique de la bande. Elle n'a aucune ironie et ne supporte pas le mensonge : « *Jouer, c'est pas mentir, c'est chercher la vérité.* » Pourtant, c'est Claude qui mentira aux autres, un mensonge par omission, en cachant son aventure avec Thomas, un autre prénom qui revient d'*Out 1*. C'est elle qui fait entrer le loup dans la bergerie, l'espion dans la maison de l'amour. Signe qu'on est bien ici dans un récit d'apprentissage ou d'initiation : les personnages croient quelque chose au début, et la réalité s'empresse de détruire leurs croyances. Et ils doivent construire, et même se construire, à partir de cette destruction.

Le film se partage essentiellement entre deux espaces. Celui du théâtre de Constance et le pavillon des filles à Montfermeil. Un peu comme dans *L'Amour fou*, où on alterne les scènes de répétition d'*Andromaque* et les scènes d'appartement où Claire basculait dans la folie. Dans *La Bande des quatre*, les deux espaces sont reliés par des plans de RER qui ne cessent d'aller et de venir tout le long du film. Ces plans de RER sont des marqueurs sociaux : les héroïnes font du théâtre, elles n'ont pas d'argent ; on n'est plus dans les années 1960 mais dans les années 1980 ; elles ne vivent plus sous les toits mais dans la banlieue de Paris. Mais leurs allées et venues forment une sorte de flux et nous permettent d'éprouver le temps qui sépare les deux espaces, les deux scènes.

Le film commence quand Cécile, la cinquième de la bande (géniale Nathalie Richard) quitte le pavillon de Montfermeil pour retrouver son grand amour et lègue sa place à Lucia. Anna se déplace alors du deuxième au premier étage, dans la chambre initialement habitée par Cécile qui l'informe de la présence d'un fantôme. Lucia s'installe dans la chambre d'Anna au deuxième étage, sous les toits, tandis que Joyce et Claude seront les voisines d'Anna au premier. Lucia a rapporté un tapis du Portugal et un mauvais souvenir : une fiole de poison avec lequel elle avait voulu se suicider et qui servira plus tard dans le film. Sur son mur, elle pose une reproduction du *Saint-Georges terrassant le dragon* de Raphaël : autre pressentiment de leur aventure à venir. Et rappel de la fin du *Pont du Nord*.

Constance Dumas exige de ses élèves un véritable engagement. Mais elle essaie aussi de leur apprendre une des choses les plus difficiles au monde : la lucidité sur soi-même, à partir de la difficulté supérieure que représente la lucidité pour les comédiennes, qui risquent de se fier aux applaudissements pour juger d'une performance.

« *Souvent les acteurs se trompent sur eux-mêmes* » : ce sera la deuxième « *chose vraie* » de Constance et qui s'accompagne d'une histoire : « *Il y a deux ans, j'ai joué une pièce avec une très grande actrice. Et elle, elle jugeait toujours qu'on jouait bien selon les applaudissements. Une fois nous sommes allés en Hollande, on a joué la pièce et vraiment c'était la meilleure fois, sur cent représentations. C'était magnifique. Et comme les Hollandais ne comprenaient pas très bien, les applaudissements étaient polis mais pas plus. Elle m'a dit : Tu vois, Constance, aujourd'hui on n'a pas bien joué… Heureusement que c'était pour les Hollandais !* »

Il y a un mystère autour de Constance. Constance ne donne de cours qu'à des filles. Elle vit dans le théâtre, à l'étage. Elle a commencé son cours il y a six ou sept ans, après avoir arrêté le théâtre pendant six ou sept ans également : « *Y a dix-douze ans, elle arrêtait pas, puis y a eu un trou, elle a quitté la France.* » Ce trou, c'est, assez clairement, le fameux trou dans la vie de Jacques Rivette au milieu des années 1970. Même s'il a fait, bon an mal an, ce film, *Merry-go-round*, en 1978, le trou de Jacques Rivette se situe entre 1976 et 1981, et ce sont sans doute approximativement les mêmes dates que celui de Constance. Mais, de même que les films mis en scène par Rivette mettent les pulsions d'inquisition biographique à distance, voire les décourage, Cécile trouve ces enquêtes concernant la vie de Constance parfaitement oiseuses. « *On cherche des trucs parce qu'elle a vraiment un mystère* », dit-elle. « *Mais le mystère, ça s'explique pas. Ou on l'a ou on l'a pas.* » Constance a un mystère, oui, mais elle a surtout un enseignement. Et ce qu'elle demande aux filles de développer, c'est la complicité, comme « *la complicité de sœurs* ». À quoi elle ajoute : « *Le sens du secret, je ne peux pas l'avoir pour vous.* » Et là encore, elle apparaît comme une porte-parole de Rivette dans le film, dont la « *complicité de sœurs* » semble le secret même de son cinéma. En tout cas, celui de *Céline et Julie vont en bateau.*

Le « *sens du secret* » est une expression que Rivette a empruntée à Jean Paulhan, et qu'il employait jadis dans ses écrits critiques. On le retrouve par exemple à propos d'Alfred Hitchcock dans « Faut-il brûler Harry ? » publié dans *Les Cahiers du Cinéma* en avril 1956 : « *Hitch a* », selon le mot de Paulhan, « *"le sens du secret" et ses exégètes en ont depuis longtemps fait l'expérience : tous ses films, tout au moins ceux des quinze dernières années, sont à double fond ; et quelque loin que l'on en puisse pousser l'interprétation, il demeure toujours un secret derrière le secret.* »

Le « *mot de Paulhan* » apparaît dans son essai *Braque le patron*, livre dans lequel l'éditeur et écrivain définit une poétique qui sera bientôt celle de l'auteur de *Renoir le patron* : « *Braque sait ce qu'il était plus difficile (suivant toute apparence) de savoir de nos jours. C'est qu'à divulguer le mystère, on lui retire sa vertu. Il connaît un secret, ce serait peu. Il a le sens du secret.* »

Le sens du secret est au cœur de la recherche de Rivette critique de cinéma. C'est quelque chose dont il parle à propos d'Eisenstein, toujours en avril 1956, dans la revue *Arts* : « *L'exemple d'Eisenstein est celui d'un cinéaste qui a misé sur le secret et a volontairement soumis tous les éléments spectaculaires de ses films à une pensée tout abstraite et réservée. Ce que sont au juste ces secrets n'est en fin de compte qu'une question secondaire : ceux d'Eisenstein ne sont pas ceux de Murnau ou de Renoir, comme ceux de Mallarmé n'étaient pas ceux de Balzac : l'important est qu'ils existent.* »

Cette notion ne cessera de revenir, encore et encore. Comme dans « La Loi et le secret », un dialogue avec Hélène Frappat publié en 1999 dans *La Lettre du cinéma*. Dans « La Loi et le secret », Rivette critique violemment Lars Von Trier et le compare à Roman Polanski : très doué, malin, trop malin même, avant de s'exclamer : « *Il sait tout au fur et à mesure : il n'y a aucun secret, il n'a aucun secret, le malheureux !* »

Et puis il y a le personnage de Thomas (Benoît Régent). S'il s'appelle bien Thomas.

Thomas, c'est d'abord Anna qui le rencontre dans un vernissage. Là, il s'y présente comme « *l'homme des foules* » : une allusion à Edgar Allan Poe. Puis, à la sortie du vernissage, deux de ses complices font semblant d'agresser Anna. Il la défend et se fait apparemment casser la gueule, ce qui amadoue Anna et lui permet de la raccompagner en voiture à Montfermeil. Là, il s'attribue l'identité d'Henri Demarsay, en un seul mot – un nom qui revient donc directement de Balzac en général, et de l'*Histoire des Treize* en particulier. Anna, très intuitive, lui demande tout de suite s'il est flic. Henri Demarsay préfère l'embrouiller en prétendant être imprimeur de fausses cartes d'identité. Et il dit avoir eu comme complice le petit ami de Cécile.

Lorsque c'est Joyce qui le rencontre, le même personnage prétend cette fois s'appeler Lucien. Pour Lucien de Rubempré ? On ne sait pas. Et cette fois, c'est une histoire de cache d'armes dans le pavillon – armes liées à un groupe clandestin d'indépendantistes basques. Il se présente comme « *un groupe clandestin à lui tout seul* » parasitant ceux des autres. Il n'est ni pour ni contre, mais « *à côté* » et lui sort une phrase de terroriste du complot remarquablement inintelligible, dans ce contexte ou dans un autre : « *Je n'ai aucun doute que le sabotage d'en haut est antérieur au sabotage d'en bas, que le sabotage étatique et national est antérieur au sabotage extérieur.* »

Quand elles débriefent leurs rencontres, Anna et Joyce le comparent à Casanova, Charles Pasqua, Roger Giquel et Mr. Hyde. Mais surtout Joyce a cette formule : « *Ce type, c'est la Samaritaine.* » Thomas est le plus archétypal de ce type masculin qu'on peut croiser tout le long des films mis en scène par Rivette : l'Homme Fatal. Ébauché dans les figures de Sébastien

(*L'Amour fou*), Thomas et surtout Renaud (*Out 1*), l'Homme Fatal cesse, à partir du *Pont du Nord*, d'être un « sujet » de son cinéma pour devenir un « objet ». Un objet opaque et même indéchiffrable : Julien dans *Le Pont du Nord* ; Clément et Paul dans *L'Amour par terre*. Sébastien et Thomas étaient « fatals » pour les filles mais aussi pour eux-mêmes et on voyait sans mal leur détresse. Ces nouveaux personnages, en revanche, on ne les connaît pas. On regarde ces Hommes Fatals comme les regardent les héroïnes. On les voit avec leurs yeux. Avec colère (Anna), avec excitation (Joyce), avec méfiance (Lucia) ou, carrément, comme Claude, avec un amour inutile et forcément déçu.

Pour Claude, il s'appelle Thomas. Et entre eux, c'est immédiatement un jeu de séduction, qui ira jusqu'au sexe et à l'amour. C'est pourtant à elle qu'il raconte l'histoire la plus spectaculairement invraisemblable, et directement tirée d'une fiction préexistante. Devant les grands yeux émerveillés de Claude, Thomas lui parle d'un tableau du XVIIIe siècle volé en 1830 : *La Belle Noiseuse*, de Frenhofer, le maître inconnu de Poussin. Des noms qui reviennent de Balzac encore, mais, cette fois, ce sont des allusions au *Chef-d'œuvre inconnu*. Thomas se donne comme le membre d'un groupe monté pour retrouver les œuvres d'art volées, avec l'ami de Cécile, mais l'ami en question, après avoir repéré *La Belle Noiseuse*, aurait cherché à le négocier à la fois avec les collectionneurs et avec les voleurs. Devant toute cette histoire, Claude lui demande s'il fait partie d'un gang : « *Les Compagnons du Devoir ? Les Quinze ?* » Wow. Leur dialogue, tourné dans les locaux de *Libération*, renvoie d'évidence à *Out 1*, en même temps qu'il annonce le prochain film, *La Belle Noiseuse*. Mais il se relie également mystérieusement à *Haut Bas Fragile*, où le dancing de Sarah, que cherche le personnage de Laurence Côte, sera domicilié à l'adresse même de ces locaux : 11, rue Béranger.

Un peu plus tard, au détour d'une scène, on apprendra que l'Homme Fatal de *La Bande des quatre* s'appelle plus exactement Thomas Santini, et qu'il est de la police judiciaire. Presque le même nom que le mec d'Anna, Thomas Santelli. S'il s'appelle bien Thomas... Même en interview, Rivette nous laissera dans le doute : « *Thomas, c'est le nom qu'il a sur la carte de policier qu'il montre à Joyce. Mais, comme il nous a dit avant être très doué pour faire des faux-papiers, on peut penser que la carte de policier est fausse également. On a le droit de penser ça.* »

De toute façon, Thomas n'a pas plus de personnalité que de nom. Il n'a pas de psychologie. Il peut prendre indifféremment n'importe quel rôle : amoureux, séducteur, copain, ordure, incarnation de l'ordre et de la raison d'État, voire gangster indifférent des conséquences de ses actes. Comme les Max du *Pont du Nord*, il n'est personne. Il n'est défini que par son but : récupérer quelque chose de caché dans la maison – quelque chose de caché par Cécile, en relation avec l'ami de celle-ci. Et par une méthode : l'*envoûtement*.

Cécile, elle, que Thomas ne croisera jamais, n'est quasiment définie que par l'amour. On ne sait presque rien d'elle ni avant – elle était dans la mouise avant de rencontrer Joyce qui lui a trouvé un job dans le restaurant où elle bosse, et où elle a rencontré son ami – ni pendant. On voit juste qu'elle est « *sans dessous dessus* », comme dit Lucia. Elle fait une extraordinaire répétition, où elle se sublime dans *La Double Inconstance*, mais en le jouant complètement à côté, hors-sujet, comme une tragédie (Nathalie Richard se surpasse dans cette scène). Elle amène ses problèmes sur la scène, ce qu'il faut impérativement s'interdire : autre leçon de Constance.

Lucia aussi fait une extraordinaire répétition, mais par sur *La Double Inconstance*. Sur *Iphigénie*, curieusement. Parce qu'entre deux répétitions de *La Double Inconstance*, les élèves de Constance passent également des extraits de *Séréna* de Corneille et de *L'École des femmes* de Molière. On ne sait pas trop pourquoi. C'est dans ce cadre que Constance sera la plus dure. Avec Corinne, qui se défend sans arrêt, et passe son temps à protéger son amour-propre, ce qui est contraire à l'épreuve que représente la scène.

« *La démolition c'est avec ça que vous avez à faire, tout le temps* », explique Constance. « *La démolition et le doute, c'est avec ça que vous devez construire, créer, inventer. La démolition et le doute. Je ne suis là que pour vous apprendre ça.* »

La « *démolition* » et le « *doute* » : ce sont, dira Pascal Bonitzer en interview, des emblèmes du travail de

Rivette. D'autant plus que ce film est né de la démolition de deux autres films. Dont il reste des traces, des fantômes.

Et, à propos de fantômes, c'est Lucia, l'actrice que Constance semble respecter le plus, la seule à qui elle ne fait strictement aucune critique, qui, en suivant la piste des fantômes de la maison et de leur danse ancienne (une polonaise ou une mazurka, ce qui renverrait à l'époque du film *Phénix*), trouve ce que Thomas cherche en vain : des clés cachées dans la cheminée. Ou, plus exactement, en suivant les pas de danse des fantômes, les clés lui sont données. Ces clés servent en fait à ouvrir un coffre pour retrouver des papiers utiles afin d'appuyer les accusations proférées par l'ami de Cécile, un certain Antoine Lucas, ancien truand et repris de justice, qui, trois ans plus tôt, avait été mêlé à l'affaire Bertrand. Une histoire digne d'un roman-feuilleton : dans une interview donnée à la presse, Antoine Lucas a donc accusé certains juges d'avoir trempé dans des remises de peine abusives pour des caïds de la maffia lyonnaise liée à la prostitution. Antoine Lucas, depuis, est inculpé pour vol à main armée et complicité de meurtre dans la fusillade de Lagny. La défense parle de coup monté. Les clés ouvrent donc un coffre qui contient une correspondance de l'un des notables, qui était tombée entre les mains d'un vieux truand décédé qu'Antoine a connu lors de son incarcération : Faria. Ce nom revient également d'Alexandre Dumas, cette fois-ci du *Comte de Monte-Cristo*.

Thomas est peut-être flic, peut-être truand. « *Un flic ou un truand, c'est pareil* », dit Anna : très juste. La seule chose certaine, c'est qu'il travaille contre Antoine Lucas, et donc contre Cécile. Les filles vont régler leur conflit interne concernant le procès d'Antoine en l'écrivant et en le mettant en scène. Ce que Pascal Bonitzer et Christine Laurent appellent « *l'intermédiaire brechtien* » et qu'ils comparent à une pièce dans la pièce, comme « Mousetrap » dans *Hamlet*. Anna, Joyce et Claude écrivent et jouent leur « pièce dans la pièce » et Lucia regarde.

La pièce est rythmée par de violentes bourrasques. Cette bande-son, qui ne correspond pas au son réel de la scène, est la fameuse « signature » rivettienne qui apparaissait discrètement dès *Paris nous appartient* mais allait se retrouver dans presque tous les autres films. Dans cette pièce, Claude déclame une phrase de Jésus, « *Malheur à celui par qui le scandale arrive* », et une autre originale : « *Malheur au marginal lorsqu'il sort de sa marge* » qui vaut comme résumé de la plupart des films mis en scène par Rivette. Un écho de *Paris nous appartient*, *Out 1* et *Le Pont du Nord*... Il rappelle que ce cinéma est le cinéma des marginaux. Il parle en leur nom. Et les filles terminent leur procès par une chanson, sur l'air de *Cadet Roussel* :

Il y a des choses derrière les choses
Derrière la peur, c'est faux, c'est vrai
Derrière les choses, il y a des choses

Derrière le doute, libre ou coupable
Derrière le doute, libre ou taulard
Ah, ah, ah oui, vraiment, libre ou taulard
et pour longtemps !
Ah, ah, ah oui, vraiment, libre ou taulard
et pour longtemps !

Derrière les choses, il y a des choses
À l'infini, c'est fatigant
Il y a des causes pour ce qui cloche
S'agit de pas louper le coche
Et quand ça cloche, on cherche la cause
La cause, c'est l'innocent
Ah, ah, ah oui, vraiment, l'meilleur coupable
c'est l'innocent !
Ah, ah, ah oui, vraiment, l'meilleur coupable
c'est l'innocent !

« *C'est fou ce que les pays se ressemblent* », conclut Lucia. À la fin du procès des quatre de la bande, Antoine Lucas est innocenté. Dans son « vrai procès », il est condamné à dix ans de réclusion. Mais il réussit à s'enfuir. Et c'est Constance Dumas qui, après s'être entretenue avec Cécile, décide de le cacher. Pour récupérer les clés, Thomas s'installe tout simplement dans le pavillon des filles. Fort de son autorité, il décide d'y vivre le temps qu'il faudra. Manipulateur absolu, il va les séduire et les désorienter, jouer le chaud et le froid, jusqu'à ce qu'elles n'en puissent plus. C'est bien le dragon pressenti par

Lucia et qu'il va falloir terrasser. À moins que, à l'inverse, il ne soit Saint-Georges et que les filles ne soient le dragon qu'il faut libérer de son emprise.

« *L'amour ne donne pas des moyens* », écrivait Colette Thomas, « *il en enlève.* » Thomas a déjà réduit Claude à l'état de confusion amoureuse, incapable de révolte ou de décision, comme un personnage de Fassbinder. Chacune des filles va ensuite se confronter à lui. Anna tout d'abord, avec un couteau, de façon très théâtrale, mais elle est incapable d'aller au bout de son geste. Lucia, ensuite, habillée en robe du soir, comme une séductrice de film noir, avec du poison. Là, le « flic philosophe » se met aussitôt sous le patronage de Hobbes : un philosophe de l'ordre et du pouvoir, nécessaires contre la méchanceté naturelle de l'homme ; l'anti-Rousseau. Non seulement Lucia échoue à le tuer mais il la brutalise et lui vole les clés. C'est Joyce, au dernier instant, qui l'arrête par des coups donnés avec un objet lourd. Thomas est sans doute mort sur le coup, puisque Lucia fait un signe de croix. Et Joyce ira en prison. Mais elles ont réussi. Le grand envoûteur est mis hors d'état de nuire. La Bande des quatre a gagné.

Il n'y a pas que Joyce qui ira en prison. Il y a aussi Constance, pour avoir caché Antoine. Lorsqu'elle est arrêtée, après une avant-dernière scène où elle se donne sans doute du courage en répétant, seule, *La Double Inconstance*, Constance laisse une consigne aux comédiennes : « *Si jamais je ne sais quoi… Je compte sur vous n'est-ce pas ? De toute façon je ne serai pas toujours là.* »

C'est au point où on peut avoir également un doute : a-t-elle vraiment été arrêtée par la police ? Ou a-t-elle mis en scène une fausse arrestation, avec deux complices déguisés en policiers, de sorte à forcer ses élèves à être libres, à se responsabiliser, à se mettre *elles-mêmes en scène* ?

La disparition de l'initiateur est la dernière étape d'une initiation. Ce que Rossellini avait fait lui-même à la « bande des *Cahiers* » au tout début de leur aventure cinématographique, les poussant à créer et, en disparaissant, les obligeant à aller au bout de leur décision. La disparition de Constance fait partie de son cours : c'est ce qui permet au film d'atteindre son ultime « *chose vraie* ». Cette transmission qui s'exprime dans les paroles des filles : « *Le plus important c'est de ne pas la...* » Puis elles se corrigent : « *...de ne pas* nous *décevoir.* »

Pour Pascal Bonitzer, Constance qui disparaît à la fin du film, c'est une image de Rivette lui-même, qui « *noue tous les fils et feint de se retirer du jeu pour que tout le monde prenne en charge le film idéalement sans qu'il soit là.* » C'est vrai. C'est une image du metteur en scène anti-démiurgique ne se définissant que par son absence, l'endormi renoirien laissant acteurs et actrices inventer leur jeu, mais dont il a disposé toutes les pièces au départ. En se retirant, ou plutôt en feignant de se retirer pour que les autres prennent en charge le film, il libère également les spectateurs qui se font, à leur tour, leur film – à partir de toutes les questions sans réponse qui le traversent.

On peut énumérer les zones d'ombre de *La Bande des quatre*. La liste est sans fin. Qu'est devenue la sœur d'Anna ? Pourquoi Constance s'est arrêtée de jouer dans les années 1970 ? Thomas s'appelle-t-il bien Thomas et est-il bien flic ? Antoine Lucas est-il bien innocent de la fusillade de Lagny ? Où sont Antoine Lucas et Cécile à la fin du film ? Que deviendront Joyce et Constance ? Qui s'occupera du bébé de Joyce ? Qui est le fantôme de la maison de Montfermeil ? Pourquoi est-ce que Lucia est la seule capable de comprendre son langage ? Aucune de ces questions ne trouvera de réponse dans le film, et ce n'est pas grave. Ça n'a même aucune importance. C'est comme le fait de savoir qui a tué la petite fille dans *Céline et Julie vont en bateau*. Ce sont des mauvaises questions qui sont là pour masquer la bonne : *Comment empêcher des hommes comme Thomas de nuire ?*

La Bande des quatre met à nu les nouvelles forces contre lesquelles les cinq héroïnes de Rivette doivent lutter. Si elles doivent employer les stratégies que leur enseigne Constance – l'épreuve sensible, la lucidité envers soi-même, la complicité entre sœurs, le sens du secret, le doute et la démolition –, c'est parce que les armes de leurs ennemis ont changé. Celles-ci ne sont plus de l'ordre de l'oppression et de la répression, mais de la séduction et du spectacle. Thomas est un séducteur-envoûteur capturant les héroïnes en jouant sur les ambiguïtés de leurs désirs. Ses mots enrobent toujours les filles dans des rêves d'amour et des cauchemars de complot. Tant qu'elles s'en tiennent à un rapport amoureux, passionnel avec lui, les héroïnes de *La Bande des quatre* sont absolument perdues. Il faut qu'elles fassent intervenir l'art, le théâtre, pour commencer à y voir clair.

Après *Paris nous appartient*, *L'Amour fou*, *Out 1* et *L'Amour par terre*, *La Bande des quatre* est le cinquième et dernier film mis en scène par Rivette à alterner les répétitions de théâtre et les séquences de vie. *Va Savoir* convoquera à nouveau le théâtre, mais ce seront des représentations cette fois-ci. *La Bande des quatre* est le film dans lequel cette relation est *accomplie* : les répétitions nourrissent la vie et la vie nourrit les répétitions – mais surtout les répétitions, indépendamment de la représentation, rendent possible un rapport à la fois actif et détaché à la vie. Les répétitions deviennent, non seulement une initiation, mais une discipline. Ce que les Indiens appellent un Yoga.

Même si on trouve des précédents chez Antonin Artaud et surtout chez Colette Thomas, c'est dans *La Bhagavad Gita* qu'on pourra trouver la source la plus pure de ce rapport à l'action. Dans *La Bhagavad Gita*, texte sacré apparu entre le Ve et le IIe siècle avant Jésus-Christ, c'est « *l'action sans regard pour son fruit* » qui est pris comme technique de délivrance. Nous sommes au milieu du *Mahabharata*, au milieu de la guerre entre les Pandava et les Kaurava, leurs cousins. Devant affronter des membres de sa famille lors de la bataille de Kurukshetra, le prince Arjuna doit donner le signal du début des combats. Mais il est en proie au doute, à la tristesse. Déguisé sous les aspects de son cocher, Krishna apparaît et le convainc de passer à l'action. Il lui explique l'importance de la discipline unitive, la focalisation sur une activité qui permet le détachement. Toutes les souffrances sont liées à l'agitation de l'esprit né du doute et du désir, des incertitudes et des hésitations. La guerre sera le Yoga d'Arjuna, comme le théâtre celui de la Bande des quatre.

Il t'appartient d'agir sans jamais un regard
pour les fruits de l'action,
Ne fais jamais du fruit de l'action ton mobile
Ceux pour qui les fruits de l'action sont leur mobile
méritent la pitié

La Bande des quatre, ce sont ces nouvelles actrices poétesses qui ne seront dupées ni par les illusions de la séduction ni par les séductions du succès. Pour cela, elles doivent se concentrer sur la discipline enseignée par Constance Dumas, mais sans essayer d'en obtenir une autre récompense que la lucidité sur elles-mêmes et l'action exercée en conscience de la justice – une action juste devenue à elle seule sa propre récompense. Un jeu devenant à lui seul son propre spectacle.

Demeure égal dans le succès comme dans l'insuccès, Arjuna,
C'est cette égalité même
Qui est détachement intérieur

À partir de cette vision du théâtre et de l'art, il ne peut y avoir de *sentiment d'impuissance politique.* Parce qu'il n'y a aucune action politique, dans le champ artistique, qui puisse s'évaluer à partir de ses résultats directs, il n'y a aucune action politique *tout court* qui ne doive s'évaluer autrement. Tout ce qui est produit par nos actes n'a de résultat qu'*indirect.* On ne peut pas penser une action à partir de ses résultats parce qu'il n'y a aucun moyen d'évaluer les résultats d'une action dans le temps. On ne peut évaluer que les conséquences intérieures de cet acte, la façon dont il a transformé notre perception du monde. On ne peut évaluer que la qualité d'être que cet acte nous a apporté.

Vois d'un œil égal souffrance et plaisir
Richesse et misère, défaite et victoire,
Tiens-toi prêt au combat
Rien de mal ne t'arrivera

Mais cela ne peut être véritablement compris que par une personne qui obtient le détachement de l'illusion de sa propre identité comme de l'illusion de sa créativité. Quelqu'un qui sait, comme Rivette l'avait dit dans *Le Veilleur*, que rien de ce que nous faisons ne nous appartient : « *ni avant, ni pendant, ni après* ».

Percevoir que l'on n'est pas l'auteur de ses actions
C'est cela percevoir

Il n'est pas nécessaire d'être « engagé » ou « militant » pour agir politiquement. Il est nécessaire d'*agir*. La non-action entraîne la confusion et l'irrésolution est source d'infortune. Et notre action transformera nécessairement le monde, que nous soyons en mesure de le constater ou non. Il est surtout nécessaire de ne pas se focaliser sur les répercussions apparentes de nos actions dans le cours des événements. Face aux échecs possibles, cela ne peut que nous procurer de l'amertume, comme après toute révolution ratée. Une action qui apporte de l'amertume à la suite de son échec apparent sera rétroactivement une très mauvaise action. Et face aux victoires apparentes, cela ne peut procurer que de l'orgueil. Or une action qui engendre de l'orgueil est également une très mauvaise action. Il faut agir sans regard pour les fruits de l'action. Et les répercussions seront nécessairement bonnes. Elles seront bonnes *mais* nous ne les verrons pas comme bonnes. Et elles seront bonnes *parce que* nous ne les verrons pas comme bonnes. Parce que nous accepterons qu'elles suivent un mouvement secret hors de notre regard.

La Bande des quatre s'achève comme *Paris nous appartient.* La troupe continue à jouer. Le fleuve retourne à la mer. Mais cette fois-ci, l'héroïne principale n'est pas abandonnée à elle-même. Cette fois-ci, elle n'a rien perdu. Elle n'a pas non plus gagné seule, comme Lucie dans *Duelle*. Il ne s'agit pas non plus de deux amies comme Céline et Julie. Il s'agit du groupe, d'un ensemble, d'une véritable société. Mais ce n'est pas un groupe comme les Treize d'*Out 1*. Ces Treize, le temps les a bien gommés. Les nouvelles Guerrières respirent alors le Bonheur authentique des êtres détachés et la Paix des marginales. Ce sont les marginales qui ne sont pas sorties de leur marge et qui ont même inventé une discipline à partir de leur marge. Une discipline, et une société qui découle de l'application de cette discipline. *La Bande des quatre* est notre bonheur.

Secret-défense de l'Absolu

(De Frenhofer à Paul Cézanne)

Quand est-ce qu'un film commence ? Quand est-ce qu'un film *comme ça* commence ? Comment naît-il ? Qu'est-ce qui l'impulse ? Le décide ?

Alors que *La Belle Noiseuse* semble être le résultat de toute une vie de recherche et de passion, de poursuite artistique incessante, de questionnement sur le mystère de l'état créatif comme sur les notions de transmission et de secret, il semble être né anormalement vite. *La Bande des quatre* a une genèse de presque vingt ans. *La Belle Noiseuse* apparaît en une poignée de mois, peut-être même de semaines, de jours. Il a la vitesse du passage à l'action exigé par Krishna dans *La Bhagavad Gita*.

«*Au départ, c'est un gag*», expliquera Rivette en interview. « *C'est une mauvaise plaisanterie faite pendant le montage de* La Bande des quatre. *Quand les amis en cours de montage venaient déjeuner avec nous, et qu'ils me demandaient "Est-ce que tu penses à un autre film ?", je disais : "Ben oui,* Le Chef-d'œuvre inconnu, *bien entendu. Parce que, comme ça, si les gens disent : 'On n'y comprend rien', je leur dirai : 'C'est normal que vous n'y compreniez rien, puisque c'est* Le Chef-d'œuvre inconnu.*'" C'est comme ça que c'est parti. L'inconvénient de faire des mauvaises plaisanteries c'est que, parfois, elles s'incrustent. Elles font gamberger.* »

Première surprise : le générique de ce film contient de la musique. Ce n'est pas courant chez Rivette. C'est le prélude d'*Agon* d'Igor Stravinsky. Et Stravinsky va revenir deux fois dans le film. Il va revenir en générique de fin : on entendra le postlude. Et il va même revenir pendant le film, en musique de scène. Magali, la petite fille, danse sur un passage de *Petroushka* qui passe sur le poste de radio pendant que les Frenhofer prennent leur petit-déjeuner. Jacques Rivette est un fanatique de Stravinsky, avouera-t-il en interview, depuis l'âge de 14 ans. Le prénom d'Igor dans *Out 1* pourrait d'ailleurs être une référence implicite au compositeur. Pour la première et la dernière fois de sa vie, il met du Stravinsky sur un de ses films. C'est dire si ce film regorge de confiance. Rivette ira même jusqu'à intituler la version de deux heures, faite pour la télévision, avec uniquement des doubles des plans montés, *Divertimento*. C'est encore un clin d'œil à Stravinsky, qui avait donné ce nom à la version abrégée, pour orchestre, du *Baiser des fées*.

Le traditionnel carton ouvre le film : « *Ce jour-là, un lundi de début juillet, entre quinze et seize heures.* » Un film d'été, donc, tourné entre juillet et août 1990. Mais pas à Paris, cette fois. Cette fois, on bouge.

C'est une première différence entre *La Belle Noiseuse* et *Le Chef-d'œuvre inconnu* de Balzac. Il y en aura d'ailleurs beaucoup. *Le Chef-d'œuvre inconnu* de Balzac se passe à Paris au XVIIe siècle. Là, on est Saint-Jean-de-Cuculles, de nos jours. Et on va aller dans le château d'Assas, qui devient la maison des Frenhofer, et dont les chimères, très visibles dans les décors du film, viennent du château lui-même. Il fait très chaud. On est avec deux touristes anglaises. Et on assiste avec elles à une scène de théâtre amoureux : un petit jeu innocent et érotique entre amants, un « marivaudage » entre deux jeunes amoureux, Nicolas (David Bursztein) et Marianne (Emmanuelle Béart), qui se font une comédie : la comédie de la journaliste ou du détective avec son appareil polaroïd et du photographié mécontent, qui se transforme en une histoire de chantage, et les deux amoureux font monter la tension jusqu'au moment où Marianne craque : on monte. Ils courent à toute vitesse, tant ils sont impatients de baiser. Et que se passe-t-il ? Au moment même où ils s'apprêtaient à baiser, la personne qui va changer leur vie et détruire leur couple arrive dans sa belle voiture rouge. C'est Balthazar Porbus (Gilles Arbona), un personnage mêlant dans son nom deux héros de Balzac : Franz Porbus tout d'abord, le peintre initial de la nouvelle de Balzac – ayant d'ailleurs une existence historique réelle – et Balthazar Claës, l'alchimiste de la *Recherche de l'Absolu*. Le roman cité dans *Les Quatre cents coups* par Antoine Doinel et par Colin Maillard dans *Out 1*.

Porbus et Balthazar, ces deux personnages, sont mêlés et transformés en un collectionneur d'art initialement chimiste qui a trouvé une formule l'ayant rendu immensément riche : « *Avant tout, Porbus est chimiste*, dit Marianne en voix-off. *Une simple petite formule peut parfois apporter beaucoup d'argent.* » Ce qui est une manière discrète, très discrète, et élégante, très élégante, de dire que le Balthazar du film est également un alchimiste. C'est si énorme qu'on n'y fait même pas attention.

Dans *Le Chef-d'œuvre inconnu*, Balzac laisse aussi apparaître quelques références à l'alchimie. Mais pas dans le personnage de Porbus. Dans celui de Frenhofer, qui a beaucoup de points communs avec le Balthazar Claës de *La Recherche de l'Absolu* dans son ambition prométhéenne. « *La mission de l'art n'est pas de copier la nature mais de l'exprimer* », dit Frenhofer. « *Vous avez l'apparence de la vie, mais vous n'exprimez pas son trop-plein qui déborde, ce je ne sais quoi qui est l'âme peut-être et qui flotte nuageusement sur l'enveloppe ; enfin, cette fleur de vie que Titien et Raphaël ont surprise [...] Nous avons à saisir l'esprit, l'âme, la physionomie des choses et des êtres [...] forcer l'arcane de la nature.* »

Alors que le couple suit Balthazar Porbus dans leur route vers le château d'Assas où ils rencontreront le peintre Frenhofer et son épouse, on entend Marianne en voix off raconter son histoire : « *Ce jour-là, pour Marianne et Nicolas, n'était pas tout à fait un jour comme les autres. Était-ce pour tromper leur attente qu'ils se jouaient ainsi la comédie ? Ou pour se masquer leur appréhension de ce qui allait arriver tout à l'heure, et pour Marianne, cette anxiété absurde, sans cause précise ? Oui, pourquoi était-elle si inquiète, tout à coup ? À cause de cette invitation chez les Frenhofer qui s'était décidée si vite, comme sur un coup de tête ?* »

La voix off de Marianne est écrite comme un roman. Comme les romans qu'elle aime, les « romans anglais », pleins de finesse psychologique et d'appréhensions, de pressentiments, d'inquiétude concernant le déroulé ou la vitesse des événements. Marianne est écrivain. Ce sera dit très tôt dans le film, même si elle n'a encore écrit qu'un roman pour les 13-14 ans, bizarrement intitulé *Un secret-défense aux yeux d'or*. Un titre mêlant celui d'un film que Rivette fera dans quelques années et *La Fille aux yeux d'or*. C'est si énorme. Marianne explique le roman à Liz (Jane Birkin), l'épouse de Frenhofer. *Un secret-défense aux yeux d'or* est l'histoire de la fille d'un diplomate dans une dictature militaire qui tombe amoureuse du fils du dictateur, ce qui provoque une révolution. Très bizarre pour un livre pour enfants.

Cette voix off reviendra une poignée de fois, au début et à la fin du film. Mais c'est tout le film qui épouse le point de vue de Marianne. C'est encore une différence frappante avec *Le Chef-d'œuvre inconnu*, où le modèle de Frenhofer et amante de Nicolas Poussin, Gillette, joue un rôle très secondaire. Gillette est seulement une *good girl*. Elle est présentée par Balzac comme « *une de ces âmes nobles et généreuses qui viennent souffrir près d'un grand homme, en épousent les misères et s'efforcent de comprendre leurs caprices.* »

Marianne a un tempérament différent. Ce n'est pas une *good girl.* Elle n'est pas « *généreuse* ». C'est une artiste. Elle ne tient pas à « *bricoler* », comme Liz. Et son ambition n'est certainement pas de souffrir près d'un grand homme. Elle est là pour souffrir, certes, mais pour *quelque chose d'autre.* Et ce début de film convoque aussi celui de *L'Amour fou,* où l'on voit Claire prendre le train et Sébastien entendre le message d'adieu qu'elle lui a laissé, alors qu'elle part pour sa nouvelle vie. Pour qui entend le Langage des Oiseaux, il est donc suggéré dès le début de *La Belle Noiseuse* que le film que nous sommes en train de voir est celui de la destruction du couple Marianne-Nicolas. Et de l'émancipation douloureuse, de la transformation alchimique de Marianne.

Le Chef-d'œuvre inconnu raconte la rencontre, *via* Franz Porbus, entre le jeune Nicolas Poussin et un grand peintre mythique et, à la différence des deux autres, fictif : Frenhofer. Frenhofer veut achever son chef-d'œuvre, qui s'intitule *La Belle Noiseuse* et qui représente une certaine Catherine Lescot. Cependant, il désespère de trouver un modèle pour le faire : « *Il m'a manqué jusqu'à présent de rencontrer une femme irréprochable, un corps dont les contours soient d'une beauté parfaite.* » La maîtresse de Poussin, Gillette, sera suggérée par Porbus à Frenhofer comme le modèle idéal pour que ce dernier puisse achever sa toile : « *Le jeune Poussin est aimé par une femme dont l'incomparable beauté se trouve sans imperfection aucune. Mais, mon cher maître, s'il consent à vous la prêter, au moins faudra-t-il nous laisser voir votre toile.* » Et le jeune Poussin convainc celle-ci, qui n'en a aucune envie, de se prêter au jeu.

De la nouvelle de Balzac sont conservés : les relations du vieux et du jeune peintre, même si celles-ci ne sont plus centrales dans le film ; la présence d'un intermédiaire, Porbus ; enfin, le fait que la maîtresse du jeune peintre devient le modèle du vieux peintre, un événement qui détruit leur couple.

En revanche, plusieurs éléments essentiels sont, d'emblée, modifiés : en particulier le fait que Frenhofer travaille sur *La Belle Noiseuse* depuis dix ans dans la nouvelle de Balzac, alors qu'il s'est arrêté de peindre sérieusement depuis dix ans dans le film. C'est aussi le personnage de Liz, la femme du peintre, qui est inventé pour le film. Et, bien évidemment, la fin de l'histoire, qui n'a plus rien à voir. Il n'a jamais été question de faire une adaptation fidèle, il est vrai. « *Ce que j'ai dit trois fois est encore plus vrai* », expliquera Rivette en interview, en reprenant une expression de *La Chasse au Snark* de Lewis Carroll, « *mais là, ça ne sera pas trois fois, ça sera au moins trente-trois, si ce n'est trois cent trente-trois. Je pense que Balzac est absolument inadaptable au cinéma. On ne fait que de l'illustration si on veut adapter Balzac en suivant les histoires. En revanche c'est une mine d'idées. Il faut éventuellement aller piquer là-dedans mais tout transformer, tout reprendre.* »

Rivette est malicieux, comme toujours. Évidemment toute parole répétée trois cent trente-trois fois finira par ne plus être vraie, puisque Rivette fera une « *compression à la César* » de *La Duchesse de Langeais*, ce qui est une manière de traiter la question de l'adaptation, exactement ce qu'il avait décrété complètement impossible dans cette interview. Ce sera *Ne touchez pas la hache* en 2007 mais ce sera, comme on dit, « une autre histoire ». Et même *Ne touchez pas la hache* se distinguera de *La Duchesse de Langeais* par un étonnant ajout de nature fantastique, signifié par la bande-son de cormorans dans un passage de couloir de Montriveau et Antoinette, qui se retrouve soudain projetée au sein d'une soirée mondaine de Saint-Germain.

Et puis *La Belle Noiseuse* comprend peut-être des idées plus anciennes. En 1990, dans *Le Veilleur*, Rivette disait déjà son envie de faire un film sur les corps : « *J'ai envie depuis longtemps, peut-être je ne le ferai jamais, de faire un film sur l'approche des corps, les regards sur les corps, mais j'ai très peur de le faire parce que c'est très difficile et je n'ai pas encore trouvé la méthode qui permettrait de le faire d'une façon qui semblerait juste.* » Enfin, dans la conférence de presse à Cannes, Rivette parle de l'influence d'une interview d'Isabella Rossellini dans *Marie-Claire* où elle parle de son travail de modèle en parallèle de son travail de comédienne : « *Ce fut le moteur de l'histoire, une jeune femme est contrainte d'être modèle et, au début, le fait par défi, puis est prise au jeu.* » Et puis…

Et puis *Le Chef-d'œuvre inconnu* de Balzac n'est peut-être pas un choix seulement dicté par le jeu avec ce romancier avec lequel Rivette se sera confronté tout le long de son œuvre cinématographique. Cette nouvelle et son personnage principal ont littéralement obsédé plusieurs peintres. Un peintre plus particulièrement : Paul Cézanne.

« *Un soir que je lui parlais du* Chef-d'œuvre inconnu *et de Frenhofer* », écrit Émile Bernard, « *il se leva de table, se dressa devant moi et, frappant sa poitrine avec son index, il s'accusa, sans un mot, mais par ce geste multiplié, d'être le personnage même du roman. Il en était si ému que des larmes emplissaient ses yeux. Quelqu'un par qui il était devancé dans la vie, mais dont l'âme était prophétique, l'avait deviné.* »

Ce n'est pas la seule occurrence de Frenhofer dans les témoignages et propos rapportés de Cézanne. Dans « Mes confidences », à la question « *Quel personnage de roman ou de théâtre vous est le plus sympathique ?* » Cézanne répond : « *Frenhofer* ». Et dans les souvenirs de Gasquet, expliquant son état créatif, celui-ci lui aurait dit : « *Les yeux, n'est-ce pas ? Ma femme me le dit, me sortent de la tête, sont injectés de sang… Une espèce d'ivresse, d'extase me fait chanceler comme dans un brouillard lorsque je me lève de ma toile… Dites, est-ce que je ne suis pas un peu fou ? L'idée fixe de la peinture… Frenhofer… Balthazar Claës… Des fois, vous savez, je me le demande.* »

Paul Cézanne semble être une référence très importante pour Rivette, et ce dès son activité de critique. Dans son article le plus célèbre, « De l'abjection », en juin 1961, qui s'attaque au *Kapo* de Pontecorvo (ce fameux texte dans lequel il écrit : « *L'homme qui décide, à ce moment, de faire un travelling avant pour recadrer le cadavre en contre-plongée, en prenant soin d'inscrire exactement la main levée dans un angle de son cadrage final, cet homme n'a droit qu'au plus profond mépris* »), il avait conclu par : « *Comme Cézanne, contre tous les journalistes et chroniqueurs, fut peu à peu imposé par les peintres, ainsi les cinéastes imposent-ils à l'Histoire Murnau ou Mizogushi.* »

Cézanne est un symbole. C'est le symbole de l'artiste dont l'importance aura longtemps été perçue presque exclusivement par ses pairs. Le symbole de l'artiste qui ne cherche pas à séduire un public : « *L'art* », écrit-il à Émile Bernard, « *ne s'adresse qu'à un nombre excessivement restreint d'individus.* » Le symbole de l'artiste qui aura mis le travail acharné avant toute chose : « *Travailler sans souci de personne, et devenir fort, tel est le but de l'artiste, le reste ne vaut même pas le mot de Cambronne.* » Cézanne est peut-être aussi le symbole de l'artiste visionnaire (comme Nerval ou Rivette). Parce que son travail est une traversée en profondeur de l'état créatif lui-même, du travail du peintre en tant qu'il communique avec le cosmos, ou, selon ses propres termes, avec la *nature* : « *Ce que j'essaie de vous traduire est plus mystérieux, s'enchevêtre aux racines mêmes de l'être, à la source impalpable des sensations […] La nature est toujours la même, mais rien ne demeure d'elle, dans ce qui nous apparaît. Notre art, lui, doit donner le frisson de sa durée avec les éléments, l'apparence de tous ses changements.* »

Et, si Cézanne est pour Rivette le symbole du peintre invisible pour la critique et visible pour les peintres, il est peut-être également pour son cinéma une image du grand cinéaste. Le cinéaste qui va aller plus loin, toujours un peu plus loin, que ce qu'on attend de lui. On retrouve Cézanne en 1991 dans l'entretien « La Loi et le secret » avec Hélène Frappat : « *Un film […] doit avoir une vérité de film, au sens où Cézanne parlait de la vérité de la peinture, donc une vérité matérielle, que ça tienne sur l'écran comme un tableau doit tenir sur le mur, sur la toile.* »

Mais nous aussi, nous pouvons aller plus loin et nous demander dans quelle mesure ce n'est pas jusqu'à son premier texte critique, le fameux « Nous ne sommes plus innocents » publié dans le *Bulletin du ciné-club du Quartier Latin* en mars 1950, qui ne vienne déjà de l'influence, invisible peut-être, de Cézanne sur le jeune Rivette. Toujours dans les souvenirs de Gasquet, lorsque ce dernier lui demande pourquoi il se prépare autant, pourquoi il médite si longuement devant le paysage, voici ce que Cézanne lui répond : « *Parce que je ne suis plus innocent. Nous sommes des civilisés. Le souci classique est en nous, que nous le voulions ou non. Je veux m'exprimer lucidement en peinture. Il y a une espèce de barbarie, plus détestable que l'école même, chez les faux ignorants ;*

on ne peut plus être ignorant aujourd'hui. On ne l'est plus. Nous apportons la facilité en naissant. Il faut la briser ; elle est la mort de l'art. Quand je songe à ces premiers hommes qui ont gravé leurs rêves de chasse sous la voûte d'une caverne ou à ces bons chrétiens qui ont peint leur paradis à fresque sur la paroi des cimetières, qui se sont faits, qui se sont tout fait, leur métier, leur âme, leur impression. »

Toujours dans l'entretien « La Loi et le secret », Rivette dit à Hélène Frappat des choses très différentes concernant *La Belle Noiseuse* que dans ses autres interventions. Qu'on en juge : « *J'ai hésité deux ou trois ans avant de me lancer dans cette histoire de* Noiseuse *parce que je savais qu'un film qui était sur l'idée de chef-d'œuvre – qu'est-ce qu'un génie de la peinture ou pas, toutes ces questions qui sont dans le texte de Balzac, même si après, on a raconté tout à fait une autre histoire en gardant juste les personnages et le tableau – que, justement, cette histoire que racontait Balzac, on ne pouvait plus la raconter, enfin moi, j'étais incapable de la raconter. Mais j'avais envie, à partir d'elle, d'en raconter une autre qui était en fait celle du rapport du metteur en scène et du modèle, au sens bressonien. En même temps, très tôt, avec Pascal et Christine, on s'est dit qu'on n'allait quand même pas tricher avec cette question, et qu'on allait franchement, frontalement, de façon délibérée et même caricaturalement la prendre comme matière, que dans les conversations il serait question de la vérité en peinture, qu'est-ce que c'est qu'un tableau… bref, ce genre de questions qui sont dans l'air depuis Cézanne, et avant Cézanne puisque c'est déjà sous-entendu dans Balzac... Bon, toutes ces questions étaient quand même des questions fortes qu'on avait envie de ne pas éluder, de prendre bille en tête, sans tricher avec, même si le vrai sujet du film n'est pas celui-là. C'était ce jeu de double niveau qui, d'une certaine façon, était amusant et tentant... On n'avait pas eu envie de tricher avec le sujet, même si, en même temps, il y en avait un autre. D'une certaine façon, la* Noiseuse, *c'est le rapport du vrai sujet et du faux sujet.* » Le faux sujet est donc celui du chef-d'œuvre, le vrai sujet celui du rapport entre le peintre et son modèle. Mais là encore, il y a peut-être un secret derrière le secret, des choses cachées derrière les choses.

Lorsqu'il commence à travailler sur *La Belle Noiseuse*, le premier problème auquel s'attaque Rivette est celui du rôle de Frenhofer. Doit-il prendre un comédien ou un peintre puisque le film le montrera en train de peindre ? Il va prendre les deux. Il va prendre un comédien, Michel Piccoli (pour le peintre) et un peintre (pour les peintures) : Bernard Dufour. Pourquoi Dufour ? Parce que c'est un peintre qui s'obstine dans la voie figurative. Et le personnage de Frenhofer devient, dans *La Belle Noiseuse*, une chimère semblable à celles du château d'Assas : C'est Piccoli avec les mains de Dufour.

Selon les co-scénaristes Pascal Bonitzer et Christine Laurent, lors des séances d'écriture, *La Belle Noiseuse* va faire plusieurs détours. Par *Le Portrait ovale* d'Edgar Allan Poe, une nouvelle où un peintre prend la vie de son modèle en donnant vie à se représentation sur la toile. Et par deux récits de Henry James : *Le Menteur*, où un peintre fait le portrait d'un menteur, et ce portrait est si vrai qu'il fait fondre en larmes la femme de celui-ci, et *L'Image dans le tapis*, l'histoire d'un écrivain qui a fait du secret la matière de son art. Nourri de toutes, *La Belle Noiseuse* ne racontera aucune de ces histoires. Il inventera la sienne. Un peintre qui, lorsqu'il peint, dévoile l'âme de son modèle. Mais aussi un peintre qui a, selon le mot de Paulhan, le « *sens du secret* ».

Évidemment, certaines choses qui apparaissent dans le film seront écrites pendant le tournage, en particulier le personnage de la petite fille, Magali, et du chat. Magali et le chat n'étaient que des silhouettes dans les versions antérieures du scénario. Elles vont jouer un rôle clé dans le film, dès le moment où Magali ouvre la porte de la maison immense des Frenhofer pour laisser entrer Porbus, Nicolas et Marianne.

Et, dès les premiers échanges entre ces trois personnages et Liz, la femme d'Édouard Frenhofer, on commence à deviner beaucoup de choses : la relation adultérine passée entre Liz et Porbus, dont on aura quelques éléments le long du film ; le conflit entre Marianne et Nicolas, qui tient avant tout au conflit interne dans le cœur de Marianne ; l'inattention et la sauvagerie de Frenhofer, en qui on peut voir donc une sorte de Cézanne, à la fois timide et brutal, amical et cruel, indifférent et attentif.

Frenhofer est surtout extrêmement émotif, et donc facile à perturber. Comme Cézanne qui répétait « *C'est effrayant, la vie* » et n'arrivait plus à peindre sitôt qu'il entendait des cloches ou des aboiements de chien. « *Liz et moi* », dit Frenhofer aux arrivants, « *on était arrivé ici à un état de stabilité parfaite, on pourrait dire de bonheur. Vous arrivez, les malheurs commencent. Pour vous aussi. Vous apportez le trouble et la perturbation mais vous aussi vous serez malheureux.* » Et, dès qu'elle voit Frenhofer, un trouble envahit Marianne : « *Il se passe quelque chose de bizarre, Nicolas, je te jure qu'il se passe quelque chose de bizarre.* » Lorsqu'ils avancent vers l'atelier de Frenhofer, on entend des vibrations, des cloches, une tension presque surnaturelle. Et c'est quand elle quittera l'atelier qu'on verra Frenhofer troublé à son tour.

C'est dans la première scène de l'atelier que Frenhofer ressemble le plus à son double de la nouvelle de Balzac. Dans *Le Chef-d'œuvre inconnu*, Frenhofer reproche à Porbus sa *superficialité* dans sa peinture de Marie l'Égyptienne : « *Non, mon ami, le sang ne court pas sous cette peau d'ivoire. Ta création est incomplète. Cela ne vaut pas ma* Belle Noiseuse. » Son homonyme rivettien s'agite de même concernant une de ses propres toiles : « *Y a pas le sang. Si je vais au bout, y a le sang sur la toile. Dans* La Belle Noiseuse *on voit vraiment le sang.* »

Au repas, Frenhofer, beaucoup plus impliqué psychologiquement que le héros du *Chef-d'œuvre inconnu* qui ne pense qu'à sa propre toile, scrute Marianne et Nicolas. Il leur lance une sorte de défi. Un jeu dangereux : « *Vous accepteriez qu'il fasse passer sa peinture avant vous ? Vous accepteriez de le perdre pour un tableau ?* » Mais Marianne renchérit : « *Si Nicolas n'allait pas jusqu'au bout, je le perdrai, je le quitterai.* » Elle va quand même le perdre et le quitter, mais pas parce qu'il ne va pas jusqu'au bout, parce que, elle, va aller plus loin que lui. Elle va aller au-delà.

Du reste, elle le dit aussi à Liz : « *Tôt ou tard, entre lui et moi, ce sera la guerre. Je le sais, je le sens.* » Ce sera tôt plutôt que tard. Ce sera la guerre dans une poignée d'heures, le temps que Porbus dise à Frenhofer de reprendre la peinture, de reprendre *La Belle Noiseuse*, de faire poser Marianne, que Frenhofer dise que « *c'est peut-être faisable* » et que Nicolas décide, à la place de Marianne, qu'elle viendrait poser pour lui. Porbus préempte l'achat et part, ayant effectué son travail d'intermédiaire. Nicolas donne comme condition le fait de pouvoir voir le tableau une fois fini. Marianne n'a plus qu'à accepter. Elle va le faire, mais pas parce qu'elle accepte les décisions de Nicolas. Elle va le faire parce qu'elle sait déjà que le fait de le faire sera une véritable vengeance. Et peut-être quelque chose en plus.

Frenhofer a bien entendu quelque chose d'un artiste « rivettien », puisque tout son enjeu est de prendre un risque : « *Chaque fois que j'ai eu le sentiment de faire une toile achevée, bien au point, je me suis dit qu'il fallait encore un effort, essayer d'aller encore un peu loin, courir le risque.* » C'est la définition même de l'art cinématographique de Rivette selon Bonitzer. Chaque film a son « risque » propre, qui se retrouve jusqu'aux formes prises par celui-ci : la comédie musicale sera le risque de *Haut Bas Fragile* ; le film noir, linéaire, le risque de *Secret*

Défense ; l'adaptation au plus près du texte le risque de *Ne touchez pas la hache*. Mais ici le risque va beaucoup plus loin. L'agitation de Frenhofer se fait entendre par d'étranges paroles : « *Vous n'entendez pas la forêt ? Le bruit, le murmure, tout le temps, comme la mer. C'est comme la mer, c'est comme le bruit fossile de l'univers, c'est le bruit des origines, la forêt et la mer mêlée, c'est ça, la peinture.* » Ces paroles peuvent également renvoyer aux films mis en scène par Rivette. Au fait que, dans presque tous, les moments de très grande intensité font apparaître les bruits de la nature – oiseaux, mer, vent – dans des environnements urbains. Ce qu'on prend pour un Langage des Oiseaux est peut-être une représentation réaliste de ce qu'entend un artiste au moment de son pic de créativité.

Plus tard, lorsqu'il sera seul avec Marianne et la peinture, Frenhofer se fera encore plus lyrique : « *Je veux l'invisible. Non, c'est pas ça. C'est pas moi qui veut. Je vais où ? Au ciel, pourquoi pas ? Pourquoi je crèverais pas le ciel ? Les tourbillons, les galaxies, le flux et le reflux, les trous noirs. Le grand tohu-bohu des origines. Je suis rien. Je veux rien. C'est le tableau qui veut. Ça va devenir un tourbillon, une cataracte, un maelstrom, plus vite, plus vite, plus vite, jusqu'à plus rien voir, plus rien sentir. Vous n'avez pas les oreilles qui bourdonnent ?* »

Les exaltations du Frenhofer de *La Belle Noiseuse* rappellent les paroles très agitées de Cézanne dans les souvenirs de Gasquet : « *Songez que l'histoire du monde date du jour où deux atomes se sont rencontrés, où deux tourbillons, deux danses chimiques se sont combinées. Ces grands arcs-en-ciel, ces prismes cosmiques, cette aube de nous-mêmes au-dessus du néant, je les vois monter. Je viens devant mon motif, je m'y perds. Le soleil me pénètre sourdement, comme un ami lointain, qui réchauffe ma paresse, la féconde. Nous germinons. Le lendemain, lentement les bases géologiques m'apparaissent, des couchers s'établissent, les grands plans de ma toile, j'en dessine mentalement le squelette pierreux. Je vois affleurer les roches sous l'eau, peser le ciel. Tout tombe d'aplomb. Une pâle palpitation enveloppe les aspects linéaires. Les terres rouges sortent d'un abîme.* »

Frenhofer aurait arrêté la peinture il y a dix ans. Pas complètement en vérité, puisqu'il a fait des autoportraits, mais il a arrêté la recherche de l'absolu et de la vérité en peinture. C'était trop dangereux. L'endroit où ça les avait menés, Liz et lui, était trop proche de la folie ou de la mort. Tout d'abord, c'est Liz qui a transformé son rapport à la peinture : « *J'ai d'abord eu envie d'elle avant d'avoir envie de la peindre* », va-t-il expliquer à Marianne. « *Et j'ai eu peur pour la première fois. La peur est devenue le moteur de ce que j'ai fait. Un changement de vitesse comme un tourbillon. Je suis devenu aveugle. Une peinture tactile, comme si c'était mes doigts qui voyaient et qui se dirigeaient tous seuls. C'est ça que je cherchais. C'est ça que je veux. C'est peut-être là que je suis vraiment devenu un peintre. Pourquoi je n'ai pas continué ? J'en aurais crevé. Ou elle.* » Liz a trompé Frenhofer avec Porbus il y a pas mal d'années, mais cette tromperie a été dépassée. Et ce bien avant que la peinture, l'amour et la peinture de l'amour, les mettent au bord du précipice, et que Frenhofer renonce. Au début, il voulait la peindre parce qu'il l'aimait. Après, parce qu'il l'aimait, il n'a plus voulu la peindre.

Mais qui est Liz ? Liz « *bricole* », dit-elle à Marianne. Elle fait de la taxidermie. Elle empaille des oiseaux, et même des espèces protégées. Et puis, un moment, pendant le dîner, au début du film, elle marmonne quelque chose : « *Double, double toil and trouble* ». Les paroles des sorcières de *Macbeth* – ça passe *crème* comme disent les jeunes. Pourtant, Liz est clairement liée à la sorcellerie ou à la magie noire, comme Porbus est lié à l'alchimie. Ce n'est que trop clair lorsqu'elle raconte son chagrin d'amour d'enfance à la petite Magali : « *J'ai eu un très gros chagrin, à cause de mon amoureux, alors qu'est-ce que j'ai fait ? J'ai pris de la pâte à modeler et j'ai fait un bonhomme avec, je lui ai mis une mèche de cheveux de mon fiancé. Et j'ai commencé à lui enfoncer des aiguilles dans le corps. À la première je me sentais mieux. Et à la 33e j'allais vraiment bien. Je suis sûre qu'il est mort à 33 ans.* »

Depuis *L'Amour fou*, et même depuis *Paris nous appartient*, y a-t-il eu un seul amour heureux dans un film mis en scène par Rivette ? Pas encore, non. Même si le couple formé par Frenhofer et Liz dure depuis longtemps, il est déjà détruit et il a fini par être tolérable. Mais, comme le dit Constance dans *La Bande des quatre*, le doute et la démolition, c'est avec ça qu'on doit travailler. En ce sens, ce film est comme l'application, l'achèvement et la transmission de ce dont *La Bande des quatre* était l'enseignement. Le doute et la démolition, préconisés par Constance, sont appliqués par Frenhofer, et transmis à Marianne comme au spectateur.

Le sujet du film, le peintre et son modèle, ne commence vraiment qu'après la 51e minute. Les cinquante premières minutes sont une sorte de très longue introduction : l'arrivée de Marianne, Nicolas et Porbus dans le domaine de Frenhofer. Cette introduction installe un rythme beaucoup plus lent que celui des films habituels. Elle met le spectateur dans un état presque contemplatif et rend possible le basculement dans une autre temporalité : le temps non artificiel et anti narratif de la peinture, des poses. Pendant les trois heures qui vont rester, il y aura à peu près le double de scènes de pose que de scènes de récit. Les scènes de pose se passent dans une sorte de temps réel, à la différence du temps narratif de la fiction. Une fois qu'on est entré dans l'atelier sacré, on accepte de regarder un « autre film » que le film qui avait commencé. Un autre film que les films précédemment mis en scène par Rivette. Un film qui va parler de ce qui, pour Rivette, est le sérieux absolu : le *sérieux de la peinture*. Parce qu'on peut se rappeler que la peinture était le modèle du « sérieux » pour Rivette dans ce fameux entretien de 1980 avec la télévision allemande au sujet d'*Out 1* : « *Ça les a amusés de rêver au groupe des Treize, c'est comme de jouer aux Indiens. Comme les gens qui font de la politique, pareil, tout ça, c'est des enfants. Quand même, c'est pas sérieux. Les peintres sont des gens sérieux. Pas les présidents. Ça, c'est des enfants.* » Deux personnages sont dans un atelier. Ça, c'est sérieux. Les autres, qui tournent autour, qui se laissent aller à spéculer sur ce qui se passe dans l'atelier, ce sont des enfants.

Nicolas est jaloux, possessif, en colère. Il en saigne du nez. Il tourne en rond. Il va chercher Marianne. Il va même lui demander de partir : « *On laisse tomber, on rentre.* » Dans la nouvelle de Balzac, le jeune Nicolas Poussin également va regretter son offre et essaie se rétracter au dernier instant, plein de jalousie à l'idée de la confier à Frenhofer : « *Il devint plus amant qu'artiste, et mille scrupules lui torturèrent le cœur quand il vit l'œil rajeuni du vieillard, qui, par une habitude de peintre, déshabilla pour ainsi dire cette jeune fille en en devinant les formes les plus secrètes. Il revint alors à la féroce jalousie du véritable amour : "Gillette, partons !", s'écria-t-il.* » Mais Frenhofer insiste : « *Oh ! Laissez-la-moi pendant un moment, et vous la comparerez à ma Catherine.* »

Encore une fois, ici, c'est bien différent. Dans *La Belle Noiseuse*, c'est Marianne qui décide de rester et qui envoie paître Nicolas. Au début c'était un défi. Mais à la fin de la première journée, elle dit finalement que c'était « *mieux que bien* » à Nicolas. Même si juste avant, elle a quand même dit à Liz que c'était « *le cauchemar total, pour rien.* » C'est à ça qu'on comprend que ce que Marianne vit est initiatique, puisque c'est *un cauchemar mieux que bien.* Il faut tout prendre à la lettre, même et surtout quand elle dit : « *C'est un magicien. Il va à l'essentiel. Ce que j'ai vécu, c'est unique.* »

Un alchimiste, une sorcière, un magicien. C'est exactement ça : Marianne vient de rencontrer un trio initiatique. Elle est entrée dans une histoire dans laquelle Nicolas restera totalement étranger. Mais par sa propre faute. Parce que Nicolas ne fait rien de ce temps d'attente. Il ne dessine pas, ne peint pas, ne lit pas. Il passe des coups de fil, il attend. Et quand sa sœur Julienne (Marianne Denicourt) arrive, c'est pire. Le frère et la sœur se font des petits procès. Ils reviennent sur leur jeunesse, leur colocation avant l'arrivée de Marianne. Julienne parle d'un travail qui lui a été proposé, à Wellington, en Nouvelle-Zélande : un chantier bien payé. Nicolas ne veut pas qu'elle parte aussi loin : qui va s'occuper de lui ? D'autant plus que Marianne va peut-être le quitter. Partira-t-elle ? Ne partira-t-elle pas ? Julienne et Nicolas sont des enfants. Alors que, pendant ce temps, tout ce qui se joue dans l'atelier entre Frenhofer et Marianne, c'est quelque chose de sérieux.

Nicolas Martel n'est pas Nicolas Poussin. C'est peut-être un artiste pas mal. À vrai dire, on n'en saura rien. On ne le verra pas travailler. Et il n'échappe pas aux critiques de Constance concernant les actrices qui cherchent avant tout à protéger leur amour-propre, qui cherchent à se justifier plutôt qu'à travailler. Prendra-t-il un risque, comme Frenhofer ? Prendra-t-il le risque ? Rien n'est moins sûr. Frenhofer s'en rend compte tout de suite. Grand talent, sans doute, passionné par l'art, évidemment – mais la ligne assurée, la couleur tranchante, la toile achevée : on s'en fout. Le risque commence ensuite.

C'est là que le rapport est presque inversé par rapport aux autres films mis en scène par Rivette, où, de *Paris nous appartient* à *La Bande des quatre*, les répétitions de théâtre nourrissaient les séquences de vie des personnages. Là, c'est l'inverse : le *vrai sujet est dans l'atelier*. Avant, on se nourrissait des répétitions pour nourrir la vie. Ici, l'enjeu est d'entrer dans le processus créatif, quitte à prendre le risque de tout foutre en l'air. Risque qu'acceptent Frenhofer et Marianne et qui explique que pour eux, au fond, tout ce qui se passe à l'extérieur de la création n'est qu'une écume. Écume l'adultère de Liz pour Frenhofer et écume, pour Marianne, son couple avec Nicolas : rien de tout ça n'a d'importance par rapport à ce qui se passe dans l'atelier, et qui, pour le coup, dépasse intégralement les mots.

D'abord Frenhofer est timide. On voit qu'il ne peut pas regarder le visage de Marianne en face, qu'il ne peut pas soutenir son regard. Y a-t-il un transfert de charge entre la main et l'œil, entre le dessin et celui qui dessine ? On passe de la timidité à la brutalité, de la délicatesse à la folie, alors que Frenhofer déplace Marianne, déplace et dispose son corps. Non seulement Frenhofer change, mais Marianne change aussi et passe du mépris à l'adoration, de la colère à la complicité alors qu'ils s'arrêtent, se racontent des souvenirs brutalement interrompus par Frenhofer qui se précipite à nouveau sur Marianne quand il voit quelque chose à attraper et à inscrire sur sa toile.

Des effets musicaux apparaissent à partir de 1 heure et 58 minutes, qui montrent les accélérations, les sauts artistiques. Frenhofer est agité : « *Le corps tout entier, pas des morceaux de corps, je m'en fous de vos seins, de vos jambes, de votre bouche, je veux plus. Je veux tout.* » « *Je veux tout* » : il rejoint Constance Dumas, à nouveau. Puis Marianne s'endort, rêve à un énorme chat sauvage pendu à son doigt, et quand elle se réveille et se remet en pose, elle se rend soudain compte que Liz, comme une sorcière à nouveau, est présente et la regarde. « *Est-ce que tu vois quelque chose ?* », demande Frenhofer, énigmatique. « *Oui, je crois* », répond Liz. « *C'est vraiment ça que tu veux ?* »

Après le départ de Liz, Marianne demande : « *Pourquoi moi ?* » Mais Frenhofer est tout à sa passion : « *Je commence à vous voir. Faut qu'on soit forts tous les deux.* » C'est le moment du renversement. À partir de maintenant, c'est Marianne qui va être forte. Frenhofer veut arrêter, mais Marianne va le remettre dedans : « *Vous arrêtez trop vite. Tout à l'heure vous m'avez fait tellement mal que j'arrivais pas à respirer, et vous non plus. Là y a quelque chose qui s'est passé. On peut aller plus loin. Vous m'avez embarquée. Vous m'avez forcé à partir avec vous. Vous ne pouvez pas me laisser comme ça.* » Frenhofer devient obsédé. Il compulse tous ses dessins, ses esquisses. Il cherche. Liz le prévient. Ce qu'il fait est dangereux : « *Tu joues avec cette fille. Tu t'en fous de la mettre en danger.* » Comme dans un film noir, on peut croire que c'est ça l'histoire, qu'il va la détruire. Mais ce n'est pas ça du tout.

Quand Marianne revient le lendemain, Liz la prévient à son tour : « *Faites attention. Frenhofer fait passer son travail avant tout, ça peut faire des dégâts sur les gens. S'il veut peindre votre visage, refusez.* » Et là, signature rivettienne, on entend un son d'orage, un son de tonnerre en off – qui n'a rien à voir avec la température locale, très élevée, et dont on entend les sons de cigale ou de criquet avant et après – c'est un *tonnerre cosmique*. C'est la foudre de la décision de Marianne : « *Excusez-moi, mais non.* »

Et ce « *non* » est à associer à celui de la fin. C'est un « *non* » qui dit quelque chose de la décision absolue de Marianne – de son « *sérieux* ». Pendant longtemps ce jour-là, Marianne attend, et Frenhofer arrive, encore moins sûr de lui que la veille. Elle, elle est encore plus sûre d'elle. Elle va prendre la séance en main ; elle veut cette toile. Elle devient cette toile. Elle va chercher, trouver sa place, presque au sens chamanique du terme. Elle va créer sa pose. Elle montre comment Frenhofer peut la voir. Elle parle de Nicolas, qui la hait désormais : « *C'est un con et un salaud. Tout ça, c'est sa faute. Il n'a pas pensé qu'il pouvait tout foutre en l'air.* » Frenhofer n'écoute pas. Comme sous hypnose, il dessine. Marianne pose une devinette : « *Qu'est-ce qui marche dans un chemin creux, ne se repose jamais et ne revient jamais en arrière ?* »

Frenhofer ne trouve pas : « *Vous ? Moi ?* » « *Non* », répond Marianne. « *C'est un fleuve.* »

Et c'est encore une signature. Encore une autre manière pour Rivette de rassembler les pièces de son puzzle, depuis la dernière séquence de *Paris nous appartient* et depuis la « Lettre sur Rossellini » et l'annonce de son cinéma : « *Il y a les films qui retournent au temps comme les fleuves à la mer [...] À nous de prolonger ensuite en silence ce mouvement redevenu secret.* » C'est le secret qu'a déjà reçu Marianne, et ce, indépendamment même de Frenhofer.

« *Vous êtes déçu ? On est toujours déçu quand on a la solution* », dit encore Marianne. Elle devient carrément géniale. Elle est en train d'entrer dans le grand secret, plus encore que lui. De toute façon, l'art ne leur appartient pas. Ni à lui ni à elle. Ni avant, ni pendant, ni après. Ce sont eux qui appartiennent à l'art. Et désormais c'est elle qui se met à enseigner Frenhofer. Lui est complètement perdu. Il perd pied. Marianne et lui ont un fou rire.

Là, Frenhofer passe à l'étape suivante, qui semble un sacrilège : il prend l'ancienne toile, *La Belle Noiseuse*, inachevée, avec le visage de Liz, pour commencer la nouvelle. Mais l'enjeu n'est pas de sacrifier Liz, même si celle-ci le croira lorsqu'elle ira, en catimini, voir ce que Frenhofer a peint lorsqu'il dort dans l'atelier : « *Y avait ma gueule dessus et moi je l'aimais. Tu as remplacé ma gueule par une paire de fesses.* » Liz se trompe, elle qui a d'habitude plusieurs temps d'avance. Ce n'est pas ça du tout. L'enjeu, c'est de construire à partir de la destruction, comme le dit Constance dans *La Bande des quatre*. « *C'est pas toi, Liz, c'est pas toi que j'ai effacé. Je peux pas avancer dans ce travail sans effacer des souvenirs, des regrets* », dit Frenhofer. C'est ce qu'a fait Rivette dans tous ses films. Annuler un film pas fait, un souvenir, un regret, et le remplacer par un film à faire. *Out 1* annule *Out*. *La Bande des quatre* annule *Phénix*. *Histoire de Marie et Julien* annule *Marie et Julien*. La peinture de Marianne annule la peinture de Liz. Et c'est à partir de ce moment que Frenhofer peint vraiment, et Dufour peint vraiment également, et annule une toile par une nouvelle. Pas d'effets spéciaux. Le film épouse le trajet de la main du peintre, il en prend le risque. On est à moins de 50 minutes de la fin. Ce n'est plus le même rythme de peinture.

Marianne ne retourne plus à l'hôtel. Elle dort dans le château. Frenhofer, lui, reste dans son atelier. Il continue à travailler ou il dort, on ne sait pas, mais il reste là. Il est dedans. Marianne aussi est dedans : de plus en plus intense. L'un comme l'autre, ils ne croient pas, ils sentent. La peinture, le cinéma sont comme le théâtre pour Constance : une série d'épreuves.

C'est presque fini.

Frenhofer est plus calme. Il cherche. « *Vous cherchez quelque chose ?* », demande Marianne. « *Quelque chose que vous avez vu ?* »

Et puis c'est fini.

Déjà ? Marianne s'est rhabillée. Frenhofer peint des micro-détails. Il peaufine. Elle lui demande si c'est fini, et il la laisse décider. Alors elle vient regarder. Et son visage passe par toutes sortes d'émotions, mais ce sont des émotions terribles : le saisissement, l'inquiétude, la panique même, l'horreur, la fuite… Elle croise Julienne et lui explique qu'elle doit partir. Elle doit quitter Nicolas : « *Je peux pas rester. Je ne l'aime pas assez. C'est pas dans ma tête. Une chose froide et sèche, c'était moi.* » Oui : c'est la violence de la vérité en peinture, mais à celle-ci répond autre chose, une exigence tout aussi grande : l'exigence de vérité de Marianne. Et parce qu'elle l'assume, elle va pouvoir se métamorphoser. Elle va pouvoir devenir.

Le soir tombé, Liz commet un dernier acte magique. Elle vient voir le tableau. Elle s'assied devant, estomaquée, mais pas horrifiée. Puis, ensuite, elle peint, au dos, une croix devant le « *F.* » de Frenhofer. Est-ce qu'elle le tue ? Ou est-ce qu'elle annule le tableau ? Mystère de ce geste. Frenhofer présentera le lendemain son tableau comme son « *premier tableau posthume* ». Et désormais Liz vivra comme s'ils étaient morts. Une ambiguïté très grande pèse sur ces éléments qui suggèrent que Frenhofer accepte, à la fin du film, sa propre disparition.

En dehors de ça, la fin est très différente de celle de la nouvelle de Balzac. Dans *Le Chef-d'œuvre inconnu*, la toile que montre Frenhofer est confuse, aberrante aux yeux des deux autres peintres : « *Je ne vois là que des couleurs confusément amassées et contenues par une multitude de lignes bizarres qui forment une muraille de peinture* », dit le jeune Poussin. La seule chose qui se dégage de ce « *chaos de couleurs* », c'est un « *pied délicieux, un pied vivant !* » Fou de rage devant leur incompréhension, Frenhofer les chasse. Le lendemain, Porbus apprend qu'il a mis le feu à son atelier pendant la nuit et qu'il est mort au milieu de ses toiles incendiées. Parallèlement, Gillette quitte Poussin : « *"Qu'as-tu mon ange ?", lui demanda le peintre redevenu subitement amoureux. "Tue-moi ! dit-elle. Je serais une infâme de t'aimer encore, car je te méprise. Tu es ma vie, et tu me fais horreur. Je crois que je te hais déjà."* »

Dans *La Belle Noiseuse*, pas d'incendie, pas de suicide, mais une « mise au secret » de la toile. La veille de la présentation de *La Belle Noiseuse* à Nicolas et à Porbus, avec l'aide de la petite fille, Magali, Frenhofer bâtit un mur de briques derrière lequel il cache le tableau. Puis il fait rapidement un « faux » : une toile ordinaire, pas mal mais pas terrible non plus. Ce qui permet à Porbus de l'aimer tout en s'en foutant, à Julienne de s'en foutre tout court et à Nicolas de s'en foutre d'autant plus qu'il ne l'aime pas.

« *Quand vous disiez que vous cherchez la vérité en peinture, c'est toujours vrai ?* », lui demande alors Nicolas, qui obtient une victoire apparente autant que vaine sur Frenhofer, une sorte de « mise à mort du père » qui n'a jamais eu de sens que pour les faux artistes. « *Je continuerai toujours à vous admirer mais je vous plains aussi, je voudrais pas finir comme vous, sur une comédie.* » Mais quand Frenhofer lui dit de rester comme il est et qu'il l'aime bien, il faut aussi vraiment le croire. C'est une condamnation bien pire. Cela veut dire que Frenhofer n'attend rien de lui. Nicolas n'a pas plus le sens du secret que du risque ; Marianne les a tous les deux.

Lors du dévoilement de la fausse toile, beaucoup de choses se passent, mais de façon théâtrale, reprenant le style « artificiel » du début du film. Ce sont comme des courtoisies élégantes, des afféteries. Et Marianne reprend la voix off qu'on n'avait plus entendue depuis le début du film : « *Maintenant Marianne a remis son masque, ou elle en a pris un autre.* » Mais ce n'est pas tout, loin de là. Là, il va falloir être très attentif. Parce que tout est extrêmement subtil.

Tout d'abord, Frenhofer a beau dire qu'une peinture finie est « *comme un nouveau-né* », celle-ci ne sera pas vue et ce nouveau-né sera donc… à *entendre*.

Parce qu'il est là, au son. La voix off dit : « *Voilà, cette histoire va bientôt finir.* » Et là, comme me l'a fait remarquer Véronique Manniez, *on entend un bébé pleurer*. Moi-même je ne l'avais pas entendu auparavant. Désormais, je n'entends plus que lui. Un cri de bébé, comme sur la dernière image de *L'Amour fou*. Ce cri de bébé qui vient au monde est le *signe* qui donne son sens à l'ensemble.

Quand ils se croisent dans cette petite farandole finale, tous les personnages se disent quelque chose, ou presque. Sauf Frenhofer et Marianne qui ne se disent rien. Sur des sons de nouveau-né, ils se regardent en silence. Ensuite, alors que Porbus dit à Frenhofer « *J'ai pas de mots...* », Frenhofer répond à Porbus : « *Tu sais en peinture, ce qui se dit en mots ne compte pas.* » Ce qui accentue encore l'importance de l'absence de mots qui a précédé. Une absence de mots qui n'est pas un simple silence. La voix off reprend : « *Ce que Marianne est devenue après, vous ne le saurez pas ce soir. Marianne, c'est moi, c'était moi.* » Et là, on entend *encore* des pleurs de bébé. Marianne vient de naître à elle-même. Et Marianne refuse la proposition de Nicolas : partir en vacances. Elle dit « *Non* », avec un sourire magnifique. Et le film s'arrête.

« *Non.* » Non, Marianne ne partira pas en vacances. Les artistes n'en prennent jamais. Oui, elle sera, elle est déjà une Frenhofer. Non, Marianne ne sera pas une Liz. Elle ne va pas mettre l'amour au-dessus de tout. Elle va examiner son âme et écrire son histoire. Et elle prendra tous les risques. Et c'est pourquoi tout ce film peut être vu comme un *roman vécu et écrit* par Marianne – même les scènes où elle n'apparaît pas. On peut considérer le film comme l'adaptation d'un roman écrit par Marianne, presque une histoire pour les 13-14 ans, avec un alchimiste, une sorcière et un magicien, une épreuve et un secret – et enfin un trésor caché. Ce trésor caché qui devient la matrice de son récit, la matrice de son roman, *l'image cachée dans le tapis*, le *tableau masqué dans le mur*.

La Belle Noiseuse est le récit d'une transmission, comme *La Bande des quatre*, mais il ne passe pas par l'enseignement. *La Belle Noiseuse* passe, directement, par l'épreuve créatrice elle-même. C'est le cas pour Marianne. C'est aussi le cas pour le spectateur, qui doit être plus attentif que jamais aux signes discrets, aux sons et aux « silences », au Langage des Oiseaux. Un spectateur qui doit faire l'épreuve du film, c'est-à-dire voir avec les yeux de Marianne et entendre avec ses oreilles pour saisir ce que le réalisateur vient de lui transmettre. Si on regarde ce film de façon superficielle, on croit que celui-ci parle d'échec artistique et de « mise au secret ». C'est volontaire. Et c'est une feinte. Si on l'écoute en profondeur, il s'agit, en fait, d'accès au secret de l'art. Et une main guidera la nôtre pour nous montrer la façon dont se transforme le monde.

Prélude à la société

(De Jeanne d'Arc à Robespierre)

Voilà, cette histoire va bientôt finir.

Nous sommes en 1994. Le récit se passe en gros entre le 15 juillet, jour où Paris commence à se vider, et le 15 août, quand Paris commence à se repeupler. On découvre Louise (Marianne Denicourt), qui sort de clinique, hérite d'une tante et se retrouve plongée dans des secrets de famille, liés aux magouilles commises par son père, un riche industriel suisse (László Szabó). En parallèle, Ninon (Nathalie Richard) est une petite voleuse, qui commence un travail de livreuse, vole dans la caisse et craint d'avoir été vue par Roland (André Marcon), un décorateur qui travaille en face. Pour s'assurer de son silence, elle l'entraîne dans un récit amoureux, alors que celui-ci tourne simultanément autour de Louise, à qui il fait des mystères concernant les exactions commises par son père. Enfin, il y a une troisième femme, Ida (Laurence Côte), qui a entendu une chanson à la radio, un tube vieux de vingt ans, et qui en cherche la chanteuse, Sarah (Anna Karina) qu'elle croit être sa mère. Le film s'appelle *Haut Bas Fragile*. *Haut Bas Fragile* est le film de l'après-Rivette.

C'est un film qui a été fait très vite. Après *La Belle Noiseuse* qui a été un immense succès, critique *et* public (plus de 300 000 entrées), Rivette enchaîne avec un diptyque historique, *Jeanne la Pucelle*. Sur bien des points, *Jeanne la Pucelle* est une *origin story* de son cinéma. On se rappelle que l'héroïne du film non réalisé *La Cité*, en 1955, devait être une « *pure jeune fille débarquant de sa province, passionnée de Jeanne d'Arc* » se mêlant aux étudiants noirs de la cité universitaire. Dans *Paris nous appartient*, Anne était également comparée à Jeanne d'Arc par son frère, même si ce n'était que le temps d'une réplique : « *Tes voix t'ont abandonnée ?* » En faisant *Jeanne la Pucelle*, c'est comme si Rivette racontait le récit de la grande sœur de toutes ses héroïnes. Dans un entretien donné aux *Inrockuptibles* en 1994, quand on lui demande si *Jeanne la Pucelle* est une « *étape dans son œuvre* » ou un « *film récapitulatif* », il répond qu'il ne sait pas, qu'il ne se pose pas la question de la place de ses films et qu'il ne cherche pas à les voir. À part *Out 1* : « *l'exception, le seul que j'aime beaucoup et que je peux revoir.* » Ce que Rivette dit également, c'est qu'un film est toujours autobiographique, mais parfois de façon indirecte et inconsciente : « *L'intérêt d'un travail tel que metteur en scène, c'est qu'on peut l'identifier à sa vie. On peut le faire de façon très crue et directe comme le faisait Jean Eustache, ou de façon indirecte et inconsciente comme je le fais.* »

De façon indirecte et inconsciente, que dit *Jeanne la Pucelle* sur Rivette ? Peut-être cette chose très simple et à laquelle on peut facilement s'identifier, c'est que Jeanne n'a pas cessé d'être empêchée, entravée, bloquée par les autres, obligée d'attendre. *Jeanne la Pucelle* nous rappelle que le sentiment d'impuissance politique ne date pas d'hier, qu'il y a toujours eu des personnes qui s'y sont opposées. Jeanne ne verra pas les fruits de son action. Elle mourra avant d'avoir obtenu sa victoire, mais elle aura sa victoire tout de même. Elle incarne la nécessité de l'action sans regard pour son fruit. La Jeanne de Rivette est « *une femme qui ne prend son parti de rien* », comme la dépeint Péguy dans sa première *Jeanne d'Arc* écrite en 1897 et dédiée « *à toutes celles et à tous ceux qui seront morts de leur mort humaine pour l'établissement de la République socialiste universelle* ».

Mais *Jeanne la Pucelle* est un échec économique pour la société de production Pierre Grise. Pour permettre à la production de récupérer un certain niveau de trésorerie, celle-ci doit immédiatement rebondir sur un nouveau projet. Rivette a donc dû faire un nouveau film très vite. On est au printemps de l'année 1994. Il tournera en été. Il tournera un nouveau film péguyste d'été à Paris.

Le film péguyste d'été à Paris par excellence était *Céline et Julie vont en bateau*, vingt ans plus tôt. Comme dans *Céline et Julie*, dans *Haut Bas Fragile* les rues sont presque vides et les personnages ne vont cesser de se croiser. Entre les deux films, il y a un certain nombre d'autres points communs. Il y a pour commencer l'envie de voir deux actrices jouer ensemble. Pour *Céline et Julie*, c'était Juliet Berto et Dominique Labourier. Ici, ce sont Marianne Denicourt et Nathalie Richard. Deux actrices qu'il estimait avoir précédemment sous-employées : Marianne Denicourt dans *La Belle Noiseuse* ; Nathalie Richard en cinquième membre de *La Bande des quatre* (elle revenait également dans le rôle de Catherine de La Rochelle dans *Jeanne la Pucelle*). Troisième point commun avec *Céline et Julie* : c'est un scénario écrit collectivement par les actrices et les scénaristes. Et les actrices inventent leurs personnages. Et leur récit s'écrit au sein de séances de travail avec Christine Laurent et Pascal Bonitzer.

Et, alors que tout est encore en germe, Laurence Côte, qui jouait Claude dans *La Bande des quatre*, contacte Rivette pour lui parler d'un scénario qu'elle est en train d'écrire, inspiré de sa propre vie. Finalement Rivette intègre Laurence Côte au duo et en fait un trio. Il y avait eu les films de femmes solitaires : *Paris nous appartient*, *La Religieuse*, *Out 1*, *Jeanne la Pucelle*. Les films de duos : *Céline et Julie vont en bateau*, *Le Pont du Nord*, *L'Amour par terre*. Le film de groupe : *La Bande des quatre*. Voilà un film de trio. L'histoire derrière l'histoire, c'est que Laurence Côte serait devenue comédienne pour qu'un jour sa mère la reconnaisse et la retrouve. Et c'est visiblement ce qui a eu lieu.

Le titre peut être compris de plusieurs façons : « Haut Bas Fragile » s'inscrit normalement sur les colis, et

Ninon est livreuse. La notion de déménagement ou d'emménagement et l'héritage d'une maison comme le retour à la vie sont au centre de l'histoire de Louise, qui sort d'un coma de cinq ans. Ida, elle, vient d'arriver à Paris et prétend être intéressée par une chambre pour rencontrer sa mère. Mais *Haut Bas Fragile*, c'est également la haute société (Louise), le bas de l'échelle sociale (Ninon) et la fragilité (Ida, orpheline, adoptée). C'est enfin le récit de trois façons de passer du haut au bas et trois façons pour trois femmes différentes d'être fragiles.

Se mêle alors l'autre envie de Rivette qui est celle de la *comédie musicale*. Rivette avait eu ce projet de comédie musicale avec Anna Karina, dans le cadre des « Scènes de la vie parallèle » ; *Haut Bas Fragile* porte évidemment une trace de ce projet. La comédie musicale s'enclenche à la 55e minute, très tardivement donc, comme les séances de pose dans *La Belle Noiseuse*. Et les chansons semblent naître d'une relation soudain théâtralisée entre les personnages, dans leurs postures comme dans leurs intonations. La réalisation, se refusant à une représentation stéréotypée de la comédie musicale, conserve à celle-ci une fraîcheur et un mystère, comme si les personnages jouaient à être dans une comédie musicale, plus qu'ils n'en faisaient vraiment partie.

Comme dans *Céline et Julie vont en bateau*, il y a une femme riche et une femme pauvre qui vont s'entraider. Il y a une étrange maison, celle de la tante Marthe. Et même deux avec celle de Sarah. Il y a beaucoup de chats. Il y a le chat d'Ida, Henri. Mais aussi quatre autres chats dont on parle et qu'on ne voit pas : les deux chats de Marthe et les deux chats de Sarah. Il y a un cabaret, le *Sarah Saloon* ; et même deux, avec le *Backstage*. Il y a une scène de « sororité » où Louise et Ninon s'acharnent sur un poulet comme Céline et Julie coupaient une peluche d'homme en deux dans une scène de jeu. Il y a enfin une bibliothécaire, Ida, à la bibliothèque du Musée des arts décoratifs. Et Laurence Côte la présente ainsi à la fin du film : « *rue de Rivoli, à côté de la statue de Jeanne d'Arc, la vilaine, celle qui est toute dorée.* »

Laurence Côte annonçait dans *La Bande des quatre* le film suivant, *La Belle noiseuse*. Dans *Haut Bas Fragile*, elle rappelle le film précédent : *Jeanne la Pucelle*. Et elle relie l'ensemble à *Out 1*, parce que, dans *La Bande des quatre*, Claude évoquait *l'Histoire des Treize* dans une scène située au dernier étage des locaux de *Libération* et, dans *Haut Bas Fragile*, non seulement Ida cherchera Sarah au *Sarah Saloon* dont l'adresse que lui donne Roland, 11 rue Béranger, est celle des locaux de *Libé* justement, mais elle parle en outre d'une statue « *toute dorée* », ce qui était le cas de la statue d'Athéna devant laquelle se tenait Hermine Karagheuz dans le dernier plan d'*Out 1*.

Et puis il y a Roland, l'Homme Fatal du film, joué par André Marcon. Roland, c'est un homme qui fait des mystères. Il est simultanément attiré par Ninon et fasciné par Louise, ce qui entraîne chez lui un comportement très confus. Mais il n'a pas le caractère démoniaque de Thomas dans *La Bande des quatre*. Ni l'égoïsme criminel de Julien dans *Le Pont du Nord.* C'est un type plutôt brave, pour un Homme Fatal. Et son caractère à la fois sympa et confus se retrouve, de façon tout étrange, lorsqu'il utilise l'adjectif rimbaldien « *abracadabrantesque* » dans un dialogue vers la fin du film, six ans avant qu'il ne soit remis à la mode par Chirac et Villepin pour répondre aux accusations de financements occultes du RPR. Un adjectif que Roland associe, très bizarrement, au poème « Le Pitre châtié ». « *Abracadabrantesque* » vient en réalité du « Cœur supplicié », un poème très sombre, sous une apparence à la fois hermétique et légère, et dont on a pu dire qu'il évoquait de façon cryptée le viol du jeune Rimbaud, peut-être lors de son incarcération à la prison de Mazas en septembre 1870 (mais tout ceci reste de l'ordre de la spéculation biographique).

Ô flots abracadabrantesques
Prenez mon cœur, qu'il soit sauvé.
Ithyphalliques et pioupiesques
Leurs insultes l'ont dépravé !

Le « Pitre châtié », en revanche, est un poème de Mallarmé. Un poème très étrange où le poète décide, par hommage à sa muse, « *reniant le mauvais Hamlet* », d'aller se baigner dans la rivière pour se laver, mais découvre, en fin de compte, que sa saleté faisait son être : « *[...] c'était tout mon sacre / Ce fard noyé dans l'eau perfide des glaciers.* »

Et si « Le Pitre châtié » correspond assez bien à l'image négative que Roland a de lui-même, se prenant pour l'Homme Fatal que fondamentalement il n'est pas, « *abracadabrantesque* » pourrait renvoyer à une blessure secrète, mais secrète jusqu'à lui-même. Ou secrète à un autre personnage ? C'est la blessure des « secrets de famille » qui finissent par rattraper les personnages. « *J'ai l'impression que quelque chose me rattrape* », dit Ida vers le début du film. Elle n'est pas la seule. Il y a surtout le passé de Louise. Son « secret de famille » vient de son père, Mathias Leuwen, qui a détourné les fonds d'un grand laboratoire en 1964 et a fait porter le chapeau à son collègue, le professeur Müller, qui s'est suicidé. Et on retrouvera ces intrigues mêlant secrets de famille, laboratoires et industries dans le film suivant, *Secret Défense*, en 1998, qui est la face « nocturne » et ténébreuse de ce dont *Haut Bas Fragile* est la face « diurne » ou lumineuse.

Dans *Secret Défense* comme dans *Haut Bas Fragile*, le père des héroïnes est un salaud, un homme qui n'a pas hésité à trahir ou à tuer pour réussir. Ce n'est pas le seul point commun entre les deux films. *Secret Défense* fait revenir deux figures d'*Out 1* : Françoise Fabian dans le rôle de la mère et Hermine Karagheuz qui apparaît comme infirmière à la Salpêtrière. Dans *Haut Bas Fragile* il y a aussi trois figures qui reviennent du passé cinématographique de Rivette. Anna Karina, d'abord, qui revient de *La Religieuse* et de la comédie musicale abandonnée des années 1970. Puis László Szabó, qui jouait dans *L'Amour par terre*. Anna Karina et László Szabó sont surtout des acteurs qu'on a vu ensemble chez Godard (*Pierrot le fou, Made in USA*). Rivette avait dit que le titre de *La Bande des quatre* comprenait un clin d'œil « *à Jean-Luc* ». On peut penser que la coprésence de Anna Karina et de László Szabó dans *Haut Bas Fragile* en est un autre, de même que l'omniprésence de la Suisse dans les dialogues. Et c'est enfin Marcel Bozonnet, en voisin d'Ida, qui revient d'*Out 1* où il jouait Arsenal, pour préciser que la chanson de Sarah est « *un tube vieux de vingt ans* ». C'est *Out 1* surtout qui est alors vieux de vingt ans. Mais la question que pose ce film est bien celle de ce qui est « *vieux de vingt ans* », confrontant le milieu des années 1990 à celui des années 1970 – *Haut Bas Fragile* pouvant ainsi officier comme la cinquième et dernière chronique politique de cette série qui part de *Paris nous appartient* et se perpétue dans *Out 1*, *Le Pont du Nord* et *La Bande des quatre*.

Cinquième et dernière, parce que la confrontation entre les générations, déjà le sujet du *Pont du Nord* et de *La Bande des quatre*, prend ici une tournure inattendue. L'enjeu du film n'est ni de s'opposer ni de reprendre, ni même d'améliorer ce qui avait été précédemment légué. L'enjeu est de prendre acte d'une passation d'héritage déjà réalisée pour finalement la laisser tomber, et même prendre la fuite. *Out 1* faisait un état des lieux du « complot » de la Nouvelle Vague et des *Cahiers du cinéma*. *La Bande des quatre* interrogeait les conditions de sa transmission d'héritage. *Haut Bas Fragile* conseille de s'en foutre. De fuir. Et même de fuir Rivette lui-même, comme au début du film.

Parce qu'Ida fuit deux fois : la deuxième fois, c'est à la fin du film, face à sa mère « possible » : Anna Karina. Mais elle a déjà fui une première fois au tout début, et c'est face à Jacques Rivette dans le rôle de « Monsieur Paul ». Quatrième et dernière fois que celui-ci jouera dans un de ses films, après *Paris nous appartient* en 1961 où Rivette (ou un homme qui lui ressemble) disait : « *Vous ne savez pas ce que c'est qu'une révolution écrasée* ». *L'Amour fou*, où il figurait discrètement parmi les spectateurs de la pièce, dans le premier et dernier plan du film. Et *Jeanne la pucelle* en 1994, où il faisait un prêtre de Vaucouleurs dans une séquence du début de la vie de Jeanne en 1429.

Haut Bas Fragile est le film de l'après-Rivette. Alors qu'ils attendent tous deux leur hot-dog au petit kiosque dans un square, Monsieur Paul regarde Ida et lui demande : « *Je ne vous ai pas déjà vue quelque part ? J'ai l'impression de vous connaître. Vous venez souvent par ici ? Non c'est pas là que je vous ai vue. Il y a plus longtemps, beaucoup plus longtemps. Il y a combien de temps ?* » À cet instant, Ida sort du champ à toute vitesse. Un peu plus tard, la vendeuse de hot-dog en rajoute une couche en disant à Ida que, face à elle, Monsieur Paul était « *comme s'il avait vu un fantôme* ». Et cette rencontre fait, par association d'idées, de Rivette le « père fantôme » d'Ida. Un père qu'elle doit fuir comme elle fuit sa « mère potentielle », Anna Karina. Et comme Louise doit fuir son père « incestueux », László Szabó, qu'on ne voit jamais mais dont on entend obsessionnellement la voix, et qui semble rejouer l'attachement de M. Arkadin à sa fille dans le fameux film de Welles sur le véritable secret des hommes de pouvoir.

Ce que nous dit *Haut Bas Fragile*, c'est que, si le temps qui passe n'a pas gommé la Nouvelle Vague, alors il ne faut pas hésiter à fuir tout ce qui y ressemble. Mais il ne faut quand même pas passer à côté de la sororité, dont *Céline et Julie* était une sorte de manifeste. C'est dit littéralement dans la chanson « L'escalier », chantée par Ninon et Louise : « *On sait parler d'autres choses.* » Comme le test de Bechdel, la chanson évoque deux femmes qui parlent d'autre chose que d'un homme. Elles y parlent même de Mallarmé. Ça fait partie des derniers « signaux » qui traversent le film, au moment où il nous lâche en pleine nature. Non seulement la sororité est possible, mais aussi l'amitié entre femmes de classes différentes. Et même leur possibilité de rencontrer des hommes capables de les aimer dans un amour non toxique. Il n'y en a eu pour ainsi dire aucun dans le cinéma de Rivette, jusqu'aux années 2000 – à part Colin, mais il était pauvre et malheureux. Désormais il y en aura. Dès le film suivant, *Va Savoir* en 2001, le personnage masculin principal, Ugo, joué par Sergio Castellitto, est un homme pas du tout « fatal ». Le film s'achève même, contre toute attente, par un *happy end* amoureux sur une musique de Peggy Lee. Après *Va Savoir*, Rivette reprendra l'autre film abandonné de l'époque des « Scènes de la vie parallèle », *Histoire de Marie et Julien*, avec Emmanuelle Béart et Jerzy Radziwilowicz. Là aussi, il y aura la surprise d'une histoire d'amour charnelle et délivrée des manipulations du passé, et un *happy end* rythmé par un air de Blossom Dearie. Puis il remontera jusqu'à l'*Histoire des Treize* et fera, ultime risque, une adaptation presque fidèle de *La Duchesse de Langeais* en 2007 : *Ne touchez pas la hache*. Puis *36 vues du pic Saint-Loup* en 2009, où Sergio Castellitto joue un autre homme pas fatal : Vittorio (à eux deux, les prénoms des personnages joués par Sergio Castellitto sont comme le rébus italien du nom d'un poète français).

Voilà, cette histoire va bientôt finir. Que nous dit *Haut Bas Fragile* ? Il nous dit de nous débarrasser du passé qui enchaîne. Oublier ses fictions qui sentent désormais autant la naphtaline que le théâtre de l'Odéon pour Céline et Julie, les déterminations apparentes et les attentes des autres. *Haut Bas Fragile* nous dit de créer de nouvelles alliances, de tisser des récits avec notre époque et avec des gens de notre époque. Mais surtout, il nous dit de vivre musicalement. Il nous dit de vivre avec notre musique. Dans notre musique. Pour notre musique. Et si Sarah est là pour incarner la musique de la génération précédente, Enzo Enzo épiphanise celle de la génération présente. D'où l'incroyable poésie des scènes de danse au *Backstage*, mêlant contemporanéité et nostalgie, qui renvoient aux synthétiseurs du jour et à la valse d'hier, avec un faux air de guinguette des années trente, de cinéma du Front populaire. *Haut Bas Fragile* est un film de Jean Renoir qui viendrait du futur.

C'est donc également un film qui parle d'une acceptation ou d'un consentement : qu'une génération, celle de Rivette, s'efface pour qu'une nouvelle trouve une place qui lui soit propre. *Haut Bas Fragile* est un des uniques cas d'œuvre réalisée par un homme de plus de soixante ans qui ne semble pas penser que les jeunes doivent l'écouter, lui, ressasser sa vieille histoire de vieux monsieur, mais dont le cinéma conseille implicitement de fuir tout ce qui pourrait ressembler à une chose pareille. Pour que d'autres Treize forment un étrange équipage, inventent un nouveau type de relations et découvrent ce bonheur de l'amour qui n'avait pas encore été trouvé. « *Jusqu'à maintenant le malheur de l'amour a été plus grand que le bonheur de l'amour* », avait écrit Colette Thomas. « *Mais le bonheur doit venir car le monde est seul et le malheur absolu.* »

Même si Rivette réalise encore cinq films après *Haut Bas Fragile*, quelque chose s'achève avec celui-ci. Un voyage dans le siècle à travers une poignée de films que, naguère, Rivette avait décrits comme ces reflets, « *déformés bien sûr* », de l'époque dans laquelle il vivait. Voilà, cette histoire va bientôt finir. Et pourtant…

Et pourtant, il y a quand même un fantôme dans ce film. Un fantôme incroyablement discret mais puissamment symbolique, qu'on découvre vers le milieu de celui-ci, à une heure et dix minutes exactement. Louise est assise sur un banc, la nuit, rue du Moulin-de-la-

Pointe. Roland la retrouve et lui demande ce qu'elle fait. Et elle répond : « *Je pensais à la perruque de Robespierre. C'est bizarre, hein ?* »

Oui, c'est bizarre. Très bizarre même. Si bizarre que mon attention saute presque toujours à ce moment du film. Comme si c'était trop, comme si quelque chose me résistait, m'éloignait, quelque chose que je n'arrivais pas à enregistrer, quelque chose que je n'arrivais pas même à entendre. Et pourtant… « *Je pensais à la perruque de Robespierre. C'est bizarre, hein ?* »

Très bizarre. Je saute. Quelque chose saute. Là, c'est pareil. Je suis en train de rédiger ce chapitre et, déjà épuisé de ma journée, je vais m'allonger. Je m'endors. Et là, comme toujours reviennent ces bribes de rêves où je corrige un passage, où je me rends compte que j'avais écrit un paragraphe que j'avais oublié. Où je rédige intégralement un autre passage jusqu'à ce que je me rende compte, dans un demi-éveil, que je n'ai pas de feutre en main et aucun papier à proximité.

« *Je pensais à la perruque de Robespierre. C'est bizarre, hein ?* »

Très. Ça me fait penser aux phrases prononcées par Robert Desnos durant les « sommeils », les séances médiumniques sauvages réalisées chez André et Simone Breton, rue Fontaine, au début des années 1920. Le samedi 30 septembre, Breton pose les questions et Desnos, en transe, répond, par écrit tout d'abord :

« *Où es-tu ?* », demande Breton.

« *Robespierre* », répond Desnos.

« *Y a-t-il plusieurs personnes ?* »

« *La multitude. Robespierre.* »

Simone Breton note : « *Ici Desnos se met pour la première fois à parler. Voix sourde, triste, légèrement menaçante.* »

« *Ils deviendront plus blancs que l'étendard abhorré de la monarchie* », dit Desnos à haute voix. « *Des lâches, des lâches... Et ce col blanc que vous me reprochez comme une parure inutile... Vous jalousez le cou élégant qui en sort... Vous êtes des forgerons échappés de vos forges nocturnes... Nocturnes... La guillotine... La guillotine... Je suis seul. Vous êtes la multitude et vous tremblez devant mon regard vert.* »

« *Derrière Robespierre qu'y a-t-il ?* », demande Breton.

« *Un oiseau.* »

« *Quel oiseau ?* »

« *L'oiseau de paradis.* »

« *Et derrière la foule ?* »

« *Le joli sang canapé.* »

« *Et quand Robespierre et la foule ne seront plus en contact, que se passera-t-il ?* »

« *La belle chanson amour de ma vie de ma vie innommée* »

« *Que deviendra la foule ?* »

« *Que m'importe ?* »

« *Que deviendra Robespierre ?* »

« *Le ciel.* »

Alors je me lève, de façon un peu automatique, comme une espèce de zombie, et je pars. Je décide de sortir de chez moi. Je plonge dans le métro, et finalement ça m'ennuie, je ressors tout de suite. Je vais marcher, plutôt. Je marche jusqu'aux XIIIe et XIVe arrondissements. Je suis à la recherche des lieux de tournage de *Haut Bas Fragile*. Je ne les trouve pas. À la différence de celles des autres films mis en scène par Rivette, de celles d'*Out 1*, de *Céline et Julie* ou du *Pont du Nord*, je n'ai retrouvé aucune rue d'*Haut Bas Fragile*. Je ne comprends pas pourquoi. C'est le film dont les décors m'échappent à chaque fois. Alors tant pis, je me balade.

Je souris aux passants. Ils sont moins nombreux que le reste de l'année. Ils me rendent mes sourires, comme si nous étions complices de quelque chose : de ne pas faire partie des touristes ? De rester à Paris en été ? De faire partie de ce fameux Parti péguyste d'été ? J'entre dans une boulangerie près de la rue du Moulin-de-la-Pointe et le boulanger me parle comme à un vieil ami, un complice. Je lui réponds de la même manière. Derrière nous, il y a une femme unijambiste qui sourit également, comme si on se connaissait.

Et soudain, ça y est, c'est la vision. Je sentais, je pressentais indiciblement qu'elle viendrait. J'ai soudain le sentiment que nous nous connaissons, en effet. Que nous nous connaissons tous. Nous sommes une bande, un groupe, une organisation. Je l'avais oublié mais ça m'est revenu. Nous sommes un complot. Le complot, ce n'est pas eux. Le complot, c'est nous. La société, c'est nous. La plus grande société secrète, mais secrète à elle-même, c'est nous, dans toutes nos relations, nos connexions, nos associations naturelles et notre capacité à nous comprendre et à communiquer. La plus grande société secrète, c'est celle du genre humain, indépendamment de toute organisation. Nous sommes une organisation si bien huilée que, lors de la dernière étape de notre initiation, nous avons décidé de tout oublier.

Nous sommes liés. Nous l'avons toujours été. Nous sommes même ligués. Nous sommes les Sans Roi. Nous sommes un monde à l'intérieur du monde. Un monde qui ne correspond pas au fonctionnement du monde, mais qui existe quand même à l'intérieur de celui-ci. Et nous le savons. Nous l'oublions parfois, mais nous l'avons su et ça nous reviendra. Nous sommes un envoûtement. Nous n'avons pas besoin d'État, de chefs, de prêtres, de médiateurs. Mais parfois, nous devons faire semblant. Pour ne pas nous faire repérer. Pour qu'on nous laisse vivre, bouger, respirer. Quand nous en parlons un peu trop clairement, à voix haute, nous nous faisons tuer. Quand nous ne le disons pas, on nous laisse danser. Nous sommes une gigantesque conspiration. Une conspiration qui ressemble à une comédie musicale.

Au fond, c'est ça, ce que nous rappellent les comédies musicales où soudain tout le monde se met à chanter et à danser. Où les idées qui sont dans la tête de l'un sont soudain portées extérieurement par la musique de tous. Où, lorsque quelqu'un fait semblant de tomber, il y a toujours un danseur pour le rattraper. Ce sont des utopies qui nous rappellent que nous sommes tous liés. Et nous le savons. Nous l'avons toujours su. Nous sommes une société. C'est une vieille histoire. Toujours jeune. C'est l'ultime jeu. Toujours bon.

C'est cette réalité qui rend fou cette poignée de gens qui pensent ne pas faire partie de la bande. Ces gens, ce sont les hommes politiques, les prêtres, les patrons, les policiers. Ce sont plus encore les 1 %. « *C'est le peuple qui compose le genre humain* », écrit Rousseau dans *Émile*, « *ce qui n'est pas peuple est si peu de chose que ce n'est pas la peine de le compter.* » Ça les rend fous de rage et c'est pourquoi ils ont décidé de nous dominer. Ils ont décidé de nous diriger et de nous faire travailler pour des nèfles, de nous virer et de nous reprendre. De nous contrôler. Les 1 %, les pauvres 1 %, nous les connaissons bien. Et nous le savons, qu'ils ne font ça que pour se venger, par incapacité de nous aimer et de s'aimer eux-mêmes. Parce qu'ils ont le sentiment de ne pas faire partie de cette société.

Nous : l'organisation, le groupe, la bande. Parce qu'ils nous envient, nous désirent et ne savent pas comment nous aimer de façon à se faire aimer par nous. Ils ont tellement peur de ne pas être aimés. Ce sont eux qui sont terriblement impuissants politiquement. Et affectivement. C'est ça qui les rend tellement dangereux. Mais ils ne le savent pas. Ils n'arrivent pas à le comprendre. Nous devons convaincre nos bourreaux qu'ils souffrent de ce qui les fait jouir, à savoir de nous torturer. Nous devons les convaincre que ce n'est pas dans leur intérêt. Si ceux qui nous dirigent et profitent de notre misère ne comprennent pas qu'ils perdent tout à profiter de notre perte, nous n'y arriverons pas. Nous sommes tout et nous n'avons rien ; ils ont tout et ils ne sont rien. Notre nombre ne suffira pas. Si ceux qui profitent de notre perte ne saisissent pas que la misère qu'ils nous infligent leur nuit en retour, alors nous n'y arriverons jamais. Il faut qu'ils comprennent que cela leur nuit. Il faut que cela leur fasse horreur. Il faut que cela leur fasse honte.

Mais leur incurie nous fait peur. C'est pourquoi nous en parlons si peu, entre nous. Nous avons tellement peur qu'ils nous punissent pour ça, aussi. Alors nous faisons semblant de ne pas le savoir. Nous faisons même semblant de nous ignorer. Nous ne parlons pas de notre appartenance commune. Notre connivence. Nous savons que, quand ça se voit trop, le pouvoir sévit. Il nous attaque. Il nous cogne et nous crève comme des chiens. Il nous équarrit comme des porcs. Notre meilleure chance de survie, c'est de ne jamais apparaître pour ce que nous sommes. De vivre incognitos, comme les citoyens d'une société qui n'est pas la nôtre et ne l'a jamais été.

Est-ce ça, finalement, la « *religion de saint Jean* » ? Et si les « cathares » avaient survécu à leur extermination, mais disséminés, masqués dans le manteau des conventions du temps ? Et si ça avait été pareil pour les manichéens, pour ceux qu'on a appelés « gnostiques », pour les continuateurs d'Apollos, pour les autres ? Et si, parce qu'ils étaient exterminés, ils avaient décidé de se rendre invisibles ? Et pourtant, tout pourrait changer, du jour au lendemain. Et pourtant, tout pourrait s'interrompre ou recommencer.

C'est une vision qui se dissipe habituellement aussi vite qu'elle apparaît. Je me dépêche de rentrer pour la noter avant de l'oublier. Je suis presque certain que je vais l'oublier. J'ai l'impression que, pendant quelques secondes, quelques minutes, j'ai senti ce que c'est que de faire partie de l'humanité. Mais alors vraiment comme si je faisais partie d'un club secret. Un club dont tout le monde rêve d'être membre – et dont, en fait, tout le monde l'est. C'est une vision si forte que je crois que je ne vais pas réussir à la surmonter. Je dois rentrer sinon je vais m'effondrer. Dès qu'on sort de son quotidien, dès qu'on entre dans une autre temporalité, un autre monde nous apparaît. Un monde visible dans lequel nous sommes liés. Un monde invisible dans lequel nous avons toujours été.

C'est une vision très violente, très lourde. Mais c'est la principale. Et c'est peut-être la seule. Tout autour de nous, c'est une conspiration, mais une conspiration dont nous faisons partie. Il suffirait d'un geste pour tout faire sauter ; d'une parole pour tout recommencer. Mais ça, tu le sais déjà, non ? Chut, ne dis rien. Parle avec les yeux.

....

....

....

« *Je trouve que cette nuit la lune a la tête de Robespierre* », dit Roland à Louise avant de partir. « *Vous savez ce que ça veut dire ? Ça veut dire qu'il est plus que l'heure d'aller se coucher.* »

Mais, le lendemain matin

Alors que j'avais confié Le Secret de la société *à Véronique Manniez-Rivette pour relecture, celle-ci s'étonne que je ne mentionne pas* L'Année prochaine, à Paris. *Je lui réponds n'avoir jamais entendu parler de* L'Année prochaine, à Paris.

Véronique m'explique : L'Année prochaine, à Paris *est le film qui devait initialement suivre* Histoire de Marie et Julien *(2003). Un traitement avait même été écrit durant l'automne 2004. Mais le projet ne trouva pas de financement. Face à ce constat, au printemps 2005,* La Duchesse de Langeais *de Balzac fut choisie par Jacques Rivette comme étant éventuellement une solution pour sortir de l'impasse. Ainsi débuta l'aventure de* Ne touchez pas la hache – *titre originel du roman – tourné l'année d'après.*

Devant ma surprise (c'est un faible mot), Véronique m'envoie le texte du traitement de L'Année prochaine, à Paris *écrit par Pascal Bonitzer, Christine Laurent et Jacques Rivette. Texte dont la lecture me bouleverse et m'éblouit.*

Nul doute qu'en le lisant, vous comprendrez pourquoi.

Avec l'accord de Pierre Allio (pour Christine Laurent), de Pascal Bonitzer et de Véronique Manniez-Rivette, voici donc : L'Année prochaine, à Paris.

L'Année prochaine, à Paris

par Pascal Bonitzer, Christine Laurent et Jacques Rivette

I

Le Jeu immortel, c'est comme l'Histoire immortelle – et c'est comme une légende urbaine.

On prétend que, depuis le milieu du XVIIIe siècle, à l'initiative de quelques hommes de génie, dont le compositeur Joseph Haydn, et en marge des sociétés maçonniques qui faisaient florès à l'époque, s'est institué, entre une douzaine de personnes de qualité, un Jeu, aux règles strictes, engageant parfois des mises considérables, sommes d'argent ou autres biens : on dit que Beaumarchais y aurait sacrifié une pièce, on dit que Mozart aurait dû composer, en quelques heures, une messe monumentale, pour cent vingt-cinq interprètes, et jamais retrouvée.

Depuis cette époque, chaque Joueur a dû coopter, en grand secret, un successeur, avant de se retirer, malade, ruiné, mourant. Ainsi le Jeu s'est-il perpétué, à travers les vicissitudes du temps, jusqu'à nos jours. Certes, les règles ont été souvent modifiées depuis les origines, et les nouvelles techniques de communication, la rapidité des échanges ont profondément transformé les rapports entre les Joueurs. Mais le secret s'est perpétué.

Les adversaires font partie de deux Loges, ou Cercles, antagonistes, les Noirs et les Blancs. En théorie, les Noirs doivent ruiner les Blancs, et réciproquement, sachant que le Jeu ne saurait avoir de fin (et qu'une Banque commune, gérée par des représentants des deux Cercles, permet de toujours relancer la partie, même si, individuellement, des membres de l'un ou l'autre Cercle voient leur fortune ou leurs possessions anéanties : quelque chose comme un fonds de soutien).

De nos jours, le Jeu est devenu plus complexe encore, et plus rapide : l'ordinateur s'en est mêlé.

Ainsi, une série de cartes virtuelles, à retourner virtuellement, indique à chaque Joueur, au départ de chaque nouveau « coup », dans quelle « case » il doit se rendre, et quoi y accomplir. Cette « case », bien réelle, peut être, par exemple : une rue de Paris, un café, un appartement de banlieue, une esplanade, une gare, une station de métro, un arrêt de bus, une maison en construction, une aire de jeu, une voiture en stationnement, un jardin public, un musée, une galerie d'art, un quai de Seine, une épicerie, une librairie, un hôtel particulier, un parking, une certaine cage dans un jardin zoologique, une laverie automatique, une arrière-cour, un restaurant, un bar, un garage, une station-service, l'Observatoire, les Arènes de Lutèce, l'aile nord du transept de Notre Dame, le premier étage de la Tour Eiffel (ou le deuxième), une péniche amarrée, un bateau-mouche, le Batobus, un autobus en marche, la deuxième voiture d'une rame de métro, avant la station précise où un partenaire (à moins que ce ne soit un adversaire) doit monter, une cabine de photomaton, un salon de coiffure, un marchand de vins, une boutique animalière sur les quais de la Seine, un rayon peu fréquenté au dernier étage d'un grand magasin, le rayon le plus fréquenté du premier étage d'un autre grand magasin, un escalier de secours, une impasse, une passerelle, et j'en passe.

Au fil du temps, les Joueurs ont changé de profil. Au départ « gens de qualité » plus ou moins fortunés, ils sont devenus gens de toutes sortes, de tous horizons sociaux, ayant tous pour point commun un même sens de l'honneur, et de la fidélité au Cercle, à ses règles, à ses lois, à ses secrets. Certains sont riches, d'autres jouissent de leur statut d'artiste reconnu (peintre, ou philosophe, ou musicien). Comme autrefois, le Jeu les oblige parfois à de vrais sacrifices. Une Mission ne peut jamais être refusée.

II

Ici, une parenthèse s'impose.

Comme le savent quelques personnes, qui partagent jalousement ce secret, le monde humain se divise en deux : d'une part, celui que chacun connaît, le monde ordinaire, celui des échanges sociaux tels que chacun les vit et les éprouve, et que nous appellerons le Quotidien.

Celui-ci englobe aussi bien la police et la pègre que ceux que l'on appelle improprement les honnêtes gens ; la clandestinité du crime répertorié fait aussi bien partie de ce Quotidien que les heurs et malheurs de notre vie de chaque jour : c'est le monde visible, celui qu'enregistrent et que reflètent, jadis les gazettes, aujourd'hui les médias – notre monde.

Mais il est un autre monde : de celui-là, il est plus difficile de parler. Il n'a aucune loi, sinon celle de sa propre voracité, de sa propre cupidité : c'est le Réel.

Il est impitoyable, et ne reconnaît aucun droit. Il est inexorable et tout-puissant, quels que soient les régimes – démocratiques ou dictatoriaux – où il opère. Les visages du pouvoir ne sont pas son visage, car il est foncièrement sans visage. Il est le vrai pouvoir, qui n'a jamais de visage. Malheur à celui qui se trouve sur sa route : il sera écrasé.

Tel est le dieu caché des détresses du Quotidien, des catastrophes industrielles, des crimes politiques. Ses grands prêtres se sont retranchés, sans peut-être le savoir eux-mêmes, de l'humanité.

C'est entre ces deux mondes, du Réel et du Quotidien, que sans le vouloir, sans le savoir à l'origine, s'est glissé ce micro-monde qu'est à lui seul le Jeu éternel : comme une tentative de réponse, dérisoire mais invincible, à cette nouvelle et terrifiante puissance que, face à l'éternel Quotidien, la Révolution industrielle a donné au toujours plus tyrannique Réel.

Cette lutte, ces combats cachés, ces victoires, ces défaites – ne sont-elles pas une des figures de ce que Balzac nommait « l'Envers de l'Histoire contemporaine » ?

III

Dès l'origine, le Jeu réunissait deux groupes, de neuf membres chacun. Ce nombre est resté constant à travers les âges, ce qui peut sembler extraordinaire, mais est parfaitement authentique.

Comme dans *Les Chasses du Comte Zaroff*, il s'agit d'une « partie d'échecs en plein air ». Mais ce jeu de stratégie englobe Paris tout entier, et il n'engage à chaque coup qu'un nombre restreint de participants.

Entre les lois du Quotidien et celles du Jeu, ces dernières doivent toujours primer : le Joueur ne doit jamais les révéler ni les invoquer. Ce qui peut avoir l'air tout bête – mais se révèle parfois terriblement acrobatique pour lui.

Selon les règles actuelles : chaque partie est une aventure nouvelle. Elle dépend d'un double tirage au sort : l'ordinateur central, qui représente la Banque, énonce les conditions du prochain coup – tandis que, dans chaque Cercle, un Joueur est choisi suivant l'antique méthode du Coup de Dés.

L'histoire que nous allons raconter est un épisode du Jeu.

IV

Au départ, la partie engage donc deux Joueurs. Chacun appartient à l'un des deux cercles antagonistes. Un homme et une femme.

Ils ne se connaissent pas, car, par principe, les Blancs ne connaissent pas les Noirs, et réciproquement. Ils s'identifient l'un l'autre grâce à des signes de reconnaissance, des mots de passe, comme les affidés des Loges maçonniques.

Mais lorsque commence le récit, tout est bouleversé : les deux Cercles doivent de toute urgence entrer en communication, car certains événements, sinistres ou énigmatiques, laissent penser qu'une puissance étrangère aux lois internes du Jeu s'est introduite dans la partie.

Un des Joueurs a été agressé ; il a perdu la mémoire (que s'est-il réellement passé ? N'a-t-il pas trop parlé ?). Le Jeu a-t-il contrecarré, sans le savoir, les desseins d'une puissance obscure, et dès lors ennemie ?

Les doutes seront vite balayés : cette intervention maléfique ne saurait appartenir au monde du Quotidien. Elle ne peut être qu'une émanation criminelle du Réel.

Et donc : un de nos deux héros est envoyé en ambassade auprès d'un représentant de l'autre Cercle. Mais très vite, – et c'est le principe même de l'intrigue –, chacun va soupçonner l'autre d'être un faux ambassadeur : non un envoyé des Blancs ou des Noirs, mais un agent de la puissance ennemie (celle que nous avons appelé le Réel).

Rappelons ici que l'un des moyens d'action les plus sûrs et les plus redoutables du Réel est la manipulation de l'information, sous toutes ses formes, des plus élémentaires aux plus savantes.

Malgré une attirance réciproque de plus en plus forte, les deux Joueurs vont bientôt craindre que l'autre ne soit un ennemi masqué : un émissaire du Réel, chargé de l'éliminer.

Certes, ils ne sont pas seuls l'un en face de l'autre : comme on sait, chacun d'eux fait partie d'un groupe de neuf. Ainsi, dans le cercle des Blancs, le doyen des Joueurs est en quelque sorte la mémoire vivante du Jeu : il ne se lasse pas de rappeler certains coups fulgurants du passé et, parfois, de sauver ainsi la mise, dans le présent, à notre belle Joueuse. Mais cette partie, par définition, est différente : elle impose ses propres règles, met en échec les lois de l'expérience, oblige les Blancs à *inventer* les moyens de leur survie.

Ainsi également, dans le cercle des Noirs, une Joueuse expérimentée viendra au secours du héros. Sa technique favorite : elle l'engueule pour un oui ou pour un non. Et surtout qu'on ne lui parle jamais du passé !

Sans doute sera-t-elle amenée, à son tour, à intervenir dramatiquement dans les ultimes péripéties de cette partie, en risquant le tout pour le tout.

V

Au début de l'histoire, nous faisons connaissance avec R. (Renée, Roxane, Rachel, Rosemonde ?), vétérinaire attachée au Jardin des Plantes et spécialiste des grands fauves. Une panthère noire est endormie pour une opération bénigne, un abcès.

R. intervient avec l'indifférence de surface des grands chirurgiens, alors que la bête, mal endormie, a un soubresaut qui risquerait de faire dévier la lame.

L'opération finie, R. se débarrasse de ses gants et de sa blouse, se douche dans la salle réservée, se change, sort.

Elle se retrouve dehors, et passe le long des cages. Elle se heurte à un homme qui contemple, rêveur, la cage actuellement vide de la panthère. Elle fait un faux pas, tombe presque, il la rattrape, s'excuse. Elle le nargue de rester planté devant une cage vide, « c'est pas la peine de rester là, elle est malade ». Il demande qui. Elle s'étonne : il n'est pas là pour la panthère ? Non, il était en train de consulter le plan pour aller à la serre. Il ne savait même pas qu'il y avait une panthère, les panthères ne l'intéressent pas, et d'ailleurs, il n'aime pas le noir.

Là-dessus, tout en le guidant vers la serre, elle lui apprend, alors qu'il croyait que seuls les léopards avaient des taches, que les panthères noires sont des exemples typiques d'anomalies de la pigmentation. La panthère est en général dotée d'une robe jaune et tachetée ; le pelage noir qu'arborent certains spécimens est dû à la présence surabondante de mélanine. Chez le tigre blanc, c'est l'inverse qui se produit : il souffre de leucémisme, anomalie se caractérisant par une carence de pigments. Mais le Jardin des Plantes n'a pas de tigre albinos, et elle ne le regrette pas, car elle a horreur du blanc.

Il s'émerveille de son érudition, mais elle ne le renseigne pas davantage sur son métier. La conversation a pris ainsi un tour badin. Devant la serre, ils se quittent abruptement.

L'homme pénètre dans la serre, erre parmi les plantes jusqu'à ce que l'une d'elles l'arrête ; alors il sort d'une poche intérieure un gros carnet, déjà bien usagé, fait quelques rapides croquis. Puis il consulte sa montre. Il sort rapidement.

Nous suivons l'homme vers son lieu de travail : un cabinet d'architecte situé non loin du Trocadéro. À la surprise de ses collaborateurs, il a décidé de bouleverser de fond en comble les principes de son projet pour le pont d'Hokkaido : il faut revenir à quelque chose de plus léger, de plus arqué, de plus Hiroshige pour tout dire. Même si ce projet est gigantesque, puisqu'il doit relier Hokkaido à l'île principale, il faut précisément qu'il soit porté par une conception plus graphique et quasi végétale, qui le démarquera à coup sûr de ses concurrents. Dans le feu de la discussion, où schémas et plans se succèdent sur des écrans, nous apprenons qu'il se nomme G. (Gabriel, Guillaume, Gaspard ?).

À la fin de la journée, il se sépare rapidement de ses collègues. Un signal sur son bracelet-montre l'arrête au milieu de la rue.

Il prend le métro.

En trois ou quatre changements, il se retrouve aux confins de Neuilly. Il sort son téléphone cellulaire, regarde s'afficher quelques indications.

Après quelques rues de plus en plus vides, il entre dans une boutique désaffectée. Il ne semble pas la connaître, et pourtant il descend au sous-sol. Au milieu d'un désordre innommable, il aperçoit d'abord un ordinateur massif, flambant neuf, allumé. Sur le sol, un homme est étendu, inanimé.

G. retourne le corps, l'homme ouvre les yeux ; il balbutie quelques mots sans suite, puis retombe évanoui. Une vilaine ecchymose est visible sur sa tempe.

G. essaie alors de manipuler l'ordinateur. Les données qui apparaissent accroissent son inquiétude. Aussitôt, il envoie un message écrit, très bref, sur son appareil portable.

La réponse s'affiche : *Ne touchez à rien. Attendez.*

Il remonte au rez-de-chaussée, s'accroupit dans un coin, attend ; le jour s'assombrit.

Enfin, quelques coups, apparemment convenus, retentissent sur la porte d'entrée ; elle s'ouvre, une silhouette fait son apparition : la jeune et très séduisante spécialiste des panthères.

Vous êtes G. ?, dit-elle. – Et vous, vous êtes R. ?

Sans ajouter un mot, il la guide vers le sous-sol. R. se précipite vers l'homme évanoui ; elle le palpe, soulève doucement la tête ensanglantée : elle semble le reconnaître.

Quand R. se redresse brusquement, elle heurte G. : ils restent suspendus quelques secondes face-à-face, les yeux dans les yeux.

– Je le connais : c'est un des nôtres. Partez. Je m'en occupe, dit-elle.

G. s'éloigne aussitôt ; la porte se referme sèchement.

R. se fixe une oreillette et appuie sur une touche de son portable.

Elle apprend brièvement à son correspondant que T. est blessé et qu'il faut venir le chercher.

Une voiture s'arrête peu après, deux hommes en descendent. Ils emportent le blessé…

Un peu plus tard, R. traverse la cour d'un hôtel particulier en rénovation. L'endroit est désert et silencieux. Ses pas résonnent. Elle monte directement au troisième étage. Elle pousse une porte entrebâillée.

Un homme imposant, couronné de cheveux blancs, D., est tourné vers la fenêtre. Il se retourne vers elle.

– La partie est plus difficile que prévu, dit-elle.

– Je sais que vous avez rencontré votre adversaire…

– Oui, il était sur place le premier… Les Noirs étaient en avance. Il s'est passé quelque chose d'inhabituel.

– Je suis au courant. T. est très grièvement blessé. J'attends qu'on m'informe sur son état.

– Comment a-t-il pu se laisser surprendre ?

– Nos ennemis communs ont, peut-être, été sous-estimés.

On toque à la porte, les deux « infirmiers » font leur apparition ; ils reviennent de la clinique : le blessé s'est réveillé, mais il a perdu la mémoire. Il ne se souvient même pas d'avoir été attaqué.

D. remercie les deux hommes, qui s'éclipsent.

R. lui demande ce qu'il en pense.

– Cela me rappelle la partie 24, en 1830, juste avant la révolution : des sbires de Charles X avaient été dépêchés pour contrecarrer le Jeu, et un certain S. avait eu le crâne brisé. Il ne s'en est jamais tout à fait remis, jusqu'à sa mort en 1867. Bien sûr, c'était dans des circonstances totalement différentes. Bien que là aussi, les Joueurs eussent pour tâche de délivrer une victime séquestrée. En l'occurrence, il s'agissait d'une jeune femme, d'ailleurs très jolie, bien qu'un peu forte, en témoigne un daguerréotype que je possède… ce qu'on appelait alors une lorette… et qui détenait malgré elle un secret redoutable…

– Je m'en tape, D., de votre lorette, de son daguerréotype et de son terrifiant secret, coupe R. Malgré tout le respect que je vous dois. Nous ne sommes pas en 1830, et nous avons peu de temps.

– Je voulais juste éclairer la partie en cours.

– Les ravisseurs se sont-ils manifestés ?

– Toujours pas. À notre avis, ils ne le feront pas. Vous comprenez facilement pourquoi. Mais vous avez raison, R., vous êtes presque en retard. G. a l'avantage : si vous voulez arriver la première, vous devez reprendre la main. Les Blancs vous font confiance, ne perdez pas cette partie.

Là-dessus, il lui tend une enveloppe. Elle la déchire sous ses yeux, lit le contenu, puis rend le tout à D.

Sans se retourner, sans dire au revoir, elle s'en va.

D. fait une boulette du papier, l'avale et la mastique avec une certaine délectation.

G. monte un escalier mécanique à la sortie de la station Pereire du RER. Il sort sur l'esplanade, la traverse et entre dans le petit jardin central, au milieu du rond-point.

Sous un banc, il trouve un papier sur lequel est dessinée une croix verte.

Sans hésiter, il traverse l'esplanade, entre dans une pharmacie de style ancien, assez vaste. Il s'adresse au jeune homme en blouse blanche, lui dit qu'il veut acheter un blaireau. L'autre lui demande de quelle sorte : car il y a les foncés, qui sont plus durs, et les clairs, qui sont plus doux. G. demande le plus foncé. C'est dommage, dit l'autre, le plus foncé vient d'être acheté. Par qui ? Homme ou femme ? Le jeune pharmacien rit : en général, ce genre d'article, c'est plutôt pour les hommes, mais ce qui est étrange, c'est que c'est justement une jeune femme qui l'a acheté. Il y a de ça dix minutes.

G. comprend qu'il a été devancé.

Il retourne sur l'esplanade, prend le boulevard Pereire (formé de deux longues rues parallèles et d'un terre-plein central occupé par des jardins).

Il lui semble voir s'éloigner la silhouette de R. Il presse le pas, mais doit reconnaître son erreur. C'est une inconnue.

G. s'assied sur un banc public. Il ferme les yeux…

Comme si sa vision intérieure prenait corps, R. traverse une rue et attrape au vol un taxi. Le chauffeur lui demande la direction, elle lui dit de rouler, elle va la lui indiquer… Elle sort de son sac un blaireau de voyage, au poil foncé, dont le manche creux se dévisse : elle en extrait un rouleau de papier, le lit, donne au chauffeur une adresse en le priant de faire vite. Le chauffeur proteste que la vitesse en ville est limitée à 50. Elle tend au chauffeur un billet de vingt euros : « faites le maximum. »

Le taxi file…

Dans un garage presque désert, elle récupère un portefeuille vide, qui ne contient qu'un ticket (usagé) de bateau-mouche… Une femme, blonde et menue, l'aborde : « Vous ne me connaissez pas, mais je sais qui vous êtes : je connais bien votre adversaire… Il est en danger, il faut qu'il fasse très attention. Ce n'est pas une partie comme les autres : vous aussi, vous devez faire attention… pour vous et pour lui. » Elle part aussitôt, sans répondre aux questions de R.

Quand G., sur son banc, rouvre les yeux, un homme long, maigre et d'un âge certain, aux yeux d'un bleu perçant, se tient devant lui. G. lui fait place, l'homme s'assied sur le banc à ses côtés. Pendant quelques secondes, ils ne parlent pas. L'homme jette des miettes de pain aux moineaux, tout en essayant d'écarter les pigeons.

Puis G. prend la parole, sans le regarder.

– Je menais jusqu'à présent, mais quelqu'un est entré dans la partie.

– Quelqu'un d'autre ? Ni blanc ni noir ?

– Un Joueur blanc a été démoli. On lui a presque défoncé le crâne. Des données essentielles sur l'enlèvement ont disparu.

– Je n'aime pas ça du tout.

– Vous ne me croyez pas ?

– Je veux dire que, dans ce cas, nos ennemis ne sont peut-être pas seulement ceux qu'on croyait. Ces méthodes ne leur ressemblent pas.

– À qui pensez-vous ?

– Il est trop tôt pour le dire. Nous devons vérifier. Où en êtes-vous ?

– Les Blancs sont en avance d'un coup. Ou plutôt, il y a un quart d'heure, ils étaient en avance d'un coup, mais à présent, leur avance a sûrement augmenté. Je suis largué.

– Comment comptez-vous remonter le courant ?

– Si quelqu'un est entré dans le Jeu, ça change beaucoup de choses, non ?

– Ça dépend qui… Vous voulez de l'aide ?

– Je crois que la Règle m'y autorise…

L'homme sort un petit agenda électronique, et à l'aide d'un « crayon » émet quelques données. Puis il range son appareil.

Le cellulaire de G. fait entendre un son bref.

L'homme lui fait signe de ne pas se hâter.

– Attendez au moins que je ne sois plus là… (il consulte sa montre). Mon dieu, mon déjeuner… À bientôt…

G. le regarde s'éloigner. Il sort son portable, affiche les renseignements.

Il débouche à la station Alma du RER.

Il court…

Il se précipite vers l'embarcadère…

– Victor ? Victor Le Noir ?

– VLN… c'est le nom qu'on me donne, dit l'homme. Vite, on appareille.

Ils montent tous les deux sur la passerelle.

Le bateau-mouche s'éloigne du quai.

Les deux hommes se fraient un chemin au milieu des touristes japonais, ils vont à l'avant du bateau. G. s'immobilise : il vient de reconnaître, accoudée au bastingage, R. Celle-ci se retourne et le reconnaît à son tour. C'est elle qui paraît la plus désappointée.

– Ce genre de chose s'est déjà vu, dit VLN…

– Oui, dit R. impatientée, mon doyen pourrait nous énumérer plus de douze parties, depuis 1786 jusqu'à l'année prochaine, où Blancs et Noirs se sont retrouvés bloqués ensemble…

G. soupire : – Sur le même bateau…

– Non, vous n'êtes pas bloqués, bien au contraire : je profite du fait que vous en êtes tous les deux au même point pour vous donner une information qui change toutes les données de la partie.

– Nous devons quand même délivrer la jeune fille…

– Plus que jamais…

À ce moment, le bateau-mouche passe devant l'île aux Cygnes, derrière laquelle se profilent les tours de Beaugrenelle…

– Ce que vous devez savoir, c'est que, dans l'un de vos deux camps, les Blancs ou les Noirs, ou peut-être les deux, il y a quelqu'un qui travaille pour l'ennemi.

– Impossible, s'écrie R.

– Vous voulez dire, un espion… un traître ? dit G.

– Oui, un espion dormant.

– Mais au service de qui ?

– De cela même qui nous menace depuis déjà longtemps – et qui aurait maintenant décidé…

Victor s'interrompt et s'affaisse brusquement.

G. le relève, essaie de le faire asseoir, mais il est inerte…

R. lui passe la main sous la nuque, et la retire pleine de sang. Entre les boucles poisseuses, au niveau de la première cervicale, il y a un petit trou…

Instinctivement, les regards de G. et de R. se portent vers les tours, où ils croient voir, dans les étages les plus élevés, un bref reflet scintiller…

Parmi les touristes japonais dont le guide, imperturbable et inconscient, dirige l'œil collectif et docile vers ce qui mérite d'être vu sur les deux rives, personne n'a soupçonné qu'un assassinat venait d'être commis…

G. et R. assoient tant bien que mal le corps de VLN, comme celui d'un touriste endormi.

Ils se glissent, au milieu des Japonais, vers la sortie du bateau.

Après avoir débarqué, R. et G., très rapidement, se mettent d'accord sur la marche à suivre : chacun d'eux se charge d'exposer les faits au doyen de l'autre couleur. L'urgence de la situation est plus forte que les règles du Jeu. Chacun d'eux décrit son doyen : – C'est un rocher, un mégalithe, dit R., il sait tout sur tout. On dirait qu'il a toujours trois coups d'avance. Je parie qu'il vous dira que l'art est long, que l'occasion est fugitive, que l'expérience est trompeuse…

G. : – Le mien, c'est plutôt le genre passe-muraille. Invisible. Taiseux. Mais quand on a croisé son regard, on ne peut plus l'oublier.

Ils se séparent.

On retrouve R. en haut de la rue du Transvaal. Elle se penche à la balustrade. Elle regarde Paris, déroulé comme un tapis à ses pieds.

Le doyen des Noirs vient silencieusement se placer à côté d'elle. Il pose une main sur la balustrade. R. le regarde. Elle cherche à voir ses yeux.

– G. ne viendra pas. Je suis R., son adversaire dans la partie qui se joue. Il faut nous voir maintenant comme pile et face d'une même médaille. C'est le Jeu lui-même qui est menacé.

– Où est G. ?

– Il fait comme moi, il rend compte à mon doyen. Puisque toutes les données sont bouleversées, nous avons décidé de faire les choses à l'envers…

Un long silence.

Le doyen murmure : – Cette fois, le Réel a frappé.

– Le réel ? Je rêve ! Parce que jusque-là, selon vous, on nageait en pleine fiction ?

– Jusque-là, R., le Jeu avait pour fonction de déjouer certains projets conçus dans le monde ordinaire du Quotidien.

– Le quotidien ne serait pas réel ?

– Le Quotidien n'est pas le Réel. Le Réel est une force souterraine qui gouverne l'envers et l'endroit de la société…

– À quoi le reconnaît-on ?

– À ses effets… On le constate. On le devine…

Le vibreur du portable du doyen se manifeste. Il prend l'appel.

C'est D. qui lui parle.

Il se trouve dans le bureau directorial d'une grande boutique de luxe (sacs, foulards, parfums), sous le regard de G.

– Je suppose que… Roxane ? Rachel ? bref… vous a fait le même rapport que celui que je viens d'entendre ?… C'est exactement ça. Nous arrivons aux mêmes conclusions. Je propose… vous m'avez deviné. Cette nuit même : il n'y a pas un instant à perdre… Oui, bien sûr, au grand complet. Vous êtes d'accord avec moi. Minuit… c'est un peu juste, et puis je suis superstitieux. Minuit est trop sombre. Minuit m'angoisse. Je préfère une heure : une heure, c'est déjà le matin, c'est un espoir, c'est une promesse de succès.

D. rengaine son appareil et regarde G.

– Si j'ai bien compris, dit celui-ci, la partie est officiellement suspendue.

– Nous en déciderons cette nuit… Les Blancs seront ici au complet, à l'exception du malheureux T. qui n'a toujours pas retrouvé ses esprits. Vous, vous restez avec nous. Vous serez l'ambassadeur des Noirs auprès de nous.

– Et… R. ?

– Vous êtes inquiet pour elle, on dirait. R. assistera à la réunion des Noirs.

– Et la partie ?

– La partie… Elle prend une curieuse tournure, grâce à vous.

– C'est une idée de R. Je l'ai trouvée juste.

– Elle a un instinct remarquable… Pour une presque débutante, elle joue vite et bien. Je mets beaucoup d'espoir en elle.

G., qui ne semble pas avoir entendu la remarque de D., prend un presse-papier de cristal et regarde dedans comme pour y lire l'avenir.

– Devrons-nous révéler… je veux dire : R. et moi… révéler l'information que VLN était en train de nous communiquer quand il a été frappé ?

– Vous voulez dire, l'hypothèse du traître ? Mon homologue et moi-même pensons que c'est nécessaire. Un peu de paranoïa en résultera peut-être dans nos rangs. Mais, si du moins Victor a vu juste, cela peut aussi troubler l'ennemi, l'amener à se découvrir.

– Nous entrons dans des eaux totalement inconnues.

– Vous me l'enlevez de la bouche… Cela étant dit, moi j'ai faim. Pas vous ?

– Un peu soif, plutôt.

À une heure du matin, comme convenu, les deux groupes se réunissent.

Dans la boutique de luxe, les Blancs sont rassemblés. Ils sont six (l'un d'entre eux n'a pas pu être joint). Ils sont à l'écoute de G., qui termine son récit. Grand désaccord entre eux : la partie doit-elle ou non continuer ?

Il s'agit, incidemment, de l'avenir même du Jeu et de la survie de ses participants. Car l'ennemi invisible, le Réel, est implacable et ne fera pas de quartier.

Nous apprenons aussi, peu à peu, quel est l'enjeu de la partie en cours : le Réel a procédé à l'enlèvement, et la séquestration, d'une très jeune fille, afin de forcer l'un de ses deux parents, haut fonctionnaire à l'OMC, à pratiquer un délit d'initié…

D. estime qu'il faut continuer la partie, « comme si de rien n'était : ne laissons pas croire à l'ennemi qu'il a réussi à nous intimider… »

Dans une salle de bal de quartier, désaffectée (des chaises empilées, une estrade, quelques vieux lampions), R. est face aux sept Joueurs noirs.

Avec une demi-surprise, elle reconnaît, parmi eux, la femme blonde rencontrée dans le garage. Elle ne sait trop comment la questionner. La femme, manifestement, ne tient pas à ce qu'elle divulgue leur bref entretien.

À chaque fois que quelqu'un évoque un coup d'une partie ancienne, la femme blonde s'énerve. Qu'on ne lui parle pas du Déluge ! Ce qui est en cours est entièrement nouveau. Le passé ne sert qu'à se leurrer sur le présent. L'avenir n'existe pas.

Avec prudence, R. évoque l'hypothèse du traître.

– Quand on ne comprend pas, s'insurge une Joueuse, quand on a peur, on ressort cette étrange théorie du Réel. Et au nom de cette théorie, on serait prêt à abandonner une enfant séquestrée ?

– Ce n'est pas parce que nous n'avons encore jamais eu affaire à lui que le Réel n'existe pas.

Le doyen des Noirs dit très doucement qu'il est peut-être temps d'affronter tout ce qui pourra se présenter, quelque nom qu'on lui donne. Que l'honneur et la pérennité du Jeu en dépendent.

À la fin de la nuit, décision est prise de continuer : mais c'est ensemble, et non plus en tant qu'adversaires, que R. et G. doivent désormais poursuivre leur mission : il leur reste quarante-huit heures pour délivrer la jeune captive.

VI

C'est ici que notre histoire va changer de nature, et notre récit, du même coup, de principe narratif.

Très vite, le fait même de se retrouver ensemble dans des situations périlleuses va révéler et intensifier la passion que nos deux héros éprouvent d'ores et déjà l'un pour l'autre.

La partie, en effet, continue, sous la menace perpétuelle de l'Ennemi invisible (un coup décisif : sur la terrasse de la Samaritaine, l'alignement des parasols désigne clairement la tour sud de la façade de Saint-Sulpice).

Le mécanisme d'ensemble de cette phase (cruciale) de notre histoire est le suivant : le Réel, par le truchement d'un de ses agents, communique à G. une information manipulée : il ne peut s'empêcher de se laisser influencer par celle-ci, et soupçonne R. d'en savoir plus que ce qu'elle veut bien lui révéler. Il en vient à penser qu'elle est elle-même un agent du Réel – et la met à l'épreuve.

R., surprise par son comportement, va à son tour douter de G. (c'est en quelque sorte la situation centrale des *Chouans*, mais redoublée…) Chacun des deux Joueurs/amants, dès lors, va redouter l'autre, et l'aimer peut-être encore davantage, dans la « crainte et le tremblement ».

De son côté, la Joueuse blonde va remonter à la source de l'information truquée qui fausse la partie : elle découvre que D. en est l'auteur, et qu'il est donc l'« espion dormant » infiltré par le Réel dans le Jeu. Démasqué par elle, D. se voit contraint, à son grand regret, de l'étrangler.

Parallèlement ; G. et R. parviennent à découvrir et à libérer la jeune fille séquestrée. Ils ont, à leur tour, compris la vérité sur le doyen des Blancs.

Quand ils le rejoignent pour le confondre, il les a devancés. Un mot griffonné est posé à côté de son corps : « *Je me suis bien amusé. Au revoir et merci.* »

Mais ce que personne ne soupçonne, c'est que l'une des Joueuses du camp des Noirs est, elle aussi, une émissaire du Réel (lequel voulait avoir un espion dans chaque camp).

Le Jeu immortel continue…

Remerciements

Pierre Allio, Thomas Bertay, Pascal Bonitzer, Katell Creac'h, Delfeil de Ton, Claire Doyon, Hélène Frappat, Moune Jamet, Maud Kristen, Aïda Labib, Élina Löwensohn, Bertrand Mandico, Véronique Manniez-Rivette, Michèle Monnier, Jean Narboni, Fabrice J. Petitjean, Nathalie Richard, Stéphane Tchalgadjieff.

Table

Du même auteur

Alice au Soudan, *L'Hippopotame de Thèbes*, 2000.
Poppermost, Éditions MF, 2013 (2002).
Économie Eskimo, Éditions MF, 2018 (2005).
Mattt Konture, L'Association, 2006.
Schreber Président ! (collectif), Fage, 2006.
L'Excuse, L'Hippopotame de Thèbes, 2007.
L'Homme électrique, Éditions MF, 2008.
Cabala, Hoëbeke, 2009.
La Main gauche de David Lynch, Puf, 2010 (repris en 2018 dans *Trois Essais sur Twin Peaks*).
Les Mêmes Yeux que Lost, Léo Scheer, 2011.
Tous les chevaliers sauvages, Wombat, 2018 (Philippe Rey, 2012).
Soap Apocryphe, Inculte, 2012.
Pop Yoga, Sonatine, 2013.
Les Cinq Livres du King, Le Feu sacré, 2014.
Cinéma Hermetica, Super 8 Éditions, 2016.
La Victoire des Sans Roi, Puf, 2017.
Serpent, Derrière la salle de bains, 2018.
Sycomore Sickamour, Puf, 2018.

Trois Essais sur Twin Peaks, Puf, 2018.

Dark Lady (traduction et introduction aux sonnets de Shakespeare), Littérature Mineure, 2019.

The Leftovers, le troisième côté du miroir (coécrit avec Sarah Hatchuel), Playlist Society, 2019.

Tu m'as donné de la crasse et j'en ai fait de l'or, Massot Éditions, 2020.

Apocalypse Bertrand Mandico, Derrière la salle de bains, 2020.

Amandine Urruty, je veux dire le fantôme, Éditions de l'Éclisse, 2021.

Prince des fêtes brûlantes et des aubes froides, Derrière la salle de bains, 2021.

L'Enquête infinie, Puf, 2021.

Paris des profondeurs, Seuil, 2022.

Infernet, Massot Éditions/Blast, 2023.

Cet ouvrage a été composé par IGS-CP
à L'Isle-d'Espagnac (16)

PEFC
10-31-3532
Certifié PEFC
Ce produit est issu de forêts gérées durablement et de sources contrôlées
www.pefc-france.org

Imprimé en France sur papiers
issus de forêts gérées durablement

Sepec Numérique

1, rue de Prony - ZA des Bruyères
01960 Peronnas

IMPRIM'VERT®

Achevé d'imprimer en février 2024
Numéro d'impression : N17932240181